中国商业伦理学

全球视野与本土重构

吕 力　黄海啸　程 江　刘海波
曹振杰　杨良成　施飞峙　王 干

著

企业管理出版社
ENTERPRISE MANAGEMENT PUBLISHING HOUSE

图书在版编目（CIP）数据

中国商业伦理学：全球视野与本土重构 / 吕力等著. —北京：企业管理出版社，2023.8
ISBN 978-7-5164-2807-8

Ⅰ. ①中⋯　Ⅱ. ①吕⋯　Ⅲ. ①商业道德—研究—中国　Ⅳ. ①F718

中国国家版本馆 CIP 数据核字（2023）第 008679 号

书　　　名：	中国商业伦理学：全球视野与本土重构
书　　　号：	ISBN 978-7-5164-2807-8
作　　　者：	吕　力　黄海啸　程　江　刘海波　曹振杰　杨良成　施飞屺　王　千
责任编辑：	韩天放　李雪松　宋可力
出版发行：	企业管理出版社
经　　　销：	新华书店
地　　　址：	北京市海淀区紫竹院南路 17 号　　邮　编：100048
网　　　址：	http://www.emph.cn　　电子信箱：emph001@163.com
电　　　话：	编辑部（010）68701638　　发行部（010）68701816
印　　　刷：	三河市荣展印务有限公司
版　　　次：	2023 年 8 月第 1 版
印　　　次：	2023 年 8 月第 1 次印刷
开　　　本：	787mm×1092mm　1/16
印　　　张：	17
字　　　数：	299 千字
定　　　价：	58.00 元

版权所有　翻印必究　·　印装有误　负责调换

序 —— PREFACE

  2022年金秋，中国共产党第二十次全国代表大会在北京胜利闭幕，向全世界庄严宣告：中国式现代化是人口规模巨大的现代化，是全体人民共同富裕的现代化，是物质文明和精神文明相协调的现代化，是人与自然和谐共生的现代化，是走和平发展道路的现代化。"中国式现代化"充满道路自信、理论自信、制度自信和文化自信，强调中国的现代化既有各国现代化的共同特征，更有基于自身国情的中国特色。习近平总书记指出："如果没有中华五千年文明，哪里有什么中国特色？如果不是中国特色，哪有我们今天这么成功的中国特色社会主义道路？"只有走中国特色的社会主义道路，才能够带领十四亿中国人民走"共同富裕"之路，其底气无疑是高水平的社会主义市场经济。而社会主义市场经济区别于资本主义市场经济的底层逻辑就是商业文明形态和商业伦理性质不同。在社会达尔文主义进步观、新自由主义市场观经济理论之下，西方资本主义追求资本和资本家利益最大化，社会发展建立在无止境地向自然和"外族"索取、掠夺之上，资本的贪婪必然造成极度的环境破坏、贫富分化、社会撕裂。作为东方文明的代表，"华夏文明"从源头上就追求"天人合一""厚德载物"，在人类有文字记载几千年中的大部分时间里都取得了巨大的物质文明和精神文明成就。钱穆先生在治中国经济史时指出：中国古代商业之繁盛，商业都市如临淄、洛阳、苏州、扬州、广州之早熟，远超今人想象。他们大都从春秋战国延续至今，并非世人常说的中国只有农耕文明、中国自古就重农轻商。真正的历史是，中国的商业文明自古追求"熏风阜财""诚中有物""先富后教"，高度重视物质文明与精神文明同步发展，充满了"人文经济"理性。

  历史是多面且迂回曲折的，传统中国社会发展也经历了长时间的小农经济"内卷"。但"大分流"（The Great Divergence）①之后，经过几百年曲折探索，马克思主义武装起来的中国共产党终于带领新时代中华儿女奋发图强，实现了从"站起来""富起来"到"强起来"的跨越，并致力于实现中华民族伟大复兴与人类命运共同体全球可持续一体发展。这种新型现代化道路，无疑需要一种支撑可持续绿色发展的政治文明和新商业文明。美国中美后现代发展研究院院长菲利普·克莱顿（Philip Clayton）教授认为，西方资本主义正是造成目前全球范围内生态危机的元凶。美国国家人文科学院院士、西方世界较早提出"绿色国内生产总值"（GGDP）概念的思想家小约翰·柯布（John B Cobb Jr.）也强调："中国文化，特别是作为其根基的儒释道所倡导的天地人和、阴阳互动的价值观念，可以为生态文明和商业伦理提供强有力的理论支撑。"这些论断无疑有其坚实的历史研究基础。综观5000多年的中华文明史，中国人很早就高度重视商业活动，"利用厚生""经世济民""经邦济国"等商业文明思想成为商业文明与政治昌盛二重奏的和谐之音。"凡政治修明者，商业必盛；政治窳败者，商业必衰；商业盛者其国罔不兴，商业衰者其国罔不亡；盛衰兴亡之间，丝毫不爽。呜呼，世之论治者，可以鉴矣。"②

众所周知，西方式现代化源于近代"工业革命"和"经济人"假设基础上的西方古典自由主义经济学理论体系。回望历史，其所谓的"商业文明"，底色是"拜物教"和残酷的社会达尔文主义。近现代以来，经济发展导致的如能源过度消耗、环境污染、贫富差距悬殊、地区发展不均衡等问题在世界范围内不断发生，足以令人深思经济与自然、人与社会、社会与企业等相互之间的关联性及伦理性问题。经济发展若丧失了伦理，无异于陷入野蛮的丛林法则，人类社会将被推入弱肉强食的残酷境地，这不但有违人类社会及人类文明发展的潮流大势，更违背人性对普遍的道德、自由与善的需要。受"拜物教"和资本崇拜、零和博弈、恶性竞争、无止境征服之类资本主义文化影响，世界商业文明正在遭遇庸俗化的危机。

百年未有之大变局和影响深远的全球疫情迫使人类重新反思"初心"，新商业文明和绿色可持续发展成为全球新梦想，但日益汹涌的西方反全球化思潮和言论正在让新商业文明和全球商业伦理遭遇挑战。中华文明是时候、有必要，也必然要再次闪亮登场。就中国商业伦理体系而言，本着"两个结合"和"双创"精神指引，

---

① 语出美国学者彭慕兰（Kenneth Pomeranz）《大分流：欧洲、中国及现代世界经济的发展》一书，指18世纪末19世纪初，东西方之间开始逐渐背离、分道扬镳，距离越来越大。

② 王孝通. 中国商业史[M]. 北京：中国文史出版社，2015.

本书以全球视野致力于面向中国新商业文明时代的商业伦理本土重构。

在此先简要梳理一下中国的商业伦理传统。

《南风歌》
南风之薰兮，可以解吾民之愠兮。

南风之时兮，可以阜吾民之财兮。

黄帝治天下，市不豫贾[①]，道不拾遗，熏风阜财，民心归顺；殷人之王，立皂牢，服牛马，以为民利，而天下化之；大禹治水，两会诸侯，执玉帛者万国。无论是"耕市不惊""化干戈为玉帛"，还是"农不出则乏其食，工不出则乏其事，商不出则三宝绝，虞不出则财匮少"[②]，五千年中华文明始自四业并重，并高度重视以商业活动"经世济民""经邦济国"。以史为鉴，我们才能透彻理解党的二十大报告所说的"治国有常，利民为本"。为民造福是立党为公、执政为民的本质要求，必须坚持在发展中保障和改善民生，鼓励共同奋斗和创造美好生活，不断实现人民群众对美好生活的向往。

泱泱大国，礼仪之邦。五千年中华文明自有其伦理体系，这一伦理系统恰恰是支撑我们祖先能够"王道永续""经世济民""经邦济国"的智慧基础。而所谓"德者得也"，则不仅仅是劝人秉持道德操守、遵守伦理条文，更是祖先告诫我们要善于学习，在三省吾身、学而时习之的"知行合一"中去悟得天理天道，然后才能够"以理服人""循道成事""得人心者得天下"，开创为人民服务的伟大功业。

"伦理"一词最早见于《礼记·乐记》："凡音者，生于人心者也；乐者，通伦理者也。"郑玄注："伦，犹类也。理，分也。"所以"伦理"的中文含义是"群己"之间发自内心的友好礼节，以此保障"共同体"成员既有序有别又和谐包容的人伦道德之理和各种道德准则。"伦理学"一词源于日本对"Ethics"的翻译，19世纪后才在中国话语体系中广泛使用，是将西方分科学术引入中国综合学术的结果。中国悠久的礼仪制度史中充满"礼仪""道德"和"价值"思想。北京大学陈少峰教授所著《中国伦理学史新编》在使用"伦理学"概念时，基于中国历史实践将其解释为主要包括"仁""法""礼""诚""天理人欲"等具有中华文化特色的"价值观"

[①] 《淮南子·览冥训》："黄帝治天下，道不拾遗，市不豫贾。"
[②] 《史记·货殖列传》引自《周书》。

内涵。① 作为"轴心时代"世界四大文明中唯一没有中断过的中华文明，其终极源头可以上溯至"三皇五帝"的"前轴心时代"，直接源头则是春秋战国时代群星璀璨的诸子百家。著名史学大师钱穆先生称"礼是中国文化之心"，礼仪之邦的美誉让中华文明声播海外，这是仰仗文明的魅力。当年，海外的遣唐使、留学生到达长安时，最令他们钦羡的是辉煌的礼乐制度、衣冠文物。他们将其引入本国，加以仿效，希望"进于中国"。虽有曲折，但中华文明总体上的持久和灿烂必有其坚实的物质文明基础。虽有"士农工商""重农抑商"之说，但历史研究和考古新发现都告诉我们，从文明源头上论，我们的文化基因是非常重视商业和尊重商业的正向价值的，这就是"利用厚生"精神。可以说，中华文明的最大智慧，是在"自强不息"奋斗精神基础上的"利用厚生""生生不息"智慧体系。从"元亨利贞"宇宙哲学创化体系到"诚外无物""和气生财""美利利天下"，正是中国文化中"经世济用""厚德载物"的商业伦理智慧，创造了殷实、厚重同时又其乐融融、生机无限的"仁义礼智信"东方文明体系。古人把诚信作为立身必备的一种良好品德，主张人与人之间或是国与国之间都应该讲究信用、谋求和睦，才能彼此受益。清朝欧阳兆熊在《水窗春呓》中对此有过很好的阐述，他认为那些著名老店，如扬州戴春林、苏州孙春阳、京城王麻子、杭州张小泉，皆天下所知，然此各家得名之始，只循"诚理"二字为之。②

从中国商业发展史来看，华夏民族在"宅兹中国"之前的三皇五帝时代，就已深深懂得"懋迁有无""利用厚生""熏风阜财"的道理，高度重视商业流通和市场活动，意欲从"执干戈以卫社稷"走向"化干戈为玉帛"，善于"经营"，长于"流通"，用诚信道义构筑国家建设的雄厚经济基础。中国商业史研究专家王孝通先生说："禹在位时，两会天下诸侯，其一会于涂山，其二会于会稽，执玉帛者万国。玉为五等之圭，而帛则为纁玄黄三色之币。观当时朝会之盛，则商业交易之繁荣，可以知矣。"③《易经》有言："日中为市，致天下之民，聚天下之货，交易而退，各得其所。""利者，义之和也。"春秋时期管子强调"仓廪实而知礼节，衣食足而知荣辱""治国之道，必先富民"，其"所抉道德与生计之关系，则于伦理学界有重大之价值者也。……管子之说，以生计为先河，以法制为保障，而后有以杜人民不

---

① 陈少峰. 中国伦理学史新编 [M]. 北京：北京大学出版社，2013.
② 周英洁. 谈儒家文化对传统商业道德的作用 [J]. 时代文学，2009（18）：191-192.
③ 王孝通. 中国商业史 [M]. 北京：中国文史出版社，2015.

道德之习惯，而不致贻害于国家，纯然功利主义也。"[1]可见早在春秋战国时代，中国的商品经济和货币流通就已相当发达，形成了"国民经济体系"[2]。然自秦耕战抑商、汉"刘邦困辱商人"始，风气乃变。唐庆增先生在《中国经济思想史》中总结说："商业在上古时代，原为社会所尊视，汉后风气大变，班固言论极端轻商，西汉时武帝尤极力以抑商为事，于是商人在社会上地位日见低落。"[3]但是，这里说的"轻商"很大程度上是轻视、贬抑"商人"而非"商业"。比如《盐铁论》中就记载了汉武帝重臣、御史大夫桑弘羊代表朝廷发表过重视商业的名言："古之立国家者，开本末之途，通有无之用，市朝以一其求，致士民，聚万货，农商工师各得所欲，交易而退。易曰：'通其变，使民不倦。'故工不出，则农用乏；商不出，则宝货绝。"直至明朝末年黄宗羲"工商皆本"思想的提出及获得认可，社会上对商人的认识才出现价值观念的大转变。明清时期出现了许多经商指南类书籍，如《治铺格言》《治家格言》《士商类要》《为商十要》《贸学须知》《生意论》《劝号读本》《劝号谱》等，都是对商人实践经验的总结，内容上除强调重义轻利、诚实守信外，也大量讲到要坚持"和"的经商原则。长期抑商的结果，使后儒及士人耻于言利，在一定程度上让"商业伦理"恶化和虚伪化，值得今人反思。

孔子云："殷因于夏礼，所损益，可知也；周因于殷礼，所损益，可知也。其或继周者，虽百世，可知也。"在漫长的历史发展过程中，历朝历代的礼仪制度也随着时代的更迭、朝代的变换，经历了曲折的发展过程，发生了巨大演变。总的来说，我们的商业伦理观不仅因循损益，具有鲜明的历史阶段性，同时其价值诉求和精神内核也具有系统一贯性和清晰层次性，如"天道"为形而上的"天人合一""大道自然"体系；"人道"以"仁义礼智信"为结构的群伦道德体系；"地道"则强调"厚德载物""利用厚生""来百工则财用足"。《治要·周易·象传》说："天地交，泰，后以财成天地之道，辅相天地之宜，以左右民。"我们的先人很早就意识到道德与民生、道德与财富的相互成就与制约关系，高度理性地将财富理解为精神和物质的叠加，是阴阳和虚实的中和，是德行和伦理的善果。

党的二十大报告强调推动"明大德、守公德、严私德"，提高人民道德水准和文明素养，无疑为我们建构社会主义商业文明和商业伦理体系指明了方向，对中国

---

[1] 蔡元培. 中国伦理学史 [M]. 北京：北京大学出版社，2009.
[2] 傅筑夫. 中国古代经济史概论 [M]. 北京：中国社会科学出版社，1981.
[3] 唐庆增. 中国经济思想史 [M]. 北京：商务印书馆，2011.

式的新商业文明提出了新要求、新标准。习近平总书记在党的二十大报告中指出："只有把马克思主义基本原理同中国具体实际相结合、同中华优秀传统文化相结合，坚持运用辩证唯物主义和历史唯物主义，才能正确回答时代和实践提出的重大问题，才能始终保持马克思主义的蓬勃生机和旺盛活力。""两个结合"深刻揭示了中国共产党理论创新的规律，不仅开辟了马克思主义中国化、时代化的新境界，更为中华民族复兴、中华文明赓续开辟了广阔前景。中国式现代化道路坚持以人民为中心的发展思想，强调"以人民为中心""人民立场""人民群众的获得感、幸福感、安全感"，其理论依据是马克思主义对现代化道路多样性的阐释和对社会主义可以跨越资本主义"卡夫丁峡谷"[①]的重要论述。

本书依托中国管理现代化研究会管理思想与商业伦理专委会，组织全国高校力量，充分利用各领域学者学科交叉优势，以辩证唯物主义和历史唯物主义为指南，秉承"为党育人，为国育才"方针，致力于促进五千多年辉煌中华商业文明创造性转化、创新性发展，针对当代本科生的心智成长，编著本教材。

中国传统的"儒家社会"有其特殊的"商贾道德"，充分说明了政治经济环境影响与国家治理、社会运行状况的历史关系。在实现中华民族伟大复兴的社会主义新时代，本书充分重视这种传统对于当今中国商业形态潜移默化的影响，同时更注重植根于优秀传统文化的创造性转化。全书由吕力主编、黄海啸副主编。本序由黄海啸、吕力联合执笔。各章节作者如下：第一章，黄海啸；第二章，程江；第三章，刘海波；第四章，杨良成、施飞峙、王千；第五章，曹振杰；第六章、第七章，吕力。

正本清源，纠偏取正，去芜存菁，从本质上、精华处讲清中华文明中的商业智慧和伦理精神及其在当代企业管理实践中的应用与发展，这是"共同富裕的时代责任"。让我们与读者一道，为"达成中国新商业文明、实现中华民族伟大复兴"贡献力量。

---

① 典出古罗马史。公元前 321 年，萨姆尼特人在卡夫丁峡谷击败了罗马军队，并迫使罗马战俘从峡谷中用长矛架起的形似城门的"牛轭"（Fork）下通过，借以羞辱战败军队。后来，人们就以"卡夫丁峡谷"来比喻灾难性的历史经历，并引申为人们在谋求发展时所遇到的极大的困难和挑战。

目录 —— CONTENTS

第一章 | **中国商业伦理：传统与流变 / 1**

第一节　源头活水：中国商业伦理传统 / 3

第二节　秦汉之际：商业伦理的变奏与定调 / 18

第三节　高峰之后：商业的内卷与停滞 / 29

第二章 | **心生万物：企业人力资源管理中的伦理 / 45**

第一节　西方传统伦理思想与人力资源管理伦理 / 45

第二节　中国传统伦理思想与人力资源管理伦理 / 56

第三节　现代人力资源管理伦理的中西融合 / 65

第四节　新时代人力资源管理伦理的新挑战与本土重构 / 73

第三章 | **诚中有物：企业市场营销中的商业伦理 / 79**

第一节　西方营销伦理 / 80

第二节　中国本土对西方营销伦理理论的引进与实践 / 91

第三节　数字时代中国营销伦理的中西融合、
　　　　本土重构与新发展 / 97

第四章 | 大道之计：在商言利与会计伦理 / 115

　　第一节　西方古代商业与会计伦理 / 115
　　第二节　中国古代商业会计伦理 / 126
　　第三节　全球公司治理与会计伦理本土重构 / 142

第五章 | 可持续发展：生态改善与"共同体"伦理 / 157

　　第一节　当代可持续发展伦理 / 157
　　第二节　中国传统可持续发展伦理 / 167
　　第三节　中西可持续发展伦理的融合与本土重构 / 178

第六章 | 商以载道：创新发展与中国企业家精神 / 193

　　第一节　西方企业家精神 / 193
　　第二节　商以载道：中国商人精神 / 204
　　第三节　中国企业家精神的本土重构：诚、真、和、慧 / 215

第七章 | "伦""理"合一：管理向善与中国商业伦理之未来 / 233

　　第一节　管理向善：西方管理责任学派的工具善与中国管理教化的根本善 / 233
　　第二节　中国传统中的"生"与"治生" / 244
　　第三节　"寓真、善于日生、日新"的中国商业伦理 / 248
　　第四节　中国商业伦理的未来："伦理合一"与"创造即责任" / 255

第一章
中国商业伦理：传统与流变

人类社会已从游牧、农耕，历经近代工业革命和现代信息、数字革命进入智能与新商业文明时代，生产力的发展、科学技术的进步、商品经济的繁荣，无疑为人类带来了辉煌的物质文明，为我们的幸福生活奠定了殷实的财富基础。然而，原始的商品拜物教经过货币拜物教转变为资本拜物教，到了现代社会则进一步演变为"GDP"拜物教，从而影响了世界各国的经济发展模式并不可避免地对人类可持续发展带来负面影响，导致全球商业计算思维弥漫、人文精神萎缩、道德伦理退化，乃至西方操弄"零和游戏""商贸大战"，执意逆潮流而动，使"全球化"开上了历史倒车。虽然不少有识之士呼吁"人文经济模式"和"厚商业文明时代"，但由于一些因素导致的不确定性、不美好性、不可持续性依然是人类面临的极大挑战。综观全球，巨大的挑战在于"资本的逐利本质"依然会使世界滚滚商业洪流面临严峻伦理考验，人工智能、基因编辑、辅助生殖技术……诸多未来的厚利经济模式、新奇科学技术有可能加剧人类伦理风险。中国在此经济大潮和贸易战威胁之下同样面临新一轮商业伦理的考验。中国政府秉持大国担当，坚信"绿水青山就是金山银山"，致力于推进"绿色可持续发展"与"人类命运共同体"和平发展模式，矢志走精神文明与物质文明一体并进的中国式现代化绿色和平发展道路。在努力建构自主知识体系，确立"四个自信"的新时代，五千年文明智慧和新时代中国式现代化道路已经为我们应对挑战准备了充足的文化、精神和价值资源。

中华文明绵延数千年，有其独特的价值体系。中华优秀传统文化已经成为中华民族的基因，植根在中国人内心，潜移默化影响着中国人的思想方式和行为方式。推动中华优秀传统文化创造性转化、创新性发展（以下简称"双创"），是习近平总书记关于文化建设的一个重要理论创新，为我们更好地传承和弘扬中华优秀传统文化指明了方向。"双创"的前提必然是摸清文化家底、筛选文化精华、厘定文化基因。钱穆先生认为"礼是中国文化之心"。中国自古就有礼仪之邦的美誉，"礼仪之邦"自古注重"利用厚生""熏风阜财""经世济民",商业早发且繁盛,商业伦理博大精深,中国先哲希冀经由"礼治",逐步走向修身、齐家、治国、平天下的崇高境界。商业和商人作为"经世济民""经邦济国"的行为主体,必然有其"礼俗""道理"和"价值"承继,这就是中国特色的商业伦理传统。孔子说"富而好礼",管子说"仓廪实而知礼节,衣食足而知荣辱",司马迁说"君子富,好行其德",这些都是中国商业伦理的经典表达。

泱泱中华,礼仪之邦,文化自成一体,闪耀世界。但凡自成系统,必然自带传统,有其源流和鲜明特色。夏商周断代工程、中华文明探源工程的研究成果,证实了华夏民族百万年的人类史、一万年的文化史、五千多年的文明史,为我们新时代"四个自信"和"双创"奠定了坚实的历史文化基础。公元前4000年前后,中华文明从黄河文化、长江良渚文化和西辽河流域的红山文化三个起源点,通过不同血缘、地域共同体基于自然经济的合作,创造了三种类型的区域文明;到距今5300年以后,出现了各族群相继发展的"群星闪耀"局面,各地都进入了文明时期,尤以山西襄汾陶寺遗址和陕西的神木石峁遗址周边文化形态为代表;在距今3800年左右的中原地区逐渐形成了更为成熟的文明形态,河南偃师二里头成为"满天星斗"后的"皓月当空",夏王朝兴起。黄河的贯通入海与中华文明的多元汇聚重叠,使黄河母亲河名副其实地成为中国文化"利用厚生""厚德载物""生生不息"的象征。在河洛文化圈内,不仅有丰富的五帝传说和遗迹,而且还有夏商周三代王朝的国都。值得注意的是,在华夏文明的这一初级阶段,我们的祖先已具备"日中而市,交易而退"的"自然经济和商贸"智慧,尝试"化干戈为玉帛",用"劳动""合作"和讲诚信的"货品流通"创造了丰实的物质文明和精神文明。基于历史文献和考古成就,我们有理由对"中国自古重农轻商"的社会成见和"中国缺乏独立商业伦理"[①]的论断提出质疑并进行系统研究。作为本教材的首章,我们理当对中国5000多年商业文明和各代先辈商人所秉持的道德伦理进行综述、提炼,分析和体悟中华商业文明的源头基因、朝代流变及近现代的赓续、创新。

西方现代经济学鼻祖亚当·斯密有《道德情操论》和《国富论》两部传世之作,其精神和价值追求就是要用道德哲学、法理学、政治经济学智慧解决现代商业社会的核心问题——分工、高效的社会治理如何实现民族、国家的富足和幸福。在

---

① 吴晓波. 为什么中国缺乏独立的商业伦理[J]. 中外管理, 2010 (10): 15.

中国，夏商周及春秋战国时期，早熟早慧的中华文明就已经对此问题进行了大量探索和实践。我们研究中国商业伦理学，必须接续这种源头活水，才能实现新时代的创新转化。付长珍在《探寻中国伦理学的精神"原乡"——"情"的概念史重访》一文中说："做中国伦理学，既要扎根于中国源远流长的思想传统与当代社会生活，只有打通观念世界与生活世界，才是促成中国伦理思想创发的'源头活水'；又需要运用新的理念和问题框架对传统伦理话语进行理解和呈现，并在当代伦理学的理论光谱中加以辨析，才能书写出有生命力的当代中国伦理学。"[①]

第一节　源头活水：中国商业伦理传统

习近平总书记2021年3月在考察福建尤溪朱熹园时谈到，我们走中国特色社会主义道路，一定要推进马克思主义中国化。如果没有中华五千年文明，哪里有什么中国特色？如果不是中国特色，哪有我们今天这么成功的中国特色社会主义道路？我们要特别重视挖掘中华五千年文明中的精华，弘扬优秀传统文化，把其中的精华同马克思主义立场观点结合起来，坚定不移走中国特色社会主义道路。

宋儒朱熹有诗云："半亩方塘一鉴开，天光云影共徘徊。问渠哪得清如许，为有源头活水来。"万余年天光云影，东方沃土，黄河滚滚，中华儿女自强不息，厚德载物，和而不同，创造了独树一帜、傲然于世的东方文明，也孕育了极具特色和智慧的中国经济思想和商业伦理。如西方所谓的"经济"（Economy），在中国则被称为兼具智慧和情怀的"经世济民""经邦济国"。中国古代典籍浩繁，从原初的"诗书礼易春秋"到历朝历代"商书""食货志""盐铁论""地方志"乃至《士商类要》《商贾便览》等，伦理尤其是商业伦理思想弥漫其间。除经典史籍外，本章亦参照今人编著的各种经典"中国哲学史""中国伦理学史""中国商业史""中国市场史""中国货币史""中国经济思想史"等与商业伦理相关的高质量文献资料，以多学科视野多方采撷，取众所长。

---

① 付长珍. 探寻中国伦理学的精神"原乡"——"情"的概念史重访[J]. 道德与文明, 2019（5）：44-50.

一、上古重商基因与熏风阜财、和谐万邦思想之形成

在秦汉之际重农抑商思想和政策产生之前,我们的远古祖先并不轻视商业,更没有抑制商业,相反,还对商业表现出极大的重视,形成文明源头上的重商文化基因。中国经济思想史学科的奠基者、著名经济学家胡寄窗先生在其著作《中国经济思想史》中就特别提示:"总之,在战国以前的文献中找不出任何轻视工商业的迹象。这一点凡是研究经济思想史的人,不论中外都应特别注意。"

如中华文明源头上的"五经之首"《易经》已有记载:"包牺氏没,神农氏作,斫木为耜,揉木为耒。耒耨之利,以教天下。盖取诸《益》;日中为市,致天下之民,聚天下之货,交易而退,各得其所。盖取诸《噬嗑》。"汉代王弼认为:"噬嗑,合也。"唐代孔颖达说:"日中为市,聚合天下之货,设法以合物。"宋儒朱熹直接解释为:"日中为市,上明下动。又藉噬为市,嗑为合也。噬嗑即为市合也。"概括而言,《周易》里记载了中华远祖炎黄时期的"市场行为",证明我们祖先从文化源头上就重视市场交易和商品流通,相信物(货)通才能民富人和,初具了"万物互联""政通人和"的思想。

《易经》中还记载:"神农氏没,黄帝、尧、舜氏作",这些先帝"刳木为舟,剡木为楫,舟楫之利,以济不通致远,以利天下。盖取诸《涣》;服牛乘马,引重致远,以利天下。盖取诸《随》"。可见黄帝时期,我们的先民已懂得工商之利,并有了宏观经济学的视野,把商品流通、工商业发达看作广利天下之民的正业。进入尧舜禹的文明觉醒时代,尧提出:"克明俊德,以亲九族;九族既睦,平章百姓;百姓昭明,协和万邦。"这成为中华文明源头上和睦、厚民思想的基因。而舜"贩于顿丘,就时负夏"(《尚书·大传》),不仅倡导商品交换,为商业的发展创造条件,而且还亲自带领团队从事商品交换活动,足见先人对商业的重视。最能体现我们商业文明醇厚本色的莫过"舜弹五弦之琴,歌南风之诗"(《孔子家语》)和"昔者舜作五弦之琴以歌南风"(《礼记·乐记》):南风之薰兮,可以解吾民之愠兮;南风之时兮,可以阜吾民之财兮。成语"熏风阜财"就此诞生,这一文献也交代了传之久远的"舜有厚德"的缘由。五弦琴歌《南风》是帝舜定都山西盐池以后,到盐池视察时站在卧云岗上的一篇即兴之作,被后人认为是最早咏颂盐业的诗歌。综合众多学者的考证,舜帝的活动区域大致在鲁西豫北晋南地区的新石器时代龙山文化遗址带上,属上古东夷文化区,其重视商品流通和财富积累以让人民解财货之忧、脱

困穷之苦的思想与姜太公"农、工、商三宝并举"、管仲"轻重鱼盐之利,以赡贫穷"(《史记·齐太公世家》)的重商富民政策传承不绝。丰厚、扎实的历史文献与考古成就告诉我们,中华文明源头上是重商主义的,舜贩于顿丘,王亥服牛贸易,伊尹、姜太公、鲍叔牙、管仲、宁戚、百里奚、弦高、计然、范蠡、子贡、白圭、猗顿、郭纵、吕不韦,古代商业活跃的时空里群星璀璨,中华商业伦理的源头样态都体现在他们的道德风范和职业操守之中。

"大禹治水"更是我们熟悉的历史典故。《尚书·虞书·益稷》记载大禹治水过程中,会"懋迁有无,化居。烝民乃粒,万邦作乂"。就是让各地老百姓互通有无,调剂余缺。于是,各部落百姓就安定下来,各诸侯国都得到治理。通过对文献的分析,我们能充分体悟和感知到祖先"通商为公""富民安邦"的政治追求,这是理解我们特有的东方商业价值和商业伦理的历史背景和历史逻辑。"禹在位时,两会天下诸侯,其一会于涂山,其二会于会稽,执玉帛者万国。玉为五等之圭,而帛则为纁玄黄三色之币,观当时朝会之盛,则商业交易之繁荣,可以知矣。"① 这段文献道出了著名成语"化干戈为玉帛"的历史场景,足见禹夏治国之智慧。他重视商业交流,促进市场繁荣,丰富人民生活,用互市和合作替代战争,实现不同族群团结合作以构建越来越大的华夏共同体。这就是我们文化中颇具东方特色的商业伦理系统之源头活水,属于我们东方商业伦理系统中的"大伦理",或叫伦理体系的"大传统"。这个"大传统"就是要用"共同富裕"来协和万邦,用市场和商业运作来化解战争,以利于更大共同体的长治久安和生生不息。

二、夏商之际:商业价值、商业正义之发现

就"国家"形态的中华文明而言,夏王朝建立后,经过约200年的发展,在河南偃师二里头建造了同时期全国范围内规模最大的都邑,初步形成以青铜器和玉礼器,以及铃和磬等构成的礼乐制度,有了初级王朝的文化气象。在这一历史阶段,出现了父传子、家天下的政权体制,形成了比较成熟的国家机构,制定了比较完善的礼乐制度,出现了比较规范的文字,科学技术、农业、手工业、商业贸易快速发展,划时代的青铜文化闻名中外。在河洛文化周遭出现了巴蜀文化、吴越文化、楚文化、燕赵文化和齐鲁文化等,通过交流、吸纳、融合,给河洛文化注入了新的活

---

① 王孝通. 中国商业史 [M]. 北京:中国文史出版社,2015.

力，在历史的舞台上显得更加活跃。随着生产力的发展和社会分工的出现，专门化的商业和职业商人就此产生——商朝就是以其善于"经商"而被历史铭记。

在夏王朝的时候，商还是一个部落，这个部落就以善于做交换而在部落族群之间享有名声和影响力。其中，商部落始祖——契的六世孙王亥"肇牵车牛远服贾，以孝厥父母"。他驯养牛马，制造了牛车，用牛车作为运输工具，经常驾着牛车到黄河北岸做买卖，赚取财富，孝养父母，这就是"王亥服牛"历史故事的由来，也是商品流通价值和"商业正义"的早期表述，即商人们东奔西跑、不辞辛劳，货贩以利民、营利以孝亲，总之利人利己、造福一方。同时，王亥"服牛乘马，以为专利"，推动了农业、牧业、商业发展，使方国①兴旺起来，也证明了商贸的"经邦济国"价值和功用。时至商代，在其金文族徽中，有些是人背贝串的图像，以贸易为职业的氏族以商贸为族徽，显示了商业具有受人尊敬的社会地位。② 当时的商王朝能够"取西方之玉石，采南国之铜锡，获东海之鲸贝，来北地之筋角"，其商贸能力和商业规模可见一斑。商族人翻越秦岭，东走关中，西出函谷，越过孟津，北渡淇河，享受着商业红利带来的美好生活，传播着一路文明，殷商的"贵富"文化奠定了中华商业文明的雏形和基因特征。而最初的"商业行为动机和价值追求"就是获利养亲、支撑孝道，让家人和族群过上殷实富有而亲族修睦的美好生活。可以说，在商业文明源头和文化特质上，这些史实已表达了中华民族对商业活动、市场存在之价值和正义的追求。

夏商周三代，无论是殷革夏命，还是汤武革命，重商政策在朝代更迭中都起到了"经济基础"的硬核支撑作用。有道是"国家失其政，则商贾失其业，于是徯后来苏，而新王之用兵，必首曰耕市不惊。耕者农也，市者商也，商贾安其业，则箪食壶浆、以迎王师，此汤武所以为顺天应人也"③。这段描述非常形象地再现了商周新王汤武无论如何打仗，都绝不惊扰农民耕种和商人进行市场活动，显示了商初和周朝伊始所秉持的"商业为国家经济支柱"的古代政治经济学意识和大商业伦理观。正是由于这样的商业文化传承，所以当后世齐桓公问齐相管仲何谓治理国家的"得失之数"时，管子对曰："昔者桀霸有天下而用不足，汤有七十里之薄而用有余。天非独为汤雨菽粟，而地非独为汤出财物也。伊尹善通移、轻重、开阖、决

---

① 方国或方国部落是指中国夏商时的诸侯部落与国家。
② 张光直. 中国考古学论文集 [M]. 北京三联书店，1999.
③ 王孝通. 中国商业史 [M]. 北京：中国文史出版社，2015.

塞，通于高下徐疾之策，坐起之费时也。"伊尹为商朝开国元勋，杰出的政治家、思想家，任相期间用"以鼎调羹""调和五味"的理论治理天下。他积极整顿吏治，洞察民心国情，推动经济繁荣、政治清明，为商朝兴盛富强立下汗马功劳。其推动经济繁荣的主要策略，就是高度重视商业贸易和市场经营，善于通过平衡市场、发展经济来实现民富国强。商时统治者所居住的区域成为"邑"，邑里面设有"市"和"肆"，是为买卖之人聚集之处。商代"市有市官，于天子巡守之时，使纳市价，以观民之好恶，而入市之物，亦惟廪而不税。至圭璧金璋、命服命车，庙器牺牲，戎器，锦文珠玉，衣服饮食，以及用器兵车不中度者；布帛精粗，幅广狭不中数量者；奸色乱正色者；咸不鬻于市。五谷不时、果实未熟；木不中伐；禽兽鱼龟不中杀者；亦不鬻于市。当时恤商之政，虽极宽大，而禁止亦严，盖制器以便民用，备物以卫民生，固当留意也"[①]。这段文献不仅翔实地陈述了商代商业及市场的丰富和发达程度，更难能可贵的是，它还呈现了商朝统治者对商业规范、商人操守和商业伦理的体系化设计和追求。用今天的话来说，商朝的市场设计不仅考虑到标准化、规范性、轻税惠民性，还通过市场治理保障商品的丰富性、高质量、实用性、时令性等。如商品种类、规格、颜色、质量等，都务必要求其纯正、精良，符合礼制和时令。值得注意的是，商代已对商品的时令性有基于"天人合一""尊重自然"的适宜度和恰切度要求，如"五谷不时、果实未熟、木不中伐、禽兽鱼龟不中杀者，亦不鬻于市"。如此商业伦理原则，直到今天仍具有超越时代的新商业文明价值。中国最初的商人和商业活动无不遵从"天时地利"的"中庸"法则。"中者，随时地之关系，而适处于无过犹不及之地者也，是为道德之根本。""积无量数之经验，以至周代，而主义始以确立，儒家言由是启焉。"[②]

三、周文郁郁："民本"商业价值体系之确立

有商600余年时光，文明已非常发达，商业活动从中原大地扩展到沿海一带，从东海延伸到南海甚至马来西亚海域。到了周朝，周文郁郁、"明德保民"，商人更加活跃，在商贾地位大幅度提升的同时，商人的工作范围和职业道德也都有了明确规定和正向引导，所谓"庶人、工、商各守其业，以供其上"。《尚书·泰誓》记载周武王凭借"民本"思想号令诸侯，一举灭商，自此改写了中国文化史上的"天命

[①] 王孝通. 中国商业史 [M]. 北京：中国文史出版社，2015.
[②] 蔡元培. 蔡元培全集：第2卷 [M]. 北京：中华书局，1984.

观"。没有永远的天子和王朝,只有民心向背,以及共同体的合法性、正义性和对"共同富裕"的承诺,这些原则和价值取向是"商周之变"用血的历史代价为中国治国理政总结出的"德性伦理"基础。王国维先生曾说:"周之制度典礼,实皆为道德而设。"周人开创的远天近人、重德爱民之价值方向具有历史进步性,成为中华文明德性文化和民本文化的源头活水和永续基因。如果说中国思想史是由蒙昧与反蒙昧的启蒙思潮不断向前推进的历史长河,而第一次启蒙思潮就发生在周代,其标志就是周人用"人本"思想取代了上古至夏商时期的"神本"思想。商业文化基因初成之后,中华文明第一次大变革、大转向就是"商周之变"。"轴心时代"的四大文明之一——中华文明开始自成系统、独成一家的根据,就是"商周之变"后周公提出了以民为本的天人合一之人间治理观——"民之所欲,天必从之""天视自我民视,天听自我民听",从而在顶天立地中树立起"人的担当",通过体悟天道,寻找到新的统治民众的思想方法——"参天化育""明德保民"。这也从一个侧面说明中国富民思想的渊源极早,《尚书》中有"裕民""惠民"的观点,《周易·益》讲"损上益下,民说(悦)无疆",都把重视人民的富裕和利益保障视为统治者的德政。而就个体而言,天地之间"人"被发现,顶天立地,三才之道,人要自强不息,一日三省,终身学习,体悟天道,得道得人,厚德载物,立德、立功、立言、立业,努力通过劳动创造各种物质和精神财富,利人利己,"仓廪实而知礼节",人间和谐,殷实幸福。这一天地之间参天化育的人文体系,后来成为整个中华民族历朝历代的政治伦理思想,也是东方儒家社会伦理体系的核心精神和基本框架。这一框架在"励商、厚商"政策和早期商业伦理体系确立中的表现如下。

(一)商业立国,恤商裕库,利用厚生,富国养民

周朝建立后,经商被当作国家重要事务,王廷进一步提高商业的地位,将之看作立国之基。尤其是遭遇大荒之年时,更会用"招诱商旅"之策以纾困。如据《逸周书·大匡解》记载,周文王曾经发布告说:"于是告四方:游旅旁生忻通,津济道宿,所至如归。币租轻,乃作母以行其子。易资贵贱以均,游旅使无滞。无粥熟,无室市。权内外以立均,无蚤暮闾次均行。"这段史料大概是中国商业广告"宾至如归"的最早版本了,反映了周朝"工商食官"之外,政府也在激励民间私商积极从事商业活动,以促进社会经济发展。周文王还曾作典告民曰:"士大夫不杂于工商。商不厚,工不巧,农不力,不可成治。士之子不知义,不可以长幼;工

不族居，不可以给官；族不乡别，不可以入惠。"周文王推行"厚商"政策，将"商贾"作为"四民"专工的第二类专业群体，位列工、农之前，奠定了周文化重视商业的基调和传统。此后文王给武王的训诫曰："山林以随其材，工匠以为其器，百物以平其利，商贾以通其货。工不失其务，农不失其时，是谓和德。"训辞表明，有周一朝所追求的最大和德就是自然经济、原始市场的畅通和均衡，以最大限度利用厚生、富民强国。这一思想也很好地被传承并体现在武王拜访箕子的答问中。我们知道箕子是商朝贵族和遗民，他答武王问天下长治久安之策的内容被收入《尚书·洪范·九畴》，其中特别强调了与民"五福"："一曰寿，二曰富，三曰康宁，四曰攸好德，五曰考终命。"用当代宏观经济学或政治经济学视角，我们已能领悟箕子作为前朝——商朝亡国的亲历者，痛定思痛要清晰表达的"长治久安"和"富国养民"思想：如果不能通过商业发展经济、不能与民"五福"，民必不听，政必败、国必亡。周王充分尊重和吸纳了箕子的这种思想。"武王克殷之后，因殷积粟，大兴商业，以巨桥之粟，与缯帛黄金互易，粟入于民，而缯帛黄金入于天府，瞻军足国，不恃征敛，其恤商裕库之政，深堪为后世取法也。"① 这种"恤商裕库"国策，实为孔子宣称"吾从周"的那个德性、人文周朝奠定了坚实的经济基础和民本合法性。这得到了中国商业史大家王孝通先生的高度评价和赞赏，也可视为管子"仓廪实而知礼节"、孟子"有恒产者有恒心"，乃至我们如今追求"共同富裕"中国特色社会主义思想的溯源地。由此出发，有助于我们理解"社会主义市场化要素配置"的历史根源和商业乃"富民强国"重要手段的历史意义，这是理解中华文明商业正义和商业伦理本质属性和显性特征的核心与根本。

（二）市场制度完备，"质剂结信"，公平交易

周朝建立，行封建，"化家为国"。封国和周王室、万邦和周王室、诸姬封国和异性邦国之间关系复杂、交往频繁，极大促进了周朝的制度建设，其中就包括市场制度。周初的商业活动已逐渐有了规定场所——初级市场。市场上公平交易、各得其所；市场上有专设的官吏维护交易的正常进行。周之掌市肆门关者有：司市、质人、廛人、泉府、司门、司关、掌节诸官。其市官所自辟除者有：胥师、贾师、司虣、司稽、胥、肆长诸职，而立则掌于内宰。市政完备，各司其职，其中司市全面

---

① 王孝通. 中国商业史 [M]. 北京：中国文史出版社，2015.

负责市场工作，胥师分区管理，辨别货物真假，贾师掌管物价，司虣维持秩序，司稽负责稽查盗贼，质人负责验证契约、管理度量衡，廛人负责征税。"司市掌市之治教政刑，度量禁令，以次叙分地而经市；以陈肆辨物而平市，以致令禁物靡而均市；以商贾阜货而行布，以度量成贾而征价；以质剂结信而止讼，以贾民禁伪而除诈；以刑罚禁虣而去盗，以泉府同货而敛赊。""凡天患，禁贵价者，使有恒贾，四时之珍异亦如此。"①除商品规格、质量、物价均衡之外，我们需重点关注一下"以质剂结信而止讼，以贾民禁伪而除诈"。这里所谓的"质剂结信"，就是凡卖儥者质剂焉，大市以质，小市以剂。质人通过买卖契约文书监督交易，要求契约中使用统一的度量标准，对合同纠纷的受理期限根据距离远近确定。在周代，质剂是由官府制作的由质人专门管理的买卖契约。这种契约写在简牍上，一分为二，双方各执一份。质，是买卖奴隶、牛马所使用的较长的契券；剂，是买卖兵器、珍异之物所使用的较短的契券。"质""剂"由官府制作，并由质人专门管理。

除官方市场上的"质剂结信"之外，民间交易也秉持公平、诚信原则。如公元前919年三月初六，周恭王准备到"豊"视察工作，日程安排要召见一个叫矩伯的大地主。可矩伯为没有《周礼》规定的玉器见面礼而发愁，他就想起了大裘皮商裘卫，决定以土地交换其玉璋。考古文物"铭文"详细记录了成交价格：玉璋价值贝80朋，付给"十田"；两张赤色的虎皮、两件鹿皮披肩、一件杂色围裙，价值20朋，付给"三田"。裘卫把这宗交易报告给执政大臣，执政大臣派员办理了土地转移手续并监督了这次交割。

综上可以看出，周以来文王开创的"人本理性""人间德性"体系在商业系统中是如何呈现和实现的，其工具和路径依托周代的"礼制"体系，当时的商业伦理亦沃植其上。在此基础上，周逐渐建立起通融资本的泉府系统、质人巡查度量标准的标准化系统、玺节符节的门关轻税系统，高度重视劝业乐利、恤商保商，为周800年基业尤其是周初"成康之治"打下了坚实的经济基础。虽然"经济"和"商业"不是一回事，甚至二者有时会冲突和矛盾，但就宏观而言，中华文明从源头上是高度重视繁荣商业以利国利民、经邦济国的。李伯重先生曾说，中国古代商业的发展与当时的经济政策密切相关。综观中国历史，虽然从最初的重视商业逐渐转向重农抑商甚或"海禁"，但总体经济政策的严峻，基本上没有压制住

---

① 王孝通. 中国商业史 [M]. 北京：中国文史出版社，2015.

商业蓬勃生长的力量。

四、商人的"黄金时代"：恤商盟约与工商兴国

春秋以降，商业兴隆，商人活跃，整个"商贾"阶层诚信经营，守义求利，"陶朱事业，端木生涯"，中国进入商业和商人的"黄金时代"。我们选择郑、齐两个邦国呈现一下这个时期的商业繁盛与商贾道德的历史特色。

（一）郑国弦高救国与子产巩固恤商盟约

西周东迁后，郑国成为交通枢纽和商业繁盛之地，"春秋诸国，郑之商贾最著称于世"[1]，其历代王室极度重视"政商命运共同体"的构建和维护。恤商盟约让整个商贾阶层有极强的主人翁意识和极高的爱国热情，如中华文明史上的著名典故和成语弦高救国就是这一时期郑国政商关系的写照。"郑之商贾，西至周、晋，南居楚，东适齐，当时列国无不有郑商踪迹，而其商人皆富于爱国之心，高节伟度，荦荦可传。郑之能以弹丸小国介于两大之间而无害者，赖有此欤！"[2]弦高舍弃自己财产也要拯救祖国的事迹，并非偶然和故作姿态。郑国商人特别爱国，源自郑国特别尊重和保护商人的财产。郑国有恤商传统，国家与商人通过盟约建立起坚固的"命运共同体"互信文化传统。郑国的开国君主郑桓公在建立国家的时候，曾经与一起立国的商人们建立了一条盟约："尔无我叛，我无强贾，毋或匄夺。尔有利市宝贿，我勿与知。"（《左传·昭公十六年》）意思是只要你们商人不背叛国家，那么国家就保证不强买你们的商品，也不会强行索取或抢夺。

至于对盟约精神的强化和坚守，我们必须说到另一位历史名人：郑大夫子产。春秋初年，郑桓公迁都新郑时，因得大商人的资助而与之订立盟约，立誓保护商业的发展，只要商人不背叛国家，国家就不夺取商人的货物，不干涉商人的经营。他实行宽松的兴商国策，并对商人的经商活动予以大力支持和保护。这一政策的实施，不仅使郑国的经济和商业呈现繁荣的景象，而且也激发了商人对国家的热爱和关心。公元前526年，子产坚持郑国这一传统盟约，保护商人财产，成功阻止韩宣子向郑国商人强行购买玉环，受到了孔子的高度赞扬，认为子产是"惠人也"（《宪问》），"其养民也惠"（《公冶长》）。孔子对其评价曰："有君子之道四焉：其行己

---

[1][2] 王孝通. 中国商业史[M]. 北京：中国文史出版社，2015.

也恭，其事上也敬，其养民也惠，其使民也义。"据《韩诗外传》记载："子产病将死，国人皆吁嗟曰：'谁可使代子产死者乎！'及其不免死也，士大夫哭之于朝，商贾哭之于市，农夫哭之于野。哭子产者，皆如丧父母。"由此可见，商人乃至民众爱国必基于国之爱民并对其人格、私产予以尊重和保护。郑国立国数百年，能一贯坚守君主与商人达成的前朝盟约，保护他们的财产，因此郑国商人也热爱自己的祖国。

（二）齐国的开放自由经济与商业伦理

春秋五霸中，齐国自姜太公开国就非常重视商业，农业、商业、手工业被称为大国"三宝"。后来齐国"九合诸侯，一匡天下"，成为春秋首霸，当然有赖管仲四业并重、富民强国的政策。在商业贸易繁荣的背景下，齐国首都临淄也成为盛极一时的大都市，居民常年保持30万之多，堪称世界同期之最。"管仲相桓公，霸诸侯，一匡天下，民到于今受其赐"，孔子赞管仲为"仁人"。清人姜炳璋评价说："春秋上半部，得一管仲；春秋下半部，得一子产。都是救时之相。"管仲治下，齐国经济与商业的特点如下。

1. 以民为本，工商兴国

"齐地负海潟卤，少五谷，而人民寡。"姜太公因地制宜，开国就高度重视工商业以促进经济发展。齐国生产的帽子、带子、衣服、鞋子畅销天下——"故齐冠带衣履天下"。从源头上，齐国文化就给予了"富民强国"足够的合法性和道义认可。在知民心、顺民心的基础上，提出"礼义廉耻"为"国之四维"。在处理农业与商业的关系时提出"本肇末"的观点，既重视农业积累财富的作用，也重视通过商业活动促进流通，以增加社会财富，笃信"忠信可结于百姓""凡治国之道，必先富民"。管仲的经验很快被列国竞相效仿，由此引发了中国历史上第一个商业繁荣时期。管仲还设工商之乡，这是齐国的特制，农、工、商地位平等也是齐的创举，表明工商业在齐国有举足轻重的地位。正是高度重视商业流通的强国富民价值和文化政治意义，管子才说"仓廪实则知礼节，衣食足则知荣辱"，并强调"治国之道，必先富民"。历史学家郭沫若评价管仲说："他是肯定享乐而反对节约的，他是重视流通而反对轻视商业的，他是主张全面就业而反对消极赈济的。"[①]

---

① 郭沫若. 侈靡篇的研究[J]. 历史研究，1954（3）：27.

2. 开放市场，鼓励消费

"以商止战"，用经济手段成就霸业。"市也者，劝也；劝者，所以起本事""聚者有市，无市则民乏""市者，天下之财具而万人之和而利也"，管仲沿着炎黄时期开创的商业文化传统，提出兴市劝业经济政策，以期社会和谐、民富国强。为了鼓励各国商贾来齐经商，齐国不仅建立专门招待商人的会馆，还规定空货车与徒步小商贩不用交税，这在各国收税锱铢必较的风气下实乃宽容，天下之商贾归齐若流水。用宏观经济手段，管仲只管财政、税收、价格三方面的调控，建立屯粮制度，平抑市场价格，鼓励民间百姓消费。他提出了"俭则伤事"的观点，意思是大家都不消费就会造成货币不流动，妨碍正常生产活动。无论是用不起眼的紫草和绨布不战而屈莒莱鲁梁四国，还是"买鹿制楚""衡山之谋"，其中运用的商战计谋是一样的，都是以高价诱使对方放弃基础产业，造成一种单纯追求高利润的畸形状态，当到达一个临界点后，突然通过各种措施重拳打击，造成对方经济瘫痪。管仲把齐国打造成了一个国家性质的垄断企业，通过经济手段打败对手而成为霸主，继而依靠周王室的正统地位制定有利于自己的经济标准。

3. 四民分业，四业并举，劳动分工，提升经济治理水平

管仲为相之后，提出了四民分业的措施，把国民分为"士、农、工、商"四个阶层，按各自专业聚居在固定的地区，一为"相语以事，相示以功"，二为"相语以利，相示以时""相陈以知价"，三为专业化传承，不至于"见异物而迁焉"。把"工商"与"士农"并列，同视为"国之石民"，这个举措在当时看来是十分有益的，职业世代相传，有利于工艺的传承和进步，在没有公司制度的年代，家庭是最具有组织形态的经济基础单位，很多工匠以职业为姓氏，传承至今。

4. "二君二王"，政商并重

管仲将"工商"两类群体和"士农"并列，在行业地位上大大提升了"工商"群体的社会待遇。就治国而言，管仲认为最根本的是要施行德政，与民休息、藏富于民。时势造英雄，商人的地位在春秋战国时代达到了其在中国早期历史上的巅峰。先秦千年，商人们对政治的巨大影响力被司马迁称为"素封"："今有无秩禄之奉，爵邑之入，而乐与之比者，命曰'素封'。"（《史记·货殖列传》）"素封"的意思是不带王冠、不封真君，但有帝王般的地位、财富和尊严。其最典型人物，就是孔子的学生端木赐（子贡），他经商积巨财，出门"结驷连骑"，能与帝王"分庭抗礼"。管仲对此有形象的说法：一国中有"二君二王"，商人被抬到了与"君王"同等的地位。管仲亦承认，商人的实力与国家的实力成正比："万乘之国必有万金之贾，千乘之国必有千金之贾，百乘之国必有百金之贾。"（《管子·轻重甲》）

5. 仓廪实知礼节，强调"生计"作为"道德"的基础

管子提出："仓廪实而知礼节，衣食足而知荣辱。"蔡元培先生评价说，这是中国历史上第一次深刻揭示道德与生计的关系。无论吕尚还是管子，都已充分洞察人性："利之所在，虽千仞之山，无所不上；深源之下，无所不入焉。"（《管子·禁藏》）善治就是基于人性，因势利导。《管子·禁藏》道："故善者圉之以害，牵之以利。能利害者，财多而过寡矣。夫凡人之情，见利莫能勿就，见害莫能勿避。"

6."德者得也"，财自道生

《管子·心术上》："德者，得也。得也者，其所谓得以然也。以无为之谓道，舍之之谓德。"这里管子继承黄老道家精神，强调对自然与经济、市场规律的探索，天人合一，具有原始科学发展观，引导在物质财富和天道规律基础上的行为合理性、智慧性、专业性，即"得道者就是有德"，就有能力自利并利他、利群。如《管子·务市事》："市者，货之准也。是故百货贱，则百利不得。百利不得，则百事治。百事治，则百用节矣。是故事者生于虑，成于务，失于傲。不虑则不生，不务则不成，不傲则不失。故曰：市者可以知治乱，可以知多寡，而不能为多寡，为之有道。"用现代经济学语言来说，就是无论政府还是商人，都要有敬畏之心，认真观察、研究市场规律，适度调控货品价格，让市场上的商品保持动态供求均衡。只有基于市场规律的市场治理才能让各方均有所得，有所受益。

五、儒道互补：华夏商业伦理体系化建构

春秋末期，礼崩乐坏，"嗜欲不制者，正由生计之艰，不得不改途易辙之故。人民智力日奋，然后有甚贫甚富之殊，而以其贫富之殊，弥足以促智力之进步……至战国而其法臻，人民非自谋生计不可；而用品求富，农不如工，工不如商，故战国时周人皆改谋生之术，由农业而趋于商贾。"[①]太史公马迁做《史记·货殖列传》，专门记叙从事"货殖"活动的杰出人物，其中不乏讲究道德操守的良商诚贾。如魏国大商人白圭提出"智、勇、仁、强"四种品质，被当今学者称为中国最早的优秀企业家素质模型；计然提出要防止"谷贱伤农"，主张粮价必须控制在一定的

---

① 王孝通. 中国商业史 [M]. 北京：中国文史出版社，2015.

幅度内，让农民和手工业者及商人都能获益，着实"良商"。"陶朱事业，端木生涯"的范蠡和子贡，更被作为道商和儒商的鼻祖被世代祭奠，代表了儒道两家的商人已有各自鲜明、特殊的伦理主张，对于经商理念、智慧和道德操守已有了初步的系统化建构。基于《货殖列传》所载史料和后世研究，我们总结归纳一下先秦道法家和儒家的商贾道德及商业伦理主张。

（一）主张自由经济下"天下共富""德者得也"的道法家

道家创始人老子的思想主张是"无为"，其理想政治境界是"邻国相望，鸡犬之声相闻，民至老死不相往来"。《老子》以"道"解释宇宙万物的演变，"道"为客观自然规律，同时又具有"独立不改，周行而不殆"的永恒意义，其学说对中国哲学发展具有深刻影响，其哲学思想和由他创立的道家学派，对我国古代思想文化的发展做出了重要贡献。庄子是老子哲学思想的继承者和发展者，亦是先秦庄子学派的创始人，他使先秦道家思想进入成熟阶段。庄子提出齐生死的理论，从更高的境界看待自身和外物，主要思想是"天道无为"，认为一切事物都在变化，"道"是"先天生地"的，"道未始有封"，即"道"本源上是无界限差别的，任何出于分别心的主观认知体系都具有局限性。他在政治上主张"无为而治"，反对烦琐的社会制度，认为一切事物都是相对的，进而否定知识建构的价值和意义。

在道家思想体系框架下，与商贾道德和商业伦理关系密切的两个先秦人物是被称为"道商鼻祖"范蠡和管子，其商业思想基本属于黄老道家或道法家。管仲认为"欲教之，必先富之""仓廪实而知礼节，衣食足而知荣辱"，蔡元培认为这揭示了道德与生计的关系，这个结论在伦理学界有重大价值。"利之所在，虽千仞之山，无所不上；深源之下，无所不入焉。""德者，得也。得也者，其所谓得以然也。以无为之谓道，舍之之谓德。"管子思想所包含的商业伦理体系特色上文已有总结，此不赘述。范蠡则被司马迁概括为"忠以治国，勇以克敌，智以保身，商以致富"，称其"三迁而有荣名"，后被公认为"中国道商"始祖，商界尊其为"商圣""文财神"。范蠡是老子道学思想体系第三代传人，少年时代就追随文子学习中国最早的经济商业理论——《计然七策》，即如何发展国计民生的国民经济学。他的道商思想主要体现在"富国"与"富家"两大领域。对于富国之道，范蠡认为："夫国家之事，有持盈，有定倾，有节事。"范蠡也是"天下共富"主张的首倡者。为了帮助越王勾践实现"天下共尊之"的战略梦想，他提出："昔者神农之治天下，务利之而已矣，不望其报。不贪天下之财，而天下共富之。所以其智能自贵于人，而天下共尊之。故曰富贵者，天下所置，不可夺也。"为了帮助别人也能走向富裕之路，他非常热心和无私地传授经验，甚至长期亲自指导。据《史记集解》记载，他曾经帮助穷困潦倒的鲁国年轻人猗顿学习经商，乃至在晋地"十年之间，其息不可计，赀拟王公，驰名天下"，后又开发盐池，开凿了山西地区第一条人工运河，造福一方，被视为晋商的远祖。

社会关注的重心都是从商营利的手段，而忽略了商人应有的品格。陶朱公的《商训》用简单的语言阐述了一个道理："欲从商，先为人"。待人接物、规矩方圆、诚信为本、勇于决断，这些不仅是为人的品德，更是一个商人成功秘诀。范蠡明确提出大商（伊尹，姜子牙）、小商、奸商之别。陶朱商经十八法，分为三谋和三略，是为：人谋、事谋、物谋；货略、价略、市略。这三谋三略，乃陶朱商经十八法之要义。

（二）"仁义礼智信"，儒家的德性商业伦理系统化建构

儒家创始人孔子为殷人后裔，殷商善商业，孔子对商业文化并不陌生，如余英时先生就说，孔子反复说"沽"，使用商人的语言，说明他对市场非常熟悉。[①] 和一般人想象的陈腐穷老头形象不同，孔子并不敌视商业活动和富贵，他认为"富而可求也，虽执鞭之士，吾亦为之"（《论语·述而》）。"富与贵是人之所欲也，不以其道得之，不处也；贫与贱是人之所恶也，不以其道得之，不去也。"孔子推崇"君子进德修业""富而好礼"，反对"不义而富且贵"。《史记·孔子世家》记载，孔子曾笑着对爱徒颜回说："颜氏之子！使尔多财，吾为尔宰。"希望颜回能够富有，自己来担任其管家。这也可以解释孔子对其爱徒子贡的态度，他将儒商子贡比喻为"瑚琏之器"这样的宗庙宝物（《论语·公冶长》），而不是将其批评为"满身铜臭的财主"，这就能说明其对商业活动与财富的基本态度。由于子产坚持郑国的古老契约，守护了商人财产，孔子便夸其"惠人也"（《宪问》），"其养民也惠"（《公冶长》）。

亚圣孟子虽主"性善说"，却尤其在意"人欲"与"人性"的制衡，倡导"义利之辨，人禽之别"，主张"有恒产者，斯有恒心"，从而开启了中国历史上"民

[①] 余英时. 人文与理性的中国 [M]. 程嫩生，等译. 上海：上海古籍出版社，2007.

本"和"民生"的精神价值追求路向。至于孟子直接论说商人行仁义的话语,最醒世的莫过于其骂"市场垄断"的"贱丈夫"的语句:"古之为市也,以其所有易其所无者,有司者治之耳。有贱丈夫焉,必求龙断而登之,以左右望而罔市利。人皆以为贱,故从而征之。征商自此贱丈夫始矣"(《孟子·公孙丑下》)。"贱丈夫"就是孟子持儒家立场对通过垄断市场追求商品暴利的恶商、奸商的谴责。孟子还将"社会分工"看作经济发展、社会进步的逻辑基础和制度保障[①],认可"劳心者治人,劳力者治于人"的体脑劳动分工论,提出"通功易事,以羡(有余)补不足"可以提高劳动效率的观点,发展了孔子的分工论。后来的荀子作为儒学大师,在分工论方面又发展孔子、孟子的分工思想,从分工角度肯定了商业与其他各业的发展是一国的长久发展大计,他提出"农分田而耕,贾分货而贩,百工分事而劝,士大夫分职而听"是"百王之所同"与"万世国久之大本"。儒家对"分工"和"适度市场利润"正当性的肯定具有积极的历史意义。

从义利之辩证中可以看出,儒家认为利或者经济是人生展开的保障和基础,是实现道德人生的工具。《易经》有言:"利者,义之和也。"到了战国时代,孟子对商业和市场也持开放态度。在《孟子·梁惠王下》中,他提出治国需要"关市讥而不征",主张对民间商业不收关隘税。孟子认为,只要能更好地保护民间商业,就会"商贾皆欲藏于王之市"(《孟子·梁惠王上》),天下的商人都希望来这个低税率的国家,市场则会进一步繁荣。梁启超先生就此评价说:"儒家言生计,不采干涉主义。"[②]

诚信是立身处世之本,"自古皆有死,民无信不立"(《论语·颜渊》)。孟子说:"诚者,天之道也;思诚者,人之道也"(《孟子·离娄上》)。儒家对内主张诚于本心、忠于真实自我、自尊自爱;对外倡导取信他人、信守承诺、不欺不诈、坦荡正直。对此,先秦时期孔子、孟子、荀子等儒学思想家们曾做过很多阐释,提倡通过正心诚意、幽独审己践行"内圣外王"的宗旨,实现修齐治平的目标。例如,《论语》中记载:"人而无信,不知其可也。大车无輗,小车无軏,其何以行之哉?"荀子强调即使在亲密的家庭关系中也要注重"诚信"的为人之道,因为"父子为亲矣,不诚则疏"[③]。儒家认为诚信是重要的经商之道。在荀子看来,"商贾敦悫无

[①] 柳思维. 远古至秦汉时期商业思想的起源及发展概述[J]. 船山学刊, 2009, 74 (4): 197-199.
[②] 梁启超. 先秦政治思想史[M]. 上海: 上海古籍出版社, 2014.
[③] 楼宇烈. 荀子新注[M]. 北京: 中华书局, 2018.

诈,则商旅安,货财通,而国求给矣"。中国古代商人以"儒商"闻名于世,形成了"以义制利,义中取利"的诚信经营模式和"贾而好儒"的商德文化。一些总结从商经验的书籍中蕴含着重要的诚信经商之道,如《商训》中记载,"期限要约定,切勿延迟,延迟则信用失"。诚信经商的思想也呈现在法典中,如北宋王安石变法时期颁布的《市易法》开启了建立在诚信契约精神基础上的赊购、抵押物品等商业模式。明清时期,晋商、徽商等商帮赖以经营的基础就是基于诚信、团结理念而形成的商帮信用体制。此外,古代家训家规中也有许多关于诚信经商的训诫。例如,南宋时期的《袁氏世范》中记载了对经商子弟的诚信教育规范,"习商贾者,其仁、义、礼、智、信,皆当教之焉,则及成自然生财有道矣"。

第二节　秦汉之际：商业伦理的变奏与定调

一般而言,世界史上都有普遍的长时间仇视商业、鄙视商人的现象,如麦尼内尔曾说:"生意人一直是普遍受到鄙视和道德诅咒的对象……一个贱买贵卖的人本质上就是不诚实的……生意人的行为违背了存在于原始群体中的互助模式。"艾里克·霍弗(Eric Hoffer)也说:"对生意人的仇视,尤其是史客的仇视,就像有记录的历史一样古老。"[①] 但可以说中华文明源头上并非如此。尧舜夏商,历史跌宕,我们的祖先已高度理性地认识到"国政"与"商业"的高度正相关性,并将其上升到"天道人伦"的高度,认可"农不出则乏其食,工不出则乏其事,商不出则三宝绝",将商人与商业同样视作"为国根本,民之命脉"。"士魂商才"是所有成功商人的必备素养,也是中国传统商业文化的价值取向。《史记·货殖列传》更为春秋战国涌现的大批富甲一方、爱国奉献的商人谱写了赞歌。《史记》的作者司马迁是古代重商思想的杰出代表,他以"欲利说"和"社会分工论"为思想基础,阐述了商业的社会经济职能及其与政治的关系,正面树立了商业经营者的形象,也为商人秉持操守、坚持伦理道德创造了舆论与理论基础。正是在这样早熟的商政智慧指引之下,华夏文明屹立于东方,光彩夺目。从长时间持续统一大市场、城市数量和规模几个经济要素上评价,中国同时段工商业的巨大成就在世界上遥遥领先。郁郁乎

[①] 哈耶克. 致命的自负 [M]. 北京：中国社会科学出版社，2009.

周文，更倡导"恤商裕库""厚商保民""厚德载物""先富后教"。也正是在这种中国传统商业文明基因基础上，龙登高先生在论证国有企业源流时才下结论说："意识形态上，传统中国的主流思潮是藏富于民而非与民争利；制度上，从上而下的严密控制很难完成，因此更多的是由民间组织供给基层公共品，实现政府间接控制的基层自治，从而降低大一统的成本。"①

奈何"天行有常，人道无常"。秦统天下，《商君书》推行"国待农战而安，主待农战而尊"，将"民弱国强""国强民弱"完全对立；汉高祖刘邦"困辱商人"，中国"商政"二元治理模式被彻底改变。商业与商人被统治者区别对待，"国强"仍需要重视商业，但为皇权稳固和易于统治，商人阶层则被打入历史"夹层"沦为社会"末流"，正史中已再难见他们的身影。中国商业伦理在此大政治文化环境下迅疾进入一段艰难、苦涩的历史。贾谊在《过秦论》中曾评议说：商君违礼义，弃伦理，并心于进取，行之二岁，秦俗日败。虽然依然有爱国忠义商人出现，但商政"大环境"悖人伦违礼义、贬抑商人，可以想见商人阶层践行商业伦理的仁义高度也必然有限。国学大师钱穆先生曾总结过中国古代政治四大趋势，其中第一条就是"集权"——"中央政府有逐步集权的倾向"；第二条就是"抑商"——"中国传统政治上节制资本的政策，从汉到清，都沿袭着"。这最核心的两条无疑都肇始于秦，发育于汉。专门研究中国市场通史的李埏、龙登高先生总结说："村社废墟上产生的中国传统市场，在其初期便呈现出勃勃生机，自春秋战国之交即进入传统市场的第一个发展高峰，直至汉武帝之后走向衰落，汉末以后更行逆转。"②中国古代商业形态和商人阶层处境为什么会如此急转直下，根本在于政治形态和社会治理文化的巨大变化。中国分封的政治制度过早地结束于秦统一之时，进入王朝高度控制的专制社会，这大大影响了市场经济的自由发展和社会阶层的自由分化。六百多年之后，日耳曼人方在西欧揭开封建社会的序幕。值得深思和系统研究的是，如此工商经济最为发达的民族，如此早慧而发达的工商经济，为什么秦汉之后却进入了长达千年的"内卷"和"高水平停滞"？这对中国特殊形态的商业伦理又造成了何种影响？

一、秦代商业特点及商业伦理

春秋战国时期，王室衰微，群雄并起；民间活跃，商业大兴。但这"商人的

---

① 龙登高，秦依依. 国企源流及其理论启示[J]. 河北学刊，2022（3）：123-133.
② 李埏，龙登高. 中国市场通史·先秦至宋元[M]. 上海：东方出版中心，2021.

"黄金时代"让统治者感受到了威胁，因为"私藏积而逆节之心作"（《盐铁论·禁耕》）。战国末期激烈的军事与政治竞争迫使秦国进行改革，率先废除封建制，建立中央集权的郡县制，再经秦始皇的兼并战争，推广到全国。肇始于秦，商君助耕战，农业官僚体系逐步完善，而这些农业官僚体系就是费正清笔下的"中国古代精英阶层"，秦的郡县官僚制让他们"发现自己的安全保障来自土地和官衔，并非贸易和工业。官僚阶层这种支持农业发展的观点是以商人阶层的发展为代价的"。[①] 这样的文化传统和战国残酷的吞并战环境，使秦的商业政策虽有反复和变奏，但总体基调是法家的"抑商"政策，商人阶层丧失了自由市场的发展空间和财产、人格上的基本保障，商业伦理大概就只剩下忠君和守法的底线坚守。

《商君书》明确叙述了商鞅治国的理论基础和基本逻辑：民弱国强，国强民弱。这一逻辑将国强与民富对立，为专制统治者"与民争利""愚弱百姓"提供了理论基础，对后世负面影响深重且持久。逮至秦始皇统一天下，吕不韦为相，有所转圜。吕不韦商人出身，"往来贩贱卖贵，家累千金"，深深明白商业对于国家长治久安的经济支撑作用，秦商政出现一定程度反拨。在这样的政治环境下，秦国出现了一些效忠帝国的爱国商人，如《史记·货殖列传》中出现的两位"秦国大商人"乌氏倮、寡妇清。始皇帝称誉巴寡妇清为"贞妇"，为其破例筑"女怀清台"，并"令倮比封君，以时与列臣朝请"，对二人分别进行了最高嘉奖。大秦帝国的统一，更使中国进入了"以皇帝个人为中心的政治结构之强化"的商人地主阶级居于统治地位的时代——一个多元族群、多元地域文化趋于融合的大一统时代。这样的时代必然给予"官商""国营"商业活动以绝对法权和威严，私商和民间商业活动尤其是民间商人地位空前低落，私产和人格很难保障，商业伦理也很难有独立存在的空间。

秦朝因法家而兴，法家认为人都有"好利恶害"或者"就利避害"的本性。法家集大成者韩非认为："人生有好恶，故民可治也。"既然人人都有自私自利的一面和趋利避害的天性，所以商鞅"徙木立信"，希望通过法律和制度建立起奖惩严明的激励机制，奖罚分明，执行严厉。商鞅变法虽然带来秦国经济、技术、兵源上的全面改善，但就国家文化、国民性及道德伦理体系而言，秦二世而亡是表象，对于内在、持续性负面影响史家已有诸多讨论。我们结合《商君书》《五蠹》来分析一下其商政思想对后世商业伦理的影响。

[①] 费正清. 美国与中国 [M]. 北京：世界知识出版社，2000.

《商君书》也称《商子》，现存 24 篇，战国时商鞅及其后学的著作汇编，是法家学派的代表作之一。《商君书》的思想是基于商鞅对战国时代人性的判断："古之民朴以厚，今之民巧以伪"，所以主张"用善，则民亲其亲；任奸，则民亲其制。合而复者，善也；别而规者，奸也。章善，则过匿；任奸，则罪诛。过匿，则民胜法；罪诛，则法胜民。民胜法，国乱；法胜民，兵强。故曰：以良民治，必乱至削；以奸民治，必治至强。"韩非《五蠹》把儒者和商人分别列为五种寄生虫之一，并要"使工商游食之民位卑而名鄙"。

　　如今再读《五蠹》，我们应该思考：在农耕文明时代，商人阶层如果好利贪婪、自私自利，不顾国家社稷公利，确实是社会不安定因素，甚至是国家蛀虫和大众剥削者。但倘若没有商人从事"货物流转"，商不通，国也必贫。若认可商业的重要性，但商业的承担者——商人阶层的社会地位、权益保障与其应尽的社会义务、所秉持的商贾操守、商业伦理是什么关系，值得我们在解读历史教训的基础上，进行更深入的研究，开展更多的道德教育、文化开拓和政策设计。《商君书》主张毁商，也主要是毁商人，并非主张废弃商业。可以说，商鞅的抑商只是重农的辅策，主要着眼于防止农业劳动力的分流，旨在减少、降低商业的负面影响，但并未从根本上扼杀商业的生命力。"细审《商君书》诸篇，有些主张目的在于抑制商贾势力的膨胀……但均未超越危及商业生存的底线。""《商君书·去强篇》明言：'农、商、官三者，国之常官也。'显然对商业并不歧视。"[1] 历史学家范文澜评价说："商鞅重农抑商政策，不仅不能行施于山东六国，即在秦国也不能遏阻重商的趋势。到战国末年，大商人吕不韦终于参加了秦国的政权。"[2] 这种评价和判断，与当代某些研究逻辑一致，如财经作家吴晓波就认为中国历史上"抑商"抑的只是商人，并不抑制商业。当代学者郑永年先生专门研究过法家影响下的秦始皇"上农除末"政策。秦始皇统一中国后，把重农抑商作为基本国策，在全国范围内推行"勤劳本事，上农除末""黔首是富"政策，又"徙天下豪富于咸阳十二万户"，将这些商人的财产充公。抑商是抑制民间商业，将商业利益集中于国家之手，退私商而进官商。重农是目的，抑商是手段。抑商是对商人政治、社会、法律地位的限制，在全社会形成轻商贱商的思想与观念，以约束人们的行为，防止人们"背本趋末"。汉高祖曾发过一道禁令，规定商人必须纳重税，不得穿丝绸衣服，不得骑马，子子孙孙都不得做

---

[1] 祝中熹. 秦史求知录 [M]. 上海：上海古籍出版社，2012.
[2] 范文澜. 中国通史 [M]. 北京：人民出版社，1978.

官。汉武帝发令，商人不论登记与否，一律课重税。不许商人和家属拥有土地，违者土地没收，并充当奴隶。隋唐科举制明确规定，商人及其子弟不得参加科举考试。宋朝只允许商人中有"奇才异行者"应举。不过，官方的这些政策在实际层面、在多大程度上影响了商人的生活是可以争议的。尽管商人在官方的意识形态中的地位不高，但商人较之其他两个阶层（即农、工）更容易赚钱和积累财富，商人的经济地位实际上远较农、工为高。即使在政治上，很多朝代对商人也是采取"招安"政策，鼓励商人购置土地，容许和鼓励商人的后代考取功名。不过，历代皇朝的小农意识形态的确有效遏止了中国社会发展成为商业社会。

二、汉代商业形态及商业伦理

汉初，政治安定，农业、手工业、畜牧业的发展促进了商业的繁荣，开始出现了一些大都会，商贾任侠成为非常重要的社会力量，已经形成一个强大的商人阶层。豪门巨贾通过权力和贿赂，取得属于皇室的山林海泽等禁地的开发权，从事采伐林木、捕鱼打猎、围海煮盐和采矿冶铸、运输贩卖等工商业活动。商人经济势力增强后，他们力图在政治上获得一定的地位，为他们猎取更多的利润而创造良好的条件。有的"交通王侯"或作为诸民反叛势力的后盾，有的甚至步入军界，以图夺权。代相国陈豨在汉十年（前197年）反叛时，其将领"皆故贾人"。所以，郭沫若先生说："陈豨的叛变也可以看作是商人的叛变。"商人多唯利是图，当刘邦"多以金购豨将"时，则"豨将多降"，他们主动离开陈豨而投靠刘邦，致使陈豨于汉十二年（前195年）被斩于当城，刘邦一举平定了叛乱。刘邦建国后，深感商人势力威胁太大，对他们采取了一系列的措施，以抑制商人势力的膨胀。汉八年（前199年）春三月，刘邦巡行至洛阳，一路感慨做了三件大事，除赏功、正衣冠之外，就是发布《贱商令》曰："贾人毋得衣锦绣绮縠絺纻罽、操兵、乘骑马"（《汉书·高帝纪》）。表面上只是从衣、食、住、行等方面加以限制，实质上是尽量贬低商人的政治地位，因为衣着的质量、佩戴的武器及乘坐的车骑都能表明一个人的政治地位。司马迁解释了刘邦"困辱商人"的原因：商人不轨，哄抬物价，发国难财。同时，《贱商令》还规定商人不准入仕，"重租税以困辱之"。具体规定如下：第一，不许商人穿丝绸衣服，不许乘车或骑马；第二，不许商人"名田"，即不准购买土地，"犯者以律论"；第三，不许"推择为吏"，即不许商人及其子孙做官。想象这一历史场景的上演过程，值得反思的是商政与商人群体行为及伦理操守的互因互果、两相生成关系。国强民富、长治久安及社会的可持续发展，必然要求商业伦理与商业良政的有效支撑和转换。

至于民间中小商人的道德操守状况，司马迁在《史记·货殖列传》中提到了"贪贾""廉贾"的说法，对商人行为和伦理给出了自己的评判标准。如说"贪贾未当卖而卖，未可买而买，故得利少，而十得三。廉贾贵而卖，贱乃买，故十得五"。宰相晁错也洞察到刘邦抑商政策的悖论和负向作用，向汉文帝提出"今法律贱商人，商人已富贵矣；尊农夫，农夫已贫贱矣"，揭露了汉初期农民生活和商人生活之间的显著差别，并说明沉重的赋税只能使农民穷而商人富。以这种方式剥削农民的商人，常常把他们经商所得投于土地而成为大地主。这就是司马迁所指出的"以末致财，用本守之"的情况，于是很多有势力的大地主家庭也同时经商。这清楚地表明，政府的反商政策并没有收到预期效果，反而使局势更加恶化。

司马迁在《史记·货殖列传》中也列举了另一类富豪，他称之为"贤人所以富者"，由衷表达了对有德商人的赞许。如卓氏祖先来自赵国的冶铁世家，赵国被灭后迁徙到四川，卓氏夫妇白手起家，在四川临邛发展冶铁事业，成了一方巨富。与卓氏财富差不多的程郑，也是被秦国从山东迁徙而来临邛，同样以冶铁起家。宛孔氏，来自魏国大梁，被秦国迁徙到河南南阳，仍旧依靠冶铁翻身。司马迁所列举的这几位大商人，"皆非有爵邑奉禄弄法犯奸而富"，意思是他们靠诚实劳动、合法经营起家，而不是依靠爵位、封邑、官位，也不是靠违法所得致富。之所以称他们为"贤人所以富者"，主要是称道他们不畏险阻、艰苦创业、专注一行、诚信守法、富甲一方、孝亲富民的原始企业家精神和商贾操守。用司马迁的话说，这些贤者致富都是因为"诚壹之所致"。这里的"贤人""诚壹"无疑是司马迁基于扎实的历史资料和文化传统提炼出的中华民族商业伦理精神，除了对商人"贤良""诚信"的品格和操守要求外，还强调了术业有专攻的商道职业精神。太史公通过《史记·货殖列传》为商人立传和为商贾群体画像，同时也阐明了自己对于"义"和"利"的基本观点："人富而仁义附焉"。太史公认为，一个人物质生活富裕了，仁义附于其身的可能性会大大增加。在他看来，从平民到王侯都应该让他们富裕而免于困惑，"千金之子，不死于市……万家之侯，百室之君，尚犹患贫，况匹夫编户之民乎？"

但人性与历史一样复杂且诡异。汉武帝时，政府与富商大贾之间的矛盾日益加深。富商大贾旅靠资本和政策进行土地兼并造成农民破产，原有自耕地的农民沦为佃户，国家失去了大量的税收基础；当国家需要用钱的时候，豪强们又推三阻四、一毛不拔。经济放任政策虽出于形势需要，有利于生产一时的恢复和振兴，但大土地占有者兼并日甚，农民贫困化的现象随之日益严重。于是汉朝重启秦制，重拳打击商人敛财，这就是广为流传的汉武帝三招打倒大资本豪强的历史背景和原因。除创立刺史制度，从监察制度上予以克制外，汉武帝还从经济制度和产业、市场制度上打击商人。如"算缗"和"告缗"制度，对商人征收资产税，商人必须如实向政府申报自己的财产并纳税。至于产业、市场制度，汉武帝将盐铁产业从生产到流通全部转为国营，提拔桑弘羊负责整个宏观经济的运作，实行"均输平准制"，在各地统一征购和运输货物，形成国营商业网，防止商人垄断市场，以稳定物价，增加政府收入。桑弘羊是商人出身，重视商业，在历史上首次提出"工商富国"思想，认为"无末利则本业无所出"，农、工、商应该并重，全面协调发展，但他对商业的重视仅限于对官营商业的重视，对私人商业并不重视，甚至处处打压。胡寄窗在《中国经济思想史》中评论说："桑弘羊几乎已是摆脱了伦理的局限而考察财富问题，他的重商理念，百代以降，少有认可。"可见在漫长的古代社会，没有先进、系统思想体系指导，统治者不可能理顺政府与市场、官商与私商、国家资本与民间资本的动态均衡关系，市场不可能正常发展，商人很难期冀有稳定、活跃的营商环境，商人资本、财产的边界不清也无保障，也就不可能会有恒常的商业道德、伦理操守，最后的结局一定是两败俱伤。

三、秦汉商业观转向的原因分析

许倬云先生在《说中国》一书中论述："秦始皇统一中国，二世以后刘汉代秦，先后两个大帝国的体制，奠定了'中国'与'天下'两个观念的内涵。这一时代的变化，在中国历史上具有关键性的意义。""天下"是普天之下，"中国"是天下的核心地区——这个"中国"已经超越了过去的"中原"。"中国"在西方世界的影像和名称"China"里面是"秦"音"qin"幻化而来，而中华民族绝大多数被称为"汉人"则出自"大汉"王朝。从殷周两代开始，经历春秋战国，过去地理、政治和伦理"三位一体"，天道、人伦和天人相与之际自然和谐的礼制秩序彻底被打破，人属的族群转变为属地的共同体，即从靠礼制凝聚的松散血缘共同体转化为秦统一中国的郡县制地域政治共同体，统治权达到地方基层。汉代延续秦制，地方基层的行政达于乡、里。在中央集权体制之下，编入户籍的每个人都是汉朝的子民，即所谓

"编户齐民"。这就意味着古代族群那种拟血缘的共同体已经解散，而代之以行政组织的基层单位作为生活的共同体。经过两百年的演变，春秋战国的列国制度，终于转化为皇朝体制，以文官制度和市场经济两个大网，将广大的中国融合为一体。秦汉帝国经过秦、前汉、后汉四百多年，彻底打破了过去的族群观念。中华文明"伦理"体系的产生，出自"天地之间"的群伦礼仪。可想而知，"秦汉"的这种大一统政治共同体的治理模式转变，对周文郁郁时代形成的伦理体系是如何颠覆和重塑的。秦时的《吕氏春秋》、汉代的《淮南子》皆是以道家思想为基础，虽在一定程度上文润了社会、滋养了士大夫和部分商人的心智，但"刑法"精神是主核，"儒表法里"从此成为统治阶级的治国法宝。

从经济制度来说，从春秋到战国，生产力逐渐提升，地区与地区之间的交换也因为道路的畅通而愈来愈密切，这些情况为货币经济发展提供了条件。战国晚期到秦汉初期，市场经济已经非常发达。《史记·货殖列传》记载的经济活动，包括各种产业的发展、工商业聚集的财富数量和全国都市化的现象等，说明中国出现了工商与农业并重的经济体，"三纵三横"的道路网中游走着各色商人，商业遍布全国。传统历史中所说的秦汉"重农抑商"，准确地说应该是"商业"与农业同样受到重视，但本质性改变始自李悝、商鞅为适应战争需要搞"变法""农战"从而打压商人，及至刘邦建汉"困辱商人"，中国进入了长达两千年"轻视""贬抑"商人的时代，重商业、贬商人是专治体制的一体两面。法家集大成者李斯明确提出"农本工商末"的观点，把从商者视为社会的"五蠹"之一；西汉贾谊则在前人重本抑末思想的基础上又提出了"积著理论"，晁错则在《论贵粟疏》中提出了"贵粟论"，丰富和发展了前人的"重农抑商"思想。从此商业发展呈现出松松紧紧、政治化运作的特征，商人阶层失去财产法律保护和独立人格，精神生活沦落，惯常通过贿买官员、官商勾结获得优渥甚至奢靡的物质生活，成为统治者打压、社会憎恨的食利阶层。"中国历史上商业不独立"的传统由此奠定，"无商不尖"于是变成了"无商不奸"，"商人只是逐利"的观念由此渗透至文化层面。因为重农抑商，自汉朝以后载入史册的经商者寥寥，士大夫皆以耕读传家为荣。文明古国的"仁义礼智信"传统和信念操守只在少数商人身上有所体现，整个商人群体所谓的职业操守更多地表现在与官府沟通能力、市场洞察力和把控力、经商技能、精明度、吃苦耐劳及对刑法条文的遵守程度上。如滥觞于先秦的商业文书在秦汉已初具规模，这些立法文书详细且严格地规范了买卖、借贷、雇佣等商业行为，这应当归功于秦汉时期商业的发展与法律法规的完善。

汉武帝以后，政府为了支持对外战争，不惜竭泽而渔，用高税聚敛都市的资产，工商经济大受打击，不再有发展的机会。从此，中国经济形态转化为以精耕农业为基础，杂合农舍手工业的市场经济。汉武帝接受董仲舒的建议"独尊儒术"，幻想通过儒家的理论为天下建立一个理想世界。董仲舒的学生们甚至建议汉代的皇帝让出帝位，由贤者接替。西汉末年王莽夺取政权，其所持理由也是为了实现儒家理想。这些儒家的思想体系、伦理体系对商人的行为操守影响有限，私德方面最多是吃苦耐劳、养家糊口、致富孝亲、光宗耀祖、厚道诚信，"尽椎埋去就，与时俯仰，获其赢利，以末致财"，如宣曲任氏、雍乐、雍伯等；公德方面大抵是部分商人修路建桥、抚恤乡里做些慈善，在社会有灾、国家有难时捐资纾困、有所奉献，如卜式、乌氏倮、巴寡妇清等。大体而言，秦汉作为中华民族的奠基时代，在政治、礼法乃至文化、伦理等方面都是"定调"时期，就商业伦理而言，我们从宏观政治经济维度的大伦理和中微观社会经济生活中的小伦理两个维度进行总结。

（一）大伦理

所谓大伦理，指在秦汉历史背景下，从政治经济学和宏观经济理论视角，审视从周代"王制"到秦汉大一统官僚专治体制之间，国家出台商业政策的合理合法性对官商伦理道德水平的影响。秦汉时期的商政基本上是秦时的商鞅、李斯等法家推行的政策导向，乃至汉时桑弘羊盐铁专卖、工商富国"官工商""官山海""官盐铁"等政策相继出现，意味着官府对于商业不容置疑且为所欲为的管制。王亚南在《中国官僚政治研究》一书中、王毅在《中国皇权制度研究》一书中都曾讨论过秦汉及以后的旧中国商人阶层对官僚政治的依附性。就其正外部性而言，这种大一统官僚体制的事业垄断性和商业的依附性，为中华民族作为"广土巨族"和唯一不曾中断的独立文明提供了可持续发展的"统一大市场"，但其负外部性危害也很大。

这种两面性必然导致社会的治乱循环。如秦时中国的历史虽然"集权"和"抑商"是主线，但也会此起彼伏地出现商业的繁荣，甚至出现商业立国、商业战争的局面。大商人往往"因其富厚，交通王侯"，所以"天下国家"的集权与抑商是同一个事业的两面，对于商业的"自然状态"发展总是有一定的容忍限度。社会两极分化一旦到了"富者田连阡陌，贫者无立锥之地"的地步，富人地位一旦上升到了

"封君皆低首仰给"的地步，政商关系一旦到了"贵人之家……攘公法，申私利，跨山泽，擅官市……执国家之柄，以行海内"的地步，国家就必然会干预，"无为"必然要转入"有为"。①因此，统治者必然通过庞大的官僚机构将国家带入一个悖论循环：重商——轻商（打压、限制商人）——官商（垄断，低效，腐败，与民争利）——民商（或勾结官府发财，或勤劳小富，或困厄倒闭）。如汉武时期桑弘羊极其重商，据《盐铁论》记载，桑弘羊力主工商富国，提出"富国何必用本农，足民何必井田也"；又说："富在术数，不在劳身；利在势居，不在力耕也"。他认为若工商不畅，则农业无从发展。胡寄窗先生评价，桑弘羊几乎是摆脱了伦理的局限而考察财富问题，他的重商理念，百代以降，少有认可。所以中国历史上，商政环境的"政治"德性程度决定了商业伦理系统中的大伦理性质和规格。这种高度政治依赖性的大伦理直接规定着民间社会商业小伦理的性质和气象，如公与私无显性，硬性边界，垄断与腐败，公平与效率，等等。这一逻辑铸成于秦汉，影响深远。

历史地看，无论是商鞅、李斯，还是管子、桑弘羊所主张的"官山海""官盐铁""官酒梁"都有其历史必然性和历史进步性，更为大一统的中华民族长期和平发展、长期享有巨大"统一大市场"红利提供了政策基础和经济基础。桑弘羊关于国家干预商业活动采取均输、平准的思想与主张，与20世纪30年代西方的凯恩斯的国家干预经济思想似乎有相通的地方，可以说中国古代的"轻重论"就是那个时期的"凯恩斯理论"，它对于今日中国在市场经济发展新阶段加强和改善宏观调控仍有参考价值。对自己一生的功过，汉武帝在他晚年时与大将军卫青交心时说过一段颇入情理的话，似能帮助我们理解"官山海"和盐铁专营等政策的历史合理性："汉家庶事草创，加四夷侵陵中国，朕不变更制度，后世无法；不出师征伐，天下不安；为此者不得不劳民。"但他的警醒与忠告也值得我们当代人思考："若后世又如朕所为，是袭亡秦之迹也。"是的，商业经济也是立国之本，但商业经营的公与私、官与民的界限是什么？自由市场与适度管控的平衡度在哪里？中国特色社会主义市场经济和商政文化怎样才能引导、培育出自尊自爱又爱国奉献，坚守商业伦理又致力于共同富裕的优秀企业家？这些课题非常值得当代学者继续研究，值得我们新时代的青年学子系统、深入思考。费正清先生曾言："中国商人最大的悲剧是，他们靠经商成功后，最希望的却是自己的子孙能够读书入

---

① 文扬，《中国经济奇迹背后有怎样的政商关系？要从商周谈起》，观察者网。

仕，即不愿其子孙再为商人"。当然，这种情况在当代已得到了根本扭转。党的二十大报告提出"加快构建新发展格局，着力推动高质量发展"，再次强调了"构建高水平社会主义市场经济体制"要"充分发挥市场在资源配置中的决定性作用"，要"构建全国统一大市场、深化要素市场化改革，建设高标准市场体系"，这无疑体现了要素市场化改革在推动高质量发展、助力实现中国式现代化方面的重要作用。

（二）小伦理

著名人类学家、历史学家汤因比曾说，我们自古至今都生活在人造环境里。中国历朝历代的商业发展也无疑是当时政治与制度环境的产物。有些商人在没有财产保障和独立人格尊严的环境里是不可能有多少商业操守的；同时，没有一定政府管控、法制约束、伦理引导的商人也会趋利避害、麻木不仁，制造"资本的罪恶"。一面是"仓廪实，知礼节""有恒产者，有恒心""人富而仁义附焉"；一面是"如果有10%的利润，资本就会保证到处被使用；有20%的利润，资本就能活跃起来；有50%的利润，资本就会铤而走险；为了100%的利润，资本就敢践踏人间一切法律；有300%以上的利润，资本敢犯任何罪行。"（马克思语）所以充分发育的市场和好的商业治理一体两翼同样重要。秦汉特殊的历史背景——需要通过残酷、野蛮的战争实现重新统一，必然盛行"成者王侯，败者贼"的丛林法则和简单粗暴的"事功"逻辑。立足于"性恶"论基础上，"尚功"的法家恰逢其时，所以秦汉治理的主调是法家色彩。汉前期用"黄老"是柔和的道法家，后期虽然采纳董仲舒"儒家独尊"，其底色还是"外儒内法"。这样的时代背景必然不会有太多儒家"仁义礼智信"活动的空间，所以秦汉时代的商人道德和商业小伦理应该说基本上乏善可陈。司马迁在其《史记·货殖列传》中首次为商人立传，这也是"二十四史"中唯一的一次，一些纯粹性的商人因其产业与事迹被太史公录入史书。史记里记载的有限几个民间商人，被称颂的私德大概有忠君报国、贤明精专、吃苦耐劳、不贪奢华、仁厚诚信、义利有度。此后的官修史书中再无这些纯粹性的商人，而那些"社稷君臣"们占据了史书全部，虽然还有"商人"被史书记载，但并非以经商致富之因被记载，而是以其政治作为（如为官府捐资、为国疏难等）而被记录在册。这些"商人"大多是所谓的"红顶商人"，也就是他们进入史书是因为"他们身上的官服，而非其本来的商人身份"。

第三节　高峰之后：商业的内卷与停滞

　　唐宋时期的商业是我国商业史上继春秋战国之后的又一个发展高峰。"抑商"政策开始松动，商人群体壮大，甚至一些女性、僧侣、士大夫家人也加入经商行列，职业商人和兼职商人数量增加，商人活跃在全国各地，社会地位和社会影响有所提升。政府所制定的有关市场组织与程序的规则开始松动，商业状况逐渐依赖于更高水平的私人交易与商业交换，交易场所的形成更趋自由，商业贸易进一步渗入农村地区。唐朝在隋朝经济初步繁荣的基础上，商业进一步发展，为两宋的商业繁荣创造了良好的物质条件；有宋一朝，开国即与士大夫共治天下，取恤商政策，商业环境最为宽松，后逐渐允许商人子弟科考取士，是春秋战国之后商人受歧视程度最低的时期。北宋与南宋尽管经历了诸多战乱，商业发展的势头仍然不减，并且创造了更加辉煌的业绩，在商人群体规模扩大、结构多元的同时，商人的组织化、专业化程度大幅提高，商业行会兴起。有的商业行会也吸收手工工匠参加，有的出售自制产品的工匠也以商人的身份加入某一商业行会。这不仅稳定和扩大了商人队伍，而且促进了工商一体化。商业行会在保护同行商人利益、应付官府交涉事务的同时，规范了职业行为、提升了职业操守和信誉，逐渐发展成自律自强又能反哺社会、造福一方的商帮组织。

　　在商业文化及商业伦理方面，由于受到盛唐和大宋开放、向上、活力等整体要素的正向影响，商人群体也积极有为、事业红火，整体文化水平和道德操守普遍较高。职业商人开始朝行业化、专业化、组织化方向进化，更使其职业水准和质量、信誉水平有了一定组织保障和群体影响。尤其是宋代的恤商政策和逐渐允许商人子弟参加科举，使商人群体逐渐纳入"四民皆本"体系，获得了基本平等的社会地位和向士大夫阶层靠拢、渗透的阶层流动机会，整体文化水平和道德情操提升明显。唐宋开放、宽松的政治氛围，使比较自由的儒、释、道各家都对商贾群体"心灵结构"和行为模式有积极影响。如儒家的自强不息、积极进取、宅心仁厚、富润屋、德润身、勤勉孝亲、诚信为本等义理、信条对商人修养自己、成就大业影响至深；唐宋、明清时期儒家的"道统"思想、理学、心学、实学所倡导的伦理精神都在民间和商人群体中有不同体现；佛教在唐宋大兴，佛家慈悲救世、积善行善等信条被不少商人接受并遵行。他们积极投入救灾纾困、铺路搭桥、救助乡里等慈善活动，展示了商人的社会责任和担当意识。道家、玄学对商业也有一定影响，商人群体中出现了修道高人。

但是，表面的商业繁荣，背后潜藏着古老帝国的深层危机，《清明上河图》的作者张择端就隐约表达了那种经济与政治巨大张力之下的悖论和诸多矛盾。世迁时移，人心不古，世界在进步，国家治理的逻辑在演变，单纯的恤商、繁荣市场已没有办法真正解决问题。在世界的"近代性""现代性"面前，古老的中华民族自宋明始就没有很好地实现自我革命，渐渐与世界的滚滚洪流拉开了差距。当今依然是学术界热点的"大分流"（The Great Divergence）一说就是在讨论"极大繁荣、先进的东方文明为什么自近代走向了落后"？对中国而言，旧社会、旧体制的政治改革没有跟上时代的脚步，尤其是明清可以称作历史的逆流或大倒退。明清的"暴烈"与"专治"程度与"近现代性"格格不入，如朱明皇权可以滥杀功臣、异见者乃至无辜，朝堂上可以任意庭杖、羞辱官员、士大夫。在长达13年的文字狱冤案中，多达几十万文人被其罗织罪名，投入大牢，死于非命。没有开放创新、政治清明和近现代市场与商业制度改革，就不可能有真正与其匹配的正义、公平、高效的市场经济，也就不可能真正持续提升生产力水平和推动社会繁荣、进步。所以唐宋商业极大繁荣、商人极其活跃之后，便是明清的集体内卷和伦理文化的倒退和僵化。

一、唐宋盛世：繁华中的新商业文明曙光

"忆昔开元全盛日，小邑犹藏万家室。

稻米流脂粟米白，公私仓廪俱丰实。"

——杜甫

回溯中国古代文明史，唐宋两世以其在经济、文化、政治等各方面所取得的卓越成就秀冠各朝各代。虽千年已过，盛世风华皆成往事，但当我们置身于中原大地上的诸多故都王城时，阅读着彼时如此多"东京梦华录"般的京城大都市繁华描述，仍能在散布其间的历史遗迹中窥探到昔时的盛世荣光。古老的历史车轮行至唐朝，社会的发展出现了较大的飞跃，中国迎来了历史上的第二个盛世。

《贞观政要》记载"上不信则无以使下，下不信则无以事上，信之为道大矣"，这说明当时国家主流意识形态是遵从儒家"仁义礼智信"价值体系的。对于商人群

体而言，多知"仓廪实而知礼节""渊深而鱼生之，山深而兽往之，人富而仁义附焉"。大唐商业的兴盛、市场的繁荣、政策的开放，让整个商人群体整体文化水平有所提高，道德操守有所进步。最主要的表现就是诚信文化氛围保障了大运河和丝绸之路加持的国际大市场商品交流畅通，儒家诚信文化深入人心、广泛传播、蔚然成风。加之佛教在唐朝的影响逐渐广泛深入，不少商人信佛后慈悲为怀、行善积德、恤乡纾困。

（一）唐代商人代表

1. 王元宝

唐玄宗时代的富豪王元宝，本名二狗，从事长途贩运的业务，后成为开元时（公元713—741年）长安大富商，富甲一方。唐玄宗（公元712年—756年在位）曾经召元宝进宫，询问他到底拥有多少家财。元宝大言道："臣请以绢一匹系陛下南山树，南山树尽，臣绢未穷。"玄宗得出的结论是："我闻至富可敌贵"。据说他用金银装饰居屋，墙壁上涂以珍贵的红泥，时人称为"王家富窟"，其"器玩服用，僭于王公"。意思就是说他的吃穿用度比王公贵族还要奢侈。最富有的商人是这样的奢侈景象，手底下的家丁都过得比寻常官员好些。公益事业也是其支出的一部分。据史书记载，每年大雪之际，他都会让仆人到巷子里扫雪，并拿出餐具酒炙，为来往之人作驱寒之用。每年的科举考试之前，众多士子都会受到王元宝的款待。

2. 窦义

窦义是陕西扶风县人，他的伯父和舅父都是唐朝政府的高级官员，算得上是家世显赫。可谁也没想到，窦义从小却对经商产生了极大兴趣，他把孔子弟子中善于经商的子贡当作自己的偶像。商人在中国古代的社会地位比较低，窦义的经商理想大概未能得到家人的支持，所以年少时的窦义只能暗中筹划，等待时机。窦义遇到一个胡人名叫米亮，此人当时饥寒交迫、难以生存。窦义"凡七年，不之问"，长期慷慨地资助他钱财。这件仁义之举给窦义带来了意想不到的商业收益：经米亮建议，窦义买下了崇贤里的一所宅院，院内有一个捣衣砧，乃是价值连城的真玉，获利数十万贯。窦义将这座宅院送给了米亮，以答谢他的指点。受到儒家思想的影响，窦义既定的人生目标就是成为一个端木赐式的"儒商"，因此他将钱财用于仁义行善、救助弱者，这是很自然的事情，说明他已经将此作为一种职业信念，采取"寓利于义"的商业经营方式。唐宋商人多在买卖时提倡"不欺瞒、重信义"。

3. 李珏

《太平广记》记载：有一个名叫李珏的扬州米商"世居城市，贩籴自业"，15岁就从父亲手中接过生意——贩运大米。有人来买米了，李珏就将升、斗（计量容器）拿给消费者自己操作，即使有人多占一点他也不在意。最可贵的是，无论市场上米价跟风上涨还是跟风下跌，李珏都采取一种定价："一斗只求两文利"，且赚到的钱大部分用于供养父母。天长日久，生意做得越来越红火，家庭生活也是"衣食甚丰"。李珏的父亲感到奇怪：大凡做贩米生意的，从来都是出升入斗、出轻入重，才能赚到更多钱，虽然偶尔也会被官府查处而吃官司，但铤而走险的大有人在……我儿子是不是也属于这一类奸商？李珏一五一十地告诉父亲，他的生意经是多年坚持薄利多销。随着名气越来越大、信誉越来越好，生意也就越做越红火，李珏一直到80多岁仍然从事大米生意。如果不是十分重视商业信誉，是很难开出"百年老店"的。

4. 宋清

文学大家柳宗元的书籍中曾经描述了一位重诚信的商人。这名商人叫宋清，是一位药商，经商四十年从来没有贩卖过任何假药，也从不曾缺斤少两。他注重药材的品质，绝不以次充好，药材价格再高也只买正品。当时，许多大夫都称赞他的药材品质好，称赞他为人诚信，恪守商业道德，因此常常在他家买药，许多病人也是如此。在此基础上，宋清树立了自己的品牌。他深知"与人方便，与己方便"的道理，提供赊账服务，对于那些路途遥远不认识的商家同样如此。长久以往的好信誉，让他家客人越来越多，生意也越来越好。

（二）唐代商人群体伦理概况

1. 勤奋敬业，吃苦耐劳

《史记·货殖列传》："无财作力，少有斗智，既饶争时。"司马迁在此总结的商人奋斗历程，形象地展示了他们兢兢业业、吃苦耐劳、精明睿智、勇于冒险抓机遇的职业精神，唐宋明清时代大大小小成功的商人无不如此。唐代"凡东南郡邑无不通水，故天下货利，舟楫居多""门泊东吴万里船"形象地描述了他们居无定所、四海漂泊、为逐利甘冒千难万险的行业精神。儒家讲"好学近乎知，力行近乎仁""勤勉力行，自强不息"，勤劳是中华民族的传统美德，也是商人积累财富的一种重要手段，是一种人格精神的体现，也是中国古代商业伦理精神一贯倡导的美德。唐宋明清，商人文化水平逐渐提高，儒释道经典多有影响。商人接受了儒家文化的熏陶，那么他们的做事哲学就是来自儒学的，他们的行商原则也是这种文化的反映。

2. 见利思义，仁义治商

商人谋利，天经地义。但如何谋，拿什么谋，谋多少，向谁谋，谋了如何用等问题却需要思辨。孔子讲"富贵如可求，虽执鞭之士，吾亦为之"，但"君子爱财，取之有道""君子义以为质、礼以行之""见利思义，义然后取"。如上文已介绍的药商宋清和《太平广记》记载的窦义"仁义治商"的故事。

3. 诚实守信，疏财重义

儒家讲"诚外无物""人无信不立"。对于商人来讲，不讲诚信就没有口碑和信誉，虽花言巧语会赚一时小利，但要想长期经商做成大贾就非常之难。唐代商人在积累大量的财富、成为富甲一方的豪绅的过程中，不仅在从商取利中讲求"仁义"，而且在社会实践活动中同样重视"仁义"。唐玄宗时的巨富王元宝"每至冬月大雪之际，令仆夫自本家坊巷口扫雪为径路，躬亲立于坊巷前，迎揖宾客，就本家具酒炙宴乐之，为暖寒之会"。长安的富家子刘逸、李闲、卫旷，"家世巨豪""好接待四方之士，疏财重义，有难必救，真慷慨之士，人皆归仰焉"。

4. 精明果敢，险中求胜

商人买卖货物，靠的是对市场的准确判断和勇敢决断，为了争取到更大的物质利益，他们不得不身犯险境，以取得竞争上的优势。商人的胆识必然包含冒险精神。唐宋的开放造就了更大更复杂的各级市场，以丝绸之路为主的海外商路更是危机四伏、艰难险阻，面对商机需要商人险中求胜、勇敢睿智。杜牧《上李太尉论江贼书》载：江淮一带有"劫江贼"，他们结为帮伙，"劫杀商旅，婴孩不留"，甚至"白昼入市，杀人取财，多亦纵火，唱棹徐去。……江南江北，凡名草市，劫杀皆遍，只有三年再劫者，无有五年获安者"。这些人十分猖狂，经常打劫商旅，甚至连小孩子都不放过。他们还劫掠草市上的财物，商人的人身安全根本得不到有效保障。唐人刘驾在《贾客词》中也有对商人境遇的描写："贾客灯下起，犹言发已迟。高山有疾路，暗行终不疑。寇盗伏其路，猛兽来相追。金玉四散去，空囊委路岐。扬州有大宅，白骨无地归。少妇当此日，对镜弄花枝。"

5. 重视文化，摆脱庸俗

唐代虽然开放，但商业毕竟还是四民之末业，一些唯利是图、薄情重利的奸商使商人的形象颇为不佳。唐代政府及社会一直把商人贬斥为社会的下流，是不体面的人。人们不仅贬抑商人,还把经商贬斥为下贱的职业。尽管如此,在这样的"抑制"下,商人仍旧能够发财致富,而实际情况也并不像世人想象的那般龌龊。唐代水运发达,天下商人获利多出自舟楫,"凡大船必为富商所有",他们"南至江西,北至淮北,岁一往来,其利甚博",商人的财富积累来源于他们的勤奋冒险、奔波劳碌。李白在《估客乐》中写道:"海客乘天风,将船远行役。譬如云中鸟,一去无踪迹。"诗中反映了船商的辛苦、无常和忙碌。在不利的社会舆论压力下,唐代商人依然能够做到忍辱负重、勤恳敬业,清者自清,不随波逐流,用自己的能力取得财富。唐代诗人白居易在《盐商妇》中描述了盐商之妇的日常生活:"盐商妇,有幸嫁盐商。终朝美饭食,终岁好衣裳,好衣美食有来处,亦须惭愧桑弘羊。"唐代商人在取得财富积累之后,会购置土地、良田,以显示其富有。与汉代相似,唐代的那些已经致富的富商大贾,把大量资金用于购买土地,进行土地积聚,仍走着"以末致富,用本守之",以财结交、富而求贵求显的传统路子,从而"富与王者勍",达到政治上有突破、社会地位能跃升、社会影响能闻达于世的最终目标。《太平广记》所记载善于理财、牟利发家的裴明礼就颇有计然、范蠡的风范:"(裴明礼)善于理生,收人间所弃物,积而鬻之,以此家产巨万。又于金光门外,市不毛地。多瓦砾,非善价者。乃于地际竖标,悬以筐,中者辄酬以钱,十百仅一二中。未洽浃,地中瓦砾尽矣。乃舍诸牧羊者,粪即积。预聚杂果核,具犁牛以耕之。岁余滋茂,连车而鬻,所收复致巨万。乃缮甲第,周院置蜂房,以营蜜。广栽蜀葵杂花果,蜂采花逸而蜜丰矣。营生之妙,触类多奇,不可胜数。"[①]

6. 专业精神,秉道生财

自先秦计然、范蠡等先商就论证和实践过商业对自然、市场乃至人心欲求规律性认知的重要性。道义、规律、人心融会贯通是儒道都信奉的"德者得也",只有"得道"之人才能"厚德载物"、大富大贵。富,靠的是商人的专业精神,他们一般从小就留心商道,刻苦学习,不断磨炼,终得商道之真经;而贵则是他们基于自身禀赋和后天学习后情商极高,又心慕文雅,不断向士大夫靠拢的结果。《新唐书》卷181《曹确传》载:"太宗著令,文武官六百四十三,谓房玄龄曰:'朕设此待天下贤士。工商杂流,假使技出等夷,正当厚给以财,不可假以官,与贤者比肩立、同坐食也。'"说明皇帝认为,工商业者在经济上的优越性虽然难以遏制,但是可以

---

① 李昉,等. 太平广记[M]. 北京:中华书局,1961.

利用政权的力量从政治上尽力压制。唐代中期以后，商人的社会地位逐渐提高，主要表现为商人经济实力的扩大。唐代前期的社会安宁，商税较轻，在这种格局下，少数商人得以迅速集聚财富，进而在一些商品集散中心城市出现了一批富商大贾。至玄宗时巨富王元宝已能登堂入室，与帝王对话。可见，唐代商人经济上的富足可以作为一种资本，能够通向地位高贵之路。根据《开元天宝遗事》记载："长安富民王元宝、杨崇义、郭万金等……朝之名寮往往出于门下，每科场文士集于数家。"富商得贵的路径，一是聚财结交官员士大夫，二是向士大夫看齐，多读书修身，不少商人不同程度地受到儒、佛、道各家影响，在"富润屋"的同时，尚能"德润身"，行善积德、纾困救贫。

二、大宋繁华：商人的"新机遇"及其历史局限

宋代商业的繁盛达到新的历史高峰，这是宋代政府采取开明的恤商政策的结果。宋太祖即位，即下诏明令"所在不得扣留旅行，赍装非有货币当算者，无得发箧搜索"。太宗时又下诏："除商旅货币外，其贩夫贩妇，细碎交易，并不得收其税。""两浙诸州，纸扇芒鞋及细碎物，皆勿税。"之后真宗、仁宗又屡下诏令，减免了许多杂税。宋代是一个商品经济大发展的时代，政府开始实行恤商政策，免除了一些商税。政府不但不歧视商人，还尽量保护商人利益，有时还允许商人做官，商人的社会地位也随之提高，当然就调动了广大商人经商的积极性。北宋初年，带有抑商色彩的坊市制度被完全取消，城内的市场也不再由官府设定，商人们甚至可以自由地选择交易的时间和地点，交易的场所大大增加。北宋还首次在县以下的商业繁荣地设立镇市，变军事设防区为商业贸易区，这是中国古代商业的一次重大的变化。①

（一）宋代商人文化及商业伦理状况

宋代商人文化水平普遍提高，职业商人组成结构的改变自在情理之中。宋代商人不少出身于读书人。有关事例很多，如黄庭坚在宋神宗时有诗云："诸生厌晚成，躐学要伶俐。"诸生不按规律循序渐进地学习，嫌中进士入仕耗时且艰难，急着当商贩挣钱②。宋代的商人地位是有所提高的，而且商人们普遍拥有更高的社会责任感。其商业文化及伦理特色主要表现以下几个方面：第一，商业繁荣，商业文化开

---

① 林燕. 简述唐宋时期的商业盛况 [J]. 经济师, 1998（12）: 107-108.
② 程民生. 宋代商人的文化水平 [J]. 中国经济史研究, 2019（4）: 5-14.

放,为商业发展提供舆论和理论基础,让宋代的商人将目光转向了士大夫。通过模仿、结交、加入士大夫群体,努力争取与其经济地位相称的社会地位,这构成了独特的宋代商人图景;商人地位空前攀升,士商之间开始不断地融通、趋合。第二,商人文化水平提高,儒、佛、道都有影响,其中儒家讲"人无信不立""君子爱财,取之有道",注重诚信和社会责任担当。儒家士大夫也支持商业变革,在舆论上支持商人社会地位的提高。如范仲淹说"上以利吾国,下以藩吾身",就是国家上层统治阶级以利益立国,底层百姓以"商"翻身,这对商人的社会价值做了积极的肯定。与唯利是图的奸商不一样,宋代商人以"儒商"为"修身养性"的方向,以崇尚信义为安身立命之本、信誉至上为经营之道。宋朝著名的大商人,如陶思翁、姜八郎、沈硅、杨文昌等,都是以诚信作为自己的行商之道和立身之本。佛教在宋代影响广泛,佛家慈悲为怀,慈善信义者多。商人阶层常常整个家族信奉佛教,一求行善积德,为子孙和来世积福;二是祈求佛祖保佑自己升官发财,消灾避祸。当自然灾害发生的时候,往往是那些有佛教信仰的富商大户最快响应朝廷招募和号召,积极捐钱和纳物。一些商人热心于社会慈善活动,虽纯粹是一种个人的行为,但也体现了我国自古推崇的"乐善好施"美德。

(二)"国家交子"及"团""行""市""作"等商业组织有助于商业诚信的建立

随着"交子"①越来越广泛地使用,一些商铺联合起来,形成专营"交子"发行和兑换的商铺联盟,并在各地设立分铺。"政府交子"深受人们欢迎,尤其是那些从事跨地区贸易和跨国贸易的四川茶叶商人。在很多情况下,"政府交子"是溢价交易的。当宋朝宣布流通中的"政府交子"和"钱引"作废时,社会动乱和经济危机就爆发了,危机动摇了宋朝政权。其间,坊市制度的崩溃,海外贸易的兴盛,城镇经济的快速发展,货币制度的飞跃,商业信用关系的扩增等,都是宋代政府商政全盘影响市场信用、商人伦理体系的历史证明。同业商家互帮互助,限制恶性竞争,保证市场经营稳定,有助于稳固诚信商业文化。商业组织可以调动许多资源帮助处于困境的商家,也可以严惩背信弃义、违反行业道德规范的商家。当时来中国进行贸易的阿拉伯人就曾一致夸赞中国商人,其中有一位说:"中国人在金钱交易和债务方面诚实得无可挑剔。"我们所熟知的马可·波罗在宋朝灭亡后来到杭州,

---

① 中国最早的纸币始于北宋初年。

仍然赞许："他们（指中国人）无论在经商活动方面，还是在制造方面都诚实可信。"说明即便当时的商业已经大大衰落了，但是经商的良好风气依然保留着。

作为新的历史进步的宋代商业无疑取得了巨大成就，商业伦理也取得了一些进步。但总体来说，对商人的歧视性政策及道德"矮化"已经大大弱化，政府还制定了很多有利于商业发展的制度。然而，政府政策的不稳定、依然存在的歧视性政策，使得商人阶层沉浮不定。比如榷场的关闭等政府抑商措施，引起商人采取违规违法的非制度化行为进行抗争，非制度化行为又造成社会风气败坏，买官卖官现象严重，奢靡之风盛行。社会上出现了泛滥的造假行为，一些明清小说对商人勾结官府、欺行霸市、生活腐化、重利忘义、造假卖假等劣行有大量描写。也有不少非法商人借助权力、金钱、关系、人情等资源或媒介，采用制度外的手段进行利益博弈。很多女性也加入从商队伍，"嫁作商人妇，牙筹学算商。元来有胎教，生子肖弘羊。"① 这些都反映了宋朝商业繁盛背后深层的政治危机，这些危机发作必然导致商业乃至整个国家的大崩盘。

三、"大分流"之明清：商业的张力与伦理的僵化

明代商业发达的一个重要特征，是存在着民商、官商、徽商、牙商等多种商业形式。民商主要利用自己的资金、劳动和店铺等进行商业买卖活动。其特点是小本生意，店铺数量多，遍及全国城乡，拥有百万或千万资财的富商不计其数，如明代中期的大盐商谭景清、大珠宝商屠宗顺、大木材商王天俊等，都是富商巨贾的代表人物。各地大小商人分别从事丝绸、棉花、布匹、瓷器、纸张、粮食、糖、茶、染料、药材、铁制品等工农业产品的贸易，从中牟利。官商，又称"权贵商业"，是指明代封建贵族、官吏等经营的商业。随着商品经济的发展，权贵官吏的贪欲与日俱增，因此明代中期以后，权贵官吏不顾明政府的禁令和限制，纷纷从事工商业经营活动，在各地建立皇店、王店、官店、店铺、"塌房"（即货栈）等组织。官商一般依靠官方特权，专营盐业等暴利行业；垄断对外贸易，控制边境贸易；从事贩造钱钞等活动，并且营私舞弊。

徽商是明代安徽省徽州府籍商人所组成的商人集团。徽商为了从事商业经营活动，在各地重要城市建立了店铺。在徽商中，拥有十万、百万、千万资财的富商巨

---

① 刘克庄. 后村先生大全集 [M]. 成都：四川大学出版社，2008.

贾不计其数。徽商吴养春是拥有资本百万的大盐商；徽商李元祥是拥有巨额资本、店铺连城的大商人。所谓牙商，又称中间商，就是指在商业活动中，为买卖双方促成交易，从中收取佣金的中间商人。由牙商所组成的组织，就称之为牙行。明代商业行会很发达，他们制定自己的行规，约束商会会员的行为。在明代社会中，商业行会在反对皇权统治阶级压迫、权贵商人剥削，促进商业发展等方面起过积极作用，但行会具有垄断性，因此，随着明代商品经济与商品交换的发展，行会逐渐成为生产力提高和商业发展的障碍。在明代资本主义萌芽的条件下，商业行会的作用日益衰落。

著名汉学家卜正民在其经典之作《纵乐的困惑：明代的商业与文化》中写道："明中晚期的中国经历了一次经济变革，商业的蓬勃发展，促使社会、文化发生一系列的变化。明初朱元璋为小国寡民之乡一手打造的通信网络，成了商业世界赖以成长的奠基石。人们追逐着时尚，享受物质的愉悦。富商巨贾把手中真金白银，换作进入上流阶级的通行证。在明末这个光怪陆离的世界里，金钱似乎成了筹码，旧有的社会身份乃至道德的界线，都模糊得让人困惑。"[①]

明末清初大思想家黄宗羲也曾说，明代皇帝对士以"奴婢"蓄之，怨愤之情溢于言表。这种极端道德主义的更大危险，在于模糊了"仁"与"暴"的区别。很多有识之士察觉到了当时士风民俗的普遍残忍与嗜杀。王夫之一再强调"戾气"的对立物，强调"中和"之境、"熙熙和易"。同时期的文人则以其他表述呼吁着以"富有日新"来救治时代的畸形与病态，其中正是信念和反抗命运的意志体现[②]。这些论述为我们理解明清商业环境提供了历史参照。

（一）社会败坏，商业腐化

明代商业繁荣，明代的城市人口急剧膨胀，城市生活无比热闹，北京、南京等大城市，人口早已突破百万。繁荣的外表下，却是一个腐败且效率低下，已似一盘散沙的王朝。

明代史料《五杂俎》里就记录了"超级城市"北京城的槽点。曾经在很多中外史料记载整洁、卫生的北京城，但晚明时的卫生条件却已恶劣到"市场上多粪秽"的地步。特别是每到夏天时，一场雨水过后，街面上苍蝇蚊子乱飞。于是年年夏

[①] 卜正民. 纵乐的困惑：明代的商业与文化 [M]. 桂林：广西师范大学出版社, 2016.
[②] 小北. 明朝灭亡的惨痛原因，明朝遗民说得最深刻 [M]. 北京：北京大学出版社, 2022.

季，北京城的疟疾等疾病肆虐于坊间。

欧洲传教士克鲁士曾在明嘉靖年间游历中国东南地区的广州等地，在其专著《中国志》中克鲁士记载，当时的明朝农贸市场上，卖牲口的为了给牲口增加体重，上市时拼命给牲口喝水。卖鸡时更是简单粗暴，直接给鸡灌砂子——就为多卖几个钱。嘉靖年间，明朝史料《贤博编》里就把明朝的"造假风"讲得绘声绘色：明朝假冒伪劣货物充斥的城市，包括南京、北京，还有苏州。别说充斥着日常各种百货用品残次品，就连这些城市里卖杨梅的，都是把生涩的杨梅直接拿大棕刷用墨刷成紫黑色，大模大样地当熟杨梅卖。万历年间，明朝的"假冒伪劣"风气越演越烈。当时的《天下水陆路程》等图书里专门有提醒：做生意的从常州到浙江，一路都要谨防骗子。到处是"接客之徒诓诱"，稍不留神就要被坑。苏州阊门商业区看似琳琅满目的各种货物，更要"不识休买"——简直假货扎堆。看过这诚信度急剧下跌的记载，也就不难理解，明末天下大乱时的各种坑事。《天下水陆路程》记载，如果从徐州到北京，一路必须要打起十二分精神，因为"响马贼"随时都会出没。从北京到江西，从广东到浙江，都必须白天赶路，绝对不能走夜路。尤其恐怖的是湖口的强盗：一路上别的地方的强盗都是拿了钱就罢休，唯独湖口的强盗，却是拿了钱也要杀人，做事十分血腥。河北任丘等地的富户士绅，都是马贼的"窝主"。山东当地的大户，更常扶持"响马"。到了崇祯年间时，北京郊外玉河桥一带竟然贼寇出没，商旅夜行至此，大抵在劫难逃。

（二）商帮文化

中华文化博大精深，商帮文化也是中国文化重要的一部分。中国商人历史上可称得上"帮"，是在明朝。明清以来，中国商业史上出现了一个显著的、前所未有的现象——区域商人的崛起！换句话说，就是一个接一个的区域商帮，次第登上历史舞台。明清尤其是清代以来，区域商人不再零星存在，而是更多地以群体性的形式出现。他们不仅影响本地，还辐射全国，具有了跨区域的影响力。每个区域商帮还出现了一批标志性、领袖型人物，并以区域或行业为区隔，建立起了一批形形色色的行会，又在20世纪初衍生出商会这个新形态。张海鹏主编的《中国十大商帮》介绍了山西晋商、徽州徽商、衢州龙游商帮、陕西秦商、山东鲁商、宁波浙商、洞庭苏商、江西赣商、福建闽商、广东粤商十大商帮。其中晋商、徽商、潮商势力最大，是最具影响的三大商帮。作为中国历史上明清时国内最大的、最耐人寻味的商帮，晋商较早地拉开了中国商帮史的大幕，在商界活跃了五百多年，足迹不仅遍及国内各地，还出现在欧洲、日本、东南亚和阿拉伯国家，完全可以与世界著名的威尼斯商人和犹太商人相媲美。

作为最早的晋商主体，山西盐商受益于朝廷边区屯军的国防政策和率先在山西开展的开中纳粮的盐业政策。晋商规模如此之大，延绵时间如此之长，经商领域如此之广，靠的是晋商自己的经商秘诀：一方面，以地域和血缘关系为纽带，凝聚本帮商人的向心力，用传统道德规范经商的行为，寻求政治上的靠山，庇护本帮的经商活动；另一方面，也是最重要的，就是晋商家族的重要传统——学而优则贾。一般来说，晋商家族中一二流的读书子弟去经商，三四流的子弟才去参加科举考试，甚至出现过获得功名后不做官而从商的进士。正因为如此，晋商的文化程度相对于其他商帮要高得多，他们的经营模式也是同时期最先进的，股份制、资本运作等现代经营方式已经在他们身上萌芽。虽然他们审时度势，结交权贵，讲究多元，采用新型经营手段，注重利用市场信息预测行情，具有一定的近现代商人意识和技能，但因其整体知识结构、智识体系与西方现代商业思潮和市场缺乏深度交流，致使他们的商业行为和商业文化仍然没有真正走向现代化。

四、传承与创新：新时代商业伦理精神的重构

回顾波澜壮阔、跌宕起伏的中国商业史和商人群体文化、伦理史，应该说中国文化在源头上是极其重商的，且基本上自始至终重视商业，部分朝代和历史阶段轻视、贬抑甚至困辱商人。所谓的"农耕文明""农本商末"是定都中原尤其是与秦汉郡县封建混合制捆绑的历史阶段性制度演变，完全没理由一概而论地说"中国自古轻商""重农抑商"。只有了解中国绝大部分朝代和历史时段重视商业文明，才能解释华夏民族大部分历史阶段民富国强、安居乐业、和谐统一。所以我们可以下结论说，中华文化主流并不轻商，并且非常重视"利用厚生""熏风阜财""经世济民""开拓进取"。但需要高度重视和彻底厘清的是，这种源头上的"重商"随着封建王朝的确立和后世专治官僚政府的统治需求，慢慢演化成了"一边倚重商业，一边歧视、打压商人"的奇妙历史，这种商业悖论几乎贯穿整个中国传统经济时代。分析其原因，中华文明源头上"重商"确属"商业商人一体重视"，因为在当时原始经济条件下，多是开明、精明的部落首领、邦国领袖带领或鼓励贵族团队集体经商。如商朝人以善于经商著称，从其祖先和部落首领"王亥"就知道商业的重要

性，亲自带领商队外出贸易。在此传统下，后来商朝都城已成为繁华的商业都市，有"商邑翼翼，四方之极"之称。春秋初期依然是"官营商业"，民间市井商业依然是自然经济状态的初级小市场。春秋后期及战国，官府控制商业的局面被打破，商人的社会地位有所提高，涌现出许多有名的大商人，"陶朱事业，端木生涯"就是写照。隋唐时期，农产品商业化程度大幅提高，尤其是茶叶市场广泛，唐中期政府开始征收茶税。市场发达，商人众多，不但有中国大小商人，还有大量胡商、外商。说到商圣范蠡，我们会联想唐代诗人杜牧的《西江怀古》诗：

上吞巴汉控潇湘，怒似连山静镜光。魏帝缝囊真戏剧，苻坚投棰更荒唐。

千秋钓舸歌明月，万里沙鸥弄夕阳。范蠡清尘何寂寞，好风唯属往来商。

翻译成现代语言大概是：有人以为曹操能以布囊盛沙塞断长江，这荒唐的念头真是可笑；苻坚自称投鞭可以断流，这口气也实在狂妄得可以。可是这些荒唐与狂妄的人如今都早已灰飞烟灭，而江上渔歌依然、沙鸥依然，夕阳西下、明月东升，又何尝因为这些狂人而改变半分？就是那位智谋极高、财富极多，进而运筹帷幄、退而泛舟江湖的范蠡，如今又何在呢？还不是一抔黄土、化为清尘了吗？只能让人千载之下感到寂寞而惆怅。江上的好风依然在吹，但曹操享受不上，苻坚享受不上，范蠡享受不上，却都付与了往来江上的商人。惟有长江依然是长江，它千百年来仍是上连巴蜀汉中、下接潇湘吴越，汹涌时惊涛拍岸、叠浪如山，沉静时水光接天、平明如镜。

诗人不是政治家，更不是经济学家，虽然对政治人物、富商大贾与历史跌宕的关系做了自己的思考和感慨，但并没有给出自己的结论。中国经济商业史专家李伯重先生说："中国古代商业的发展与当时的经济政策密切相关，综观中国历史，从'重农抑商'到'海禁'，总体经济政策的严峻，压制不住商业蓬勃生长的力量。商业发展的轨迹，背后是经济政策的变迁。让我们在数千年的历史洪流中，剖析二者之间相辅相成的关系。"这种精到的洞见可谓穿透历史、一语中的：商业的规模、性质及商人整体伦理状况，与所处时代、当世经济、商政到底是一种什么样的逻辑制约关系？二者双向正相关的朝代是不是都是繁荣盛世？反之，是不是就是暴戾、恶性竞争的乱世，或封闭、内卷、高压的贫弱之世？这是值得我们持续思考和研究的"中国商业之问"，对这一问题的"真知灼见"是我们今天赓续传统、持续创新的前提和基础。

众所周知，中西方学术界有个共同的热点课题，就是追问辉煌的东方文明为什么在近代落后了？当代经济学家梁小民先生研究了大量有关"大分流"的论著，认为美国学者彭慕兰所著"《大分流》最大的遗憾就是对明清时的社会制度和文化没有进行分析。不是没有深入分析，而是完全没提到。中国明清时代之所以停滞与保守正在于中国的中央集权专制制度一直没变，而且明清正是这种制度的顶峰"。是的，明清的商政和商业文化不是没有亮点，商业伦理体系中仍然弥漫一些儒家"仁义礼智信"、佛家的慈悲积善元素，但整体制度没有进步，缺乏"现代性"，没能完成政治与商业的"相得益彰"和双向促进，所以，中国现代商业文明的曙光只能有待新中国才能真正到来。

香港中文大学历史系（现为上海交通大学人文学院特聘教授）邱澎生教授认为，明清中国的一些商业城镇曾经发生经济组织、经济法令乃至文化意识形态方面的变动，进而促成当时的制度变迁。邱教授针对苏州商人团体、苏州与松江棉布加工业、云南铜矿业与重庆航运业，以及重庆债务与合伙诉讼、明清商业书的传播等史料进行了大量的个案分析，借以呈现当时中国"经济组织、法律体系、文化观念"三者间的密切互动，希望能进而论证这些变化如何共同构成明清中国的"市场演化"[①]。这样的现代研究有助于培养我们的商业文明理性，让我们的政治、商业、文化伦理相得益彰、相互成就，成为一个系统理论和方案的有机整体，护卫、支撑国家良性、高效发展，既长治久安又讲信修睦、共同富裕，最终生成一套有中国特色的新商业文明体系。

在我国经济取得国际瞩目的巨大成就的新时代，高盛经济学家雷默（Ramo）总结中国经验时提出：以有效市场和有为政府的渐进式改革为特征的北京共识，不仅为世界经济的可持续发展和人类命运共同体的和谐发展提供了"中国式经验"，也对世界范围内发展中国家的经济转型和企业发展提供了一个不同的选择，提升了中国模式的合法性和世界影响[②]。这种"中国模式""中国经验"中体现的商政环境与懂市场、高素养、重伦理、讲公益、求奉献的商人、企业家群体完全是一个相得益彰、双向正和博弈的过程，其中的经验值得我们发扬光大和持续创新。

古人云："人无德不立，国无德不兴"。最近三十年，随着文化视野的拓宽，市场的渐次开放，经济的快速发展，中国的精英企业家们在丰衣足食后，开始追求知识与意义，注重身心修养，重构精神世界，扮演了传承中华文明、重构文化传统、

---

① 邱澎生. 当经济遇上法律：明清中国的市场演化 [M]. 杭州：浙江大学出版社，2021.
② 武常岐. 千舟已过万重山：中国管理学发展三十年 [J]. 管理学季刊，2022（1）：25-34.

维护社会道德风尚的重要角色。目前，传统文化得到了社会各阶层广泛的提倡，出现了"文化热""国学热"和"儒学热"的可喜现象。基于"商业伦理精神匮乏，社会责任认识偏颇"的现状，以及公众对道德回归的强烈渴望，加之环境治理的紧迫性等全球性症结，中国政府有关部门联合中国主流媒体与中欧国际工商学院于2009年共同发起创立了"世界商业伦理大会"国际论坛，使命是"重塑商业伦理，振兴人文精神，守护自然生态"。2018年中国管理模式50人+论坛（C50+）、深商总会、深圳市商业联合会发布《新商业文明倡议书》提出，技术驱动和哲学驱动正在重构商业文明，如何在新商业文明框架下构建人类命运共同体，是时代面临的最大课题。从个人的角度讲，新商业文明应完善个人心性；从社会的角度讲，新商业文明应该促进社会进步，为社会创造福利。《新商业文明倡议书》同时倡议："从我做起，遵循天理良知，以信任创造价值，以科技赋能商业，共建诚信、责任、开放、合作、共享的新商业文明，共同推动管理进步，共创未来美好生活。""儒商"就是认同儒家的仁、义、礼、智、信的基本道德伦理，并且以儒家核心价值观从事企业的知识人。儒商是关切政治、参与社会、重视文化、尊敬宗教的现代企业界的公共知识分子。如果说文化是一个国家、一个民族的灵魂，伦理则是这种灵魂的表达形式，二者互为表里并构成一个国家综合国力和国际竞争力的深层支撑。在中国特色社会主义不断前进的新时代，我们要推动中华优秀传统文化创造性转化、创新性发展，继承革命文化，发展社会主义先进文化，不忘本来、吸收外来、面向未来，更好构筑中国精神、中国价值、中国力量，为人民提供精神指引。商业繁盛是国家经济的基石，商业伦理的创新性转化与创造性发展必然要赓续传统，面向未来。

本章要点

本章基于马克思辩证唯物主义和历史唯物主义观点，遵照中国特色社会主义市场经济和绿色可持续发展思想，在领会中华优秀传统文化创造性转化、创新性发展精神的基础上，重点从五千年文化源头上寻找我们祖先经世济民、经邦济国的商业最初形态和商贾群体的经商初心，打破"中国自古就重农轻商"的成见，梳理中华文明源头上的重商基因。本章分四个部分。一是"源头活水：中国商业伦理传统"。该部分充分利用文献史料、中华文明探源工程成果和最新考古资料，梳理了三皇五帝——夏商周商业与市场形态，论证了中华文化的第一个繁荣期是非常重视商业和市场价值的，商人群体讲究厚德载物、利用厚生、经商利民、诚信经营、营利孝亲；商人群体名家辈出，繁荣经济、救世济困、成就非凡。司马迁在《史记·货殖列传》中做了很好的总结："习商贾者，其仁、义、礼、智、信，皆当教之焉，则及成自然生财有道矣"，确立了中国商贾以儒家价值为主流的商业伦理特色。二是"秦汉之际：商业伦理的变奏与定调"。该部分主要叙述了秦用耕战政策对商业的抑制和对商贾群体的打击，拉开了中国"重农抑商"的序幕；汉刘邦"困辱商人"、汉武帝打击商人群体，从制度上进一步巩固了"重农抑商"国策的推行。坚持马克思主义历史辩证法，在分析利弊之余，亦承认其在一定程度上的历史合理性和进步性。三是"高峰之后：商业的内卷与停滞"。该部分介绍了唐代的恤商政策和宋代的商业繁荣，商人群体又迎来了一个相对环境宽松的商业文化高峰期，商业伦理体系得到稳定发展。高峰之后，明清虽有商帮文化，但商业、市场形态整体进入"内卷"期，并未迎来中国商业文化的昌明进步，商业伦理体系反趋于保守、封闭和世俗化。本章最后对中国历史上主要朝代的商业政策、经济状况、商人群体的伦理体系特色三者的相关性做了系统分析。

本章思考题

1. 请结合相关文献和中华文明探源工程成果，论述中国历史源头上商业和市场的基本情况。

2. 你认同"中国自古就重农轻商"这样的说法吗？请列举理由。

3. "王亥服牛"的典故和商业、商人的称谓是如何产生？请结合史料叙述。

4. 请结合史料叙述"熏风阜财"成语的来历和历史意义。

5. 请结合史料叙述"耕市不惊"成语的来历和历史意义。

6. 请概述中国先秦的商业伦理特色。

7. 请结合史料叙述汉初刘邦"困辱商人"的历史背景和历史影响。

8. 请叙述和评价汉代桑弘羊的商政改革。

9. 请概述中国秦汉时期商业伦理特色。

10. 请概述中国唐宋时期商业伦理特色。

11. 请概述中国明清时期商业伦理特色。

12. 请概述中国近代商帮基本形态与商业伦理特色。

第二章
心生万物：企业人力资源管理中的伦理

第一节　西方传统伦理思想与人力资源管理伦理

伦理学作为一门以人类道德生活为基本研究对象的学科，研究人与人之间关系的规范，自有人类社会以来就开始形成和发展，是人类最早发展出来的学科之一。千百年来，不同地区的民族发展出具有自身特色的伦理规范。本节介绍西方传统伦理思想及其对人力资源管理伦理的影响。

一、西方商业活动中的人力资源管理与伦理

商业和组织的发展离不开人的合作和对人的管理，合作的需要形成了最初的人类伦理。在对西方产生重大影响的《荷马史诗》和《圣经》中，都记载了人类早期的人力资源管理活动。

（一）特洛伊战争中的人才管理[①]

《荷马史诗》记载，古希腊时期世界上最美丽的女子是海伦。她的美貌闻名遐迩，全希腊没有一位年轻王子不想娶她。当追求者们聚集在她家求婚时，由于他们为数极多且都是权贵家族出身，海伦的父亲——国王廷达瑞俄斯不敢在他们当中做出选择，生怕其他人会联合起来反对他。因此他要求大家先立下庄严的誓言：无论谁成为海伦的丈夫，一旦他的婚姻遭到侵害，大家必须共同捍卫他的利益。既然大家都希望被选中，那么这条誓言终究是对每个人都有利的。于是他们都发誓严惩任

[①] 依迪丝·汉密尔顿. 神话：希腊、罗马及北欧的神话故事和英雄传说[M]. 刘一南，译. 北京：华夏出版社，2018.

何劫走或企图劫走海伦的人。廷达瑞俄斯最终选择了阿伽门农的弟弟墨涅拉俄斯为女婿，并立他为斯巴达国王。

特洛伊王子帕里斯在爱神阿佛洛狄的帮助下诱拐了海伦，墨涅拉俄斯便号召全体希腊人伸出援手。各地首领遵守誓言，纷纷响应。他们来到斯巴达，计划渡海消灭强大的特洛伊。但有一位重要的人物没有露面：珀琉斯与海中仙女忒提斯的儿子阿喀琉斯。

阿喀琉斯是有名的勇士，他没有出现是被母亲留住。因为海中仙女知道阿喀琉斯如果到特洛伊去，会死在那里。为避免失去儿子，忒提斯把阿喀琉斯送到国王吕科墨得斯那里，命他穿上女人的衣服，并藏在众多少女当中。

希腊众首领派俄底修斯去寻找阿喀琉斯。俄底修斯化装成小商贩，来到这位少年藏身的宫廷，他的包里装着许多符合女人口味的漂亮饰品，也装着一些精美的武器。姑娘们纷纷围观那些小饰品，阿喀琉斯却抚弄着那些长剑和匕首。

就这样，俄底修斯认出了他，并说服他与自己同往希腊军营。

阿喀琉斯奔赴战场后，在特洛伊战争中立下了赫赫战功。

（二）摩西挑选人才审理案件[①]

摩西坐着审判，百姓从早到晚都站在摩西的左右。摩西的岳父看见他向百姓所做的一切，就说："你向百姓做的是什么事呢？你为什么独自坐着，众百姓从早到晚都站在你的左右呢？"摩西对岳父说："这是因百姓到我这里来求问神。他们有事的时候就到我这里来，我便在双方之间施行审判。我又叫他们知道神的律例和法度。"摩西的岳父说："你这样做不好。你和这些百姓必都疲惫。因为这事太重，你独自一人办理不了。现在你要听我的话。我为你出个主意，愿神与你同在。你要替百姓到神面前，将案件奏告神，又要用律例和法度教训他们，指示他们当行的道、当做的事，并要从百姓中挑选有才能的人，就是敬畏神、诚实无妄、恨不义之财的人，派他们作千夫长、百夫长、五十夫长、十夫长，管理百姓，叫他们随时审判百姓，大事都要呈到你这里，小事他们自己可以审判。这样，你就轻省些，他们也可以同当此任。你若这样做，神也这样吩咐你，你就能受得住，这百姓也都平平安安归回他们的住处。"于是，摩西听从岳父的话，按着他所说的去行事。摩西从以色列人中挑

---

① 《圣经·出埃及记》第十八章第 13-27 节。

选了有才能的人，立他们为百姓的首领，作千夫长、百夫长、五十夫长、十夫长。他们随时审判百姓的案件，有难断的案件就呈到摩西那里，但各样小事他们自己审判。

对阿喀琉斯的寻求，反映了古希腊对人才的重视和管理。《圣经》中摩西听从岳父的建议，从百姓中挑选人才审理案件，反映了早期管理中的分工与人力资源管理思想。这些早期的人力资源管理活动，奠定了早期人力资源管理伦理的基础。随着以分工合作为基础的近代企业的兴起，人类的人力资源管理活动的范围和复杂程度与古代相比都大大增加，人力资源管理的伦理思想也相应发展，逐渐形成了一个复杂的理论体系，并与法律体系一起，成为企业活动的重要规范。

总体上，西方传统经验主义伦理学通常坚持从个人道德经验出发，坚持以个体主义或利己主义（粗陋的或合理的）为基本道德原则，一般带有个人主义和现实主义的色彩[①]。

二、西方企业人力资源管理中的伦理思想

（一）择优选人权与就业权：基于权利的劳资博弈

蒸汽机的出现（生产力）和基于劳动分工的雇佣关系（生产关系）催生了现代企业。企业中最基本的伦理关系首先是劳资双方的关系。在资本主义制度下，传统上多数人认为"雇主和雇员的根本利益必然是对立的"（泰勒，1911）。这导致了劳资双方基于自身利益最大化的博弈——资本家残酷剥削雇员，雇员则千方百计磨洋工。为解决这一问题，被称为"现代管理学之父"的泰勒撰写了《科学管理原理》，试图通过更好的管理制度设计解决劳资双方的矛盾。

在西方文化背景下，形成了以权利和个体价值为基础的现代西方主流伦理学，学者通常将其称为现代人本主义伦理学思想。这一思想以个体的自我存在为本体，以个人的绝对自由和价值为核心，反对一切形式的决定论和传统价值体系，以期建立以自我为目的的人生价值理论[②]。

权利是西方现代政治、法律的核心概念。19世纪的西方学者通常将权利视为人基于道德上的理由所应该享有之物[③]。基于劳资双方的权利，西方人力资源管理伦理首先关注的问题是择优选人权与就业权。当雇佣关系（一个个体为另一个个体工

[①②] 万俊人. 现代西方伦理学史 [M]. 北京：中国人民大学出版社，2011.
[③] 夏勇. 权利哲学的基本问题 [J]. 法学研究，2004（3）：3-26.

作）发生时，必然带来权利、责任、公平待遇等问题。大多数人都会依据各自的理由从不同的角度思考、分析和解决问题，因此也带来了雇主的择优选人权与被雇佣者的就业权之间的矛盾和争论。

从员工（被雇佣者）的角度来看，得到一份工作的就业权是法律赋予自己的权利。从企业（雇主）的角度看，有自由雇佣、解雇员工的权利。

联合国经济、社会和文化权利委员会（The Committee on Economic，Social and Cultural Rights，CESCR）提出："工作权对实现其他人权至关重要，并构成人之尊严的不可侵害的、固有的一部分。每一个人均有工作的权利，使其生活得有尊严。工作权同时有助于个人及其家庭的生存，只要工作是自由选择或接受的，这一权利还有助于个人的发展和获得所在社群的承认。"[①]

法律也承认工作场所中雇主对雇员的权利。雇主可以告诉雇员做什么、何时做，以及怎么做，具有惩罚或解雇那些不顺从他们权威的员工的权力。

西方通过自由雇佣（Employment at Will，EAW）等法律规定平衡择优选人权与就业权。自由雇佣规定不需要特定的合同或其他详细规定的法律条款，所有雇员都是自由择业。这个规定一方面允许雇主可以在任何时间以任何理由解雇员工（除非合同有额外规定）；另一方面，一个自由择业的劳动者也可以在任何时间以任何原因放弃一份工作，而不用通知任何人。在理论上，双方都是自由的。在实施、解释就业权或择优选人权时，对该权利的范围等方面仍存在分歧，何为合理的解释也未有定论[②]。

综上所述，在西方，就业权被认为是一种由公民的生存权、发展权和被尊重的权利派生而来的权利。但问题是，如果个体拥有这种权利，就意味着有人必须承担对应的义务，因此，这种权利只是一种客观权利，也是一种"未实现"的权利——公民享有这种权利的可能性，但并不代表其实际拥有[③]。就业权的具体实现与一定的社会条件有关，在不同的条件下，就业权的具体实现存在着程度上的区别。

（二）高管薪酬与同工同酬：基于效率的奖优罚劣和基于契约的公正意识

追求资源使用效率的最大化是西方经济学的基本前提之一。作为企业最重要的

[①] 本·索尔，戴维·金利，杰奎琳·莫布雷. 《经济社会文化权利国际公约》评注、案例与资料 [M]. 孙世彦，译. 北京：法律出版社，2019.

[②] 劳拉·哈特曼，约瑟夫·德斯贾丁斯，克里斯·麦克唐纳德，等. 企业伦理学 [M]. 3版. 苏勇，郑琴琴，顾倩妮，译. 北京：机械工业出版社，2015.

[③] 周祖城. 企业伦理学 [M]. 4版. 北京：清华大学出版社，2020.

资源，如何使人力资源的使用效率最大化自然成为管理学及商业伦理追求的目标之一。根据这一原则，形成了西方基于效率的奖优罚劣和基于契约的公正意识。通过自由竞争的市场机制，依据个人对企业业绩的贡献确定薪酬，成为西方最主要的薪酬设计依据。

同时，从道德的视角看，人类与动物不同，人类的同情心使人类更能包容和同情弱者而不是一味强调竞争（弱肉强食）。因此，人们又会考虑薪酬公平，并不完全按照市场机制定价，而是考虑劳动者满足自身生存与繁衍需要的成本（如生活、医疗与教育成本等）[1]。

在西方人力资源管理伦理中，薪酬设计与管理中的伦理问题主要包括高管薪酬和同工同酬。

1. 高管薪酬

通常，公司高管是对公司业绩贡献最大的人，因而也是公司中薪酬最高的人。但高管薪酬定多少合适，一直是人们关注但始终未能很好解决的问题。总体来说，是否要对高管薪酬规定上限，最低工资与最高工资之间的合理比率如何确定，都是企业伦理需要思考的问题。这些问题并不容易回答，因为公司经营面临的环境瞬息万变，面对的竞争压力也非常大，具有杰出经营管理能力的高管作为一种稀缺资源，应该有更高的收入，但是，现实中的"天价薪酬"又往往引起员工和社会的巨大争议。

对公司高管过高薪酬的争议主要包括：高管薪酬与公司业绩之间的关系是否合理？公司业绩的取得与高管的个人才能和努力之间的关联有多大？高管薪酬应该由谁来制定，依据是否合理，等等。

20世纪70年代，美国102家大公司CEO的平均收入是普通工人平均工资的40倍。但到了21世纪初，这个比率变为367倍[2]。在关于美国雷曼兄弟公司破产的美国国会听证会上，众议员亨利拿着雷曼兄弟公司董事长兼CEO理查德的个人收入表责问道："公司已破产，你却拿了4.8亿美元的收入，这公平吗？"[3]

对于高管过高薪酬的不满主要来源于三个方面：第一，当公司的利润下降甚至亏损时，高管的收入仍然在增加。第二，公司效益不佳时，公司往往通过裁员（降

---

[1] 于惊涛，肖贵蓉. 商业伦理：理论与案例 [M]. 2版. 北京：清华大学出版社，2012.
[2] 保罗·克鲁格曼. 美国怎么了？一个自由主义者的良知 [M]. 刘波，译. 北京：中信出版社，2008.
[3] 周祖城. 企业伦理学 [M]. 4版. 北京：清华大学出版社，2020.

低一般员工的工资支出）来应对，但此时高管薪酬却依然上涨。第三，股票期权让高管获得过高的收入。

回应上述问题，综合考虑伦理等各方面因素，制定合理的高管薪酬，应该考虑以下几个方面。

应当由独立的薪酬委员会按公正的程序制定高管的薪酬标准，尽可能避免高管为自己确定薪酬的情况。增强高管薪酬的透明度，让公司员工明白高管薪酬的政策和决定方式，如薪酬结构、支付方式、与公司业绩的关系等。

高管薪酬应与公司业绩合理匹配。应将高管的报酬与其对公司的业绩贡献及责任相关联。同时，公司业绩还应考虑短期与长期，使高管薪酬中有一定比例的薪酬与公司的长期绩效挂钩，避免高管为了短期的高收入而牺牲公司的长远发展。

应考虑高管薪酬与其他员工收入差距的合理性。如果可能，应尽可能缩小高管与一般员工平均薪酬的差距。

考虑高管薪酬与个人所得税制度的关系。考虑到个人所得税对高管实际获得收入的影响，当税率较高时，高管与其他员工收入的比率可以适当提高。

2. 同工同酬

同工同酬一般指企业对从事相同工作、付出等量劳动且取得相同劳动绩效的员工支付同等的劳动报酬。由于工作内容、劳动量和劳动绩效的认定均没有绝对统一的标准，因此，对"同工"的认定并不容易，这也是这一领域容易出现伦理问题的原因之一。为此，欧盟的《阿姆斯特丹条约》将"同工"定义为"相同价值的工作"。美国的《平等工资法》认为，"同工"是指"从事对技能、责任和艰苦程度的要求相等，并且工作条件相似的工作"。国际劳工大会在《男女工人同工同酬公约》中提出，"男女工人同工同酬是指报酬率的制定，不得有性别上的歧视"[①]。

随着知识经济、数智时代的到来，企业劳动的知识化、协作化和创造性越来越强，即使岗位相同、劳动量也相同，劳动的质也可能存在差异。因此，同工同酬的认定变得更加困难，这为人力资源管理中此类伦理问题的解决增加了难度。

在伦理上，同工同酬是对公平原则的运用，同时也是防止企业滥用强势地位在薪酬分配中采取歧视行为的制度安排。研究表明，当前企业管理实践中同工不同酬的现象仍相当严重[②]。

---

① 冯彦君. 同工同酬原则的困惑与反思 [J]. 法商研究，2011，28（2）：61-68.
② 王贵军. 同工同酬问题探讨 [J]. 中国人力资源开发，2011（12）：92-95.

企业中同工不同酬的表现主要有：男性员工与女性员工、正式工与临时工、合同工与劳务工（实习生）、老员工与新员工、本国员工与他国员工等从事相同的工作，但薪酬不同。

通常，同工不同酬出现的原因主要是劳动力市场供应充足、法律法规不健全或有法不依。劳动力市场过剩导致雇佣方的强势地位，被雇佣者在权利受到损害时往往选择忍耐。法律不健全或有法不依则可能导致被雇佣方维权意识不足或维权成本过高。

避免同工不同酬，应从政府和雇员两个方面开展工作。一是政府层面应完善立法、加强执法和监督力度，做好法律法规宣传，提高公司的守法意识和员工的维权意识，有效降低维权成本和提高违法成本。二是雇员自身应加强学习，充分了解自己的权利，并在自身权益受到损害时敢于和善于维护自身的合法权利。

（三）歧视、隐私、劳动安全、自由流动与商业秘密保护：基于人权和法律的劳资行为准则

随着人类文明的不断发展，人权观念深入人心，法律体系逐渐完善。西方人力资源管理中的劳资关系涉及的伦理问题，多数均有成熟的人权理念和完备的法律制度进行规范。在人力资源管理领域，伦理问题主要表现在以下几个方面。

1. 歧视与骚扰

美国广播公司和其他研究者的研究证明，性别歧视在美国不仅存在，而且很严重[1]。John Yinger（1986）等人的研究则证实，种族歧视在20世纪末的美国仍然严重[2]。

与上述研究成果和调查数据所揭示的事实不同，在当今西方社会，直接的性别或种族歧视在表面上被深恶痛绝。这说明很多人可能没有意识到自己思想深处的错误伦理意识。

由于西方社会文化在性观念上的相对开放，商业伦理中对性骚扰这一企业伦理问题的关注相对不多，引进到国内的几本教材对其讨论不多或没有讨论。但性骚扰

---

[1] 曼纽尔·G. 贝拉斯克斯. 商业伦理：概念与案例[M]. 刘刚, 张泠然, 译. 8版. 北京：中国人民大学出版社, 2020.

[2] John Yinger. Measuring Racial Discrimination with Fair Bousing Audits: Caught in the Act[J]. The American Economic Review, 1986（76）：881-893.

问题是职场中多发的伦理问题，应当引起商业伦理研究者和实践者的关注。

歧视与骚扰产生的根源通常在于雇主和雇员在地位上的不平等。当这种不平等越严重时，歧视和骚扰问通常也越严重。当劳动力市场供应充足时，企业在招聘或使用员工时会设置更多各种各样的（不合理的）选择标准，歧视问题由此产生。

在招聘、薪酬提升、职务晋升、解雇等人力资源管理活动中，因为涉及利益相关者的重大利益，且操作者有灵活的裁量权，就业歧视和骚扰通常多发。掌握企业资源或权力者可能利用雇员的期望提出不合理的要求。

与此同时，企业也会因雇员被歧视或骚扰受到影响，因为如果没有歧视和骚扰发生，企业本可以雇用到更好的人，为企业发展做出更大的贡献。如果歧视或骚扰在工作环境中反复发生，不但会对被害者产生严重的影响，还会对其家人产生影响。如果很多企业都漠视歧视或骚扰行为，就会形成不公平的社会环境。系统性的歧视或骚扰可能产生一个遭受不公平待遇的社会阶层，这个阶层会怨恨社会不公，对整个社会产生不良影响。

虽然美国在1972年就颁布了《平等就业机会法》(*Equal Employment Opportunity Act of 1972*)，并对职场中的歧视或骚扰进行了界定，明确了相应的法律责任，但歧视或骚扰问题在美国的职场中仍普遍存在。可见，这一问题的最终解决除了要靠法律的继续完善，还需要社会伦理素养的进一步提升。

2. 隐私与监控

随着信息技术的发展和互联网的普及，技术革命既带来了经济发展，也带来了新的伦理问题。侵犯员工隐私及监控就是其中比较突出的问题。

隐私在当代社会中是一种定义上模糊、观点上极具争议的概念。在万物互联的时代，对于个人隐私权保护的呼吁与日俱增，但是，几乎没有国家在法律上对保护隐私制订特别的规定，这导致职场中的隐私问题更多需要借助伦理规范来调节。

隐私权根植于人的基本权利、自治权等权利。如果一个人希望自己的自主权得到尊重，那么他（她）首先有义务去尊重其他人的自主权。帕特里夏·沃哈恩认为，工作场所的权利应该包括雇主和雇员在商业机密和其他方面的隐私和保密权[1]。康德也认为保护隐私是明确的道德责任。

工作场所中对员工的监控与员工的隐私密切相关。当前的技术可以使企业以很

---

[1] 劳拉·哈特曼，约瑟夫·德斯贾丁斯，克里斯·麦克唐纳德，等. 企业伦理学 [M]. 3版. 苏勇，郑琴琴，顾倩妮，译. 北京：机械工业出版社，2015.

低的成本高效完成对员工的监控。在这个过程中，可能产生很多的伦理问题且不容易被发现。在人力资源管理活动中，出于人力资源管理职能（如考核、培训等）的需要对员工在工作中的表现进行详细的评价和分析，隐私与监控出现的伦理问题相对更多。

雇主选择监控员工和收集信息，是希望管控他们的员工，防止因员工不当行为而给企业带来损失。员工希望限制监管的原因主要是监管会形成不信任甚至敌对的工作气氛，降低员工的自治水平，缺乏对员工的尊重，给员工带来更大的压力，进而导致员工不满。也有员工声称，监控就是对其隐私的侵犯，是对其基本人权的侵扰。

在双方都主张权利的情况下，雇主和雇员的权利界限应该如何划分是职场中隐私与监管问题的核心。通常认为，监管应该人性化和道德化，应该明确告诉被监管者监视行为的存在，并避免在一些特殊场合的监视行为。好的企业监管致力于找到一种平衡，既顾及员工的尊严，同时让员工为自己在组织中的角色负起责任。

1997 年，国际劳工组织（International Labor Organization，ILO）出台了有关工人个人资料保护方面的操作准则。

（1）个人数据应该合法地、公平地处理，并且一定要和工作相关。

（2）个人数据信息不能用来控制员工行为。

（3）通过电子监管手段收集的个人信息不能作为绩效考核的唯一标准。

（4）工人和他们的代理人对数据信息的收集过程、过程的监控准则和他们的权利都有知情权。

（5）收集数据信息的过程不能产生歧视效应。

（6）雇主不能收集有关雇员的性生活、政治立场、宗教或其他信仰或刑事记录方面的信息。在特殊情况下，如果数据跟雇佣决定有直接关联，并且遵从国家法律的规定，雇主可以收集上面提到的相关信息。

（7）雇主不能收集有关工人组织中其他成员的信息或是工会活动，除非是法律要求或是经集体许可后。

3. 工作安全与健康

安全与健康和人的生命权相关联，是人力资源管理伦理中的重要问题。保障员工的工作安全是企业的基本道德责任之一。

现代国家基本上都有针对职场劳动安全卫生的法律或法规。对于保障从事可能有职业危害工作员工的安全与健康，通常也有专门的规定，以避免雇员的安全与健康受到损害。但保障雇员的工作安全与健康需要企业投入资源，而且安全与健康风险无法完全避免，并不存在绝对的安全。因此，企业应该为员工的安全与健康付出多少代价？投入什么程度算是尽到了责任？这成为这个伦理问题中的核心。

对于企业工作安全与健康中的伦理原则，多数学者认为至少要做到以下几个方面。

第一，在企业成立时就建立或制订适当的安全与健康风险防范体系、制度和措施，并规定企业应为员工提供必要的最低标准的安全保障。

第二，员工在正式工作前应接受相关的培训，具有识别和防范风险的知识和技能，并应预先知道所从事工作可能存在的安全与健康风险。

第三，在工作中对工作安全与健康保障措施的实施过程进行有效的监督和检查，保证相关措施得到有效实施，避免出现因管理疏忽而导致的安全与健康风险。

第四，在任何原因导致的安全与健康问题发生后，给予适当的经济补偿，尽可能减少雇员因此承受的痛苦和损失。

工作压力通常被认为是影响员工健康、导致安全问题的重要原因。因此，企业应将压力管理纳入管理范围，对员工的压力进行适当的管理。由于在压力产生和应对压力方面个体表现出的显著差异，企业通常无法定义压力的来源和大小，这为企业开展压力管理带来了困难。一般来说，企业在压力管理上应重视员工的心理状态，提供相对宽松的工作氛围，并提供有关应对压力的培训和相关心理辅导。员工帮助计划（Employee Assistance Program，EAP）是旨在帮助员工及其家庭成员解决各种心理和行为问题的一套系统的、长期的福利与支持项目，是一种帮助员工面对压力，提高员工安全与健康水平的良好管理措施。

4. 人员流动、商业秘密与竞业限制

自由选择职业、自由流动是人的基本权利之一，但在有些情况下，人员流动会给其雇主造成损失。另一种情况是企业对雇员不满意或遇到经营困难时想要解雇员工，但雇员并不想离开企业。当这些情况发生时，就会出现伦理问题。

如果雇员掌握企业的商业秘密，其流动可能给企业造成损失，如员工自己创办经营相同业务的企业，或者员工流动到企业的竞争对手处时。从雇主的角度看，自由流动可以，但保守公司的机密是理所当然的事情，且不能在流动后因掌握了公司的机密而做出对公司不利的行为。从雇员的角度看，自由流动是个人的权利，任何限制都是对自身权利的损害。

在现实中，企业与雇员在签订劳动合同时，对可能涉及企业秘密的岗位签订竞业禁止协议，是解决自由流动与保守商业机密矛盾的主要办法。由于如何定义商业机密并没有一个可以包括所有情景的统一标准，通常会出现雇主滥用竞业限制或雇员滥用自由流动权的情况。由于法律条文的不完备性，道德规范可能是解决这一矛盾的更好方法。

为尽可能保护双方的权益，较好的解决方式是双方事前对什么是商业秘密进行尽可能明确的界定，并对违反界定的责任进行明确说明。雇员在签订协议时要认真考虑竞业限制可能对自己未来自由流动的影响。如不能接受，可以不与企业签订劳动合同。

在当前的经济环境下，与员工相比，企业通常处于相对强势的地位。在商定竞业限制条款时，企业应避免利用自己的强势地位强迫雇员接受权利和义务明显不对等的竞业限制协议。同时，雇员也应提高自身的道德修养，在自由流动时主动保守先前雇主的商业机密，不利用商业机密为自己谋求不当利益。

（四）特殊员工保护：基于美德的弱势群体扶助

从亚里士多德到康德，美德论一直是西方伦理理论的重要内容之一。美德的核心是强势群体对弱势群体的体恤和关照。这种关照体现在国家通过税收政策进行二次、三次分配上，也体现在职场中对弱势群体就业和管理的照顾。对弱势群体的扶助，是美德论在企业伦理中的具体体现。

1920年，美国制定了世界上第一部专门针对残疾人就业的法律——《职业康复法》。1944年，英国为解决残疾人就业问题，出台了《残疾人就业法案》，规定达到或超过20名雇员的雇主必须至少雇佣3%的残疾人，开按比例安排残疾人就业政策立法的先河。此后，联合国和国际劳工组织就残疾人就业问题，相继通过了《残疾人权利宣言》《关于残疾人的世界行动纲领》《残疾人职业康复和就业公约》等文件[①]。

对弱势员工群体的帮扶和保护，体现的是企业高尚的道德追求，因为这些做

---

① 佚名. 国外残疾人就业立法情况概述 [J]. 中国残疾人，2007（4）：10-11.

法会消耗企业资源，使企业在与不承担这一责任企业的竞争中处于不利地位。因此，这一行为只能由企业自主选择做出，而无法通过法律法规强制执行。弱势个体无法要求企业承担相应的义务，国家则应通过立法对承担这一责任的企业在税收等方面给予优惠，或实施其他补贴政策。这在实质上可视为政府借企业平台而做的二次分配，但在操作上更倾向于职场弱势群体。这在伦理上具有合理性，因为愿意到企业就业的弱势群体有意愿通过自己的努力改善自身状况，而非坐等社会的救济。

第二节　中国传统伦理思想与人力资源管理伦理

20世纪50年代以来，经济的飞速发展使世界的目光重新从西方转向东方，开始研究东方古代管理思想在当代社会中的重大价值。日本管理学者伊藤肇认为，"旧体实业家能够各据一方，使战败后的日本经济迅速复兴，中国经典的影响力功应居首"[1]。许多学者认为，中国传统管理思想的长处往往正是西方管理思想中所欠缺的。美国管理学者威廉·大内在考察了日本管理的成功之处后，认为对于这种源于中国的管理，一旦理解了它，"就能够将它与我们自己的组织形式进行对比，并了解我们的环境内还欠缺什么东西"[2]。

在伦理思想上，历史上东方伦理思想与西方伦理思想始终并驾齐驱。近现代以来，由于东方在经济上的落后，使东方伦理思想在影响力上远远小于西方。西方一些伦理学史的研究者大多习惯于以世纪的递进作为现代西方伦理学史的断代依据，甚至认为它的发展主要集中在20世纪以来的英语国家范围[3]。这一认识显示了一些西方学者的无知与自大。中国传统伦理思想虽然最初产生于奴隶社会和封建社会，但并不代表其思想不适用于现代社会和企业。与古代相比，人类在科学技术上确实已有巨大的进步，但是，人性及人类行为的目的在本质上并没有随着技术的发展而发生根本改变。因此，因为产生的时间久远就认为中国传统伦理思想已经"过时"的想法没有根据。判断一种思想是否适用的唯一标准，是其是否对当今行为具有指

---

[1] 伊藤肇. 东方人的经营智慧[M]. 北京：光明日报出版社，1987.
[2] 威廉·大内. Z理论[M]. 朱雁斌，译. 北京：机械工业出版社，2021.
[3] 万俊人. 现代西方伦理学史[M]. 北京：中国人民大学出版社，2011.

导意义而非其产生的时间或来源。事实上，东方伦理思想，尤其是中国传统伦理思想，经过几千年的历史检验，具有深刻的精神内涵和丰富的思想内容，既适用于政府管理和家庭管理，也适用于现代企业。虽然现代企业诞生于西方，企业伦理理论也最先出现于欧美，但是，中国传统伦理思想同样可以与现代企业很好结合，指导企业更好解决现实中的伦理问题，促进企业更好发展。

本节介绍中国传统伦理思想可以与企业人力资源管理相结合的几个方面，并对中国传统伦理思想的理论价值和现实意义进行说明。

一、人居其一：重视人才的伦理传统

在管理活动中重视人才，一直是中国传统伦理思想的重要内容。老子在《道德经》中指出："道大，天大，地大，王亦大。域中有四大，而王居其一焉。人法地，地法天，天法道，道法自然。"这是中国"天、地、人""三才"思想的来源。这里的王，通常认为是指人，早于西方上千年将人放在与天、地并列的位置，突出对人的重视。"王"是品德和才能最优秀的人，中国传统的王道思想也是中国自古重视人才的伦理传统的体现。

中国古代流传下来了很多以重视人才为主题的历史故事，如三顾茅庐、萧何月下追韩信、唐太宗以人为镜等。这些典故从帝王等高层管理者的视角，阐释了中国古代重视人才的伦理思想。

（一）三顾茅庐[①]

刘备为了了解诸葛亮的才能，便专程到隆中拜访。恰巧诸葛亮这天出去了，刘备只得失望而归。不久，刘备又和关羽、张飞冒着大风雪第二次去拜访，不料诸葛亮又出外闲游去了。张飞本不愿意再来，见诸葛亮不在家，就催着要回去。刘备只得留下一封信，表达自己对诸葛亮的敬佩和请他出山帮助自己挽救国家危局的意思。过了一些时候，刘备吃了三天素，准备再去请诸葛亮。关羽说诸葛亮也许是徒有虚名，未必有真才实学，不用去了。张飞却主张由他一个人去叫，如他不来，就用绳子把他捆来。刘备把张飞责备了一顿，又第三次拜访诸葛亮。到达时，诸葛亮正在睡觉。刘备不敢惊动他，一直站到诸葛亮自己醒来，才坐下谈话。

[①] 迟红叶. 写给孩子的中华成语故事 [M]. 长春：北方妇女儿童出版社，2018.

（二）萧何月下追韩信[①]

信数与萧何语，何奇之。至南郑，诸将行道亡者数十人，信度何等已数言上，上不我用，即亡。何闻信亡，不及以闻，自追之。人有言上曰："丞相何亡。"上大怒，如失左右手。居一二日，何来谒上，上且怒且喜，骂何曰："若亡，何也？"何曰："臣不敢亡也，臣追亡者。"上曰："若所追者谁何？"曰："韩信也。"上复骂曰："诸将亡者以十数，公无所追，追信，诈也。"何曰："诸将易得耳。至如信者，国士无双。王必欲长王汉中，无所事信；必欲争天下，非信无所与计事者。顾王策安所决耳。"王曰："吾亦欲东耳，安能郁郁久居此乎？"何曰："王计必欲东，能用信，信即留；不能用，信终亡耳。"王曰："吾为公以为将。"何曰："虽为将，信必不留。"王曰："以为大将。"何曰："幸甚。"于是王欲召信拜之。何曰："王素慢无礼，今拜大将如呼小儿耳，此乃信所以去也。王必欲拜之，择良日，斋戒，设坛场，具礼，乃可耳。"王许之。诸将皆喜，人人各自以为得大将。至拜大将，乃韩信也，一军皆惊。

（三）唐太宗以人为镜[②]

古人云："夫以铜为镜，可以正衣冠；以古为镜，可以知兴替；以人为镜，可以明得失。"

中国传统经典中重视人才的典故还有很多，如"水能载舟，亦能覆舟"（《荀子·王制》）、"贵以贱为本，高以下为基"（《道德经》第39章）等。

中西方的历史典故中都有重视人才的思想，但中西有明显差异：西方典故中的人才都是王子（如摩西）或英雄（如阿喀琉斯，在希腊神话中，英雄指神与人的后代）；而中国典故中的人才都是普通的民众（如诸葛亮、韩信和魏征）。这种差异到了工业社会表现得更为明显，如福特的经典表达：（我）仅仅需要"工人的一双手而不是需要一个人"[③]，而中国则认为应该"让听得见炮声的人决策"[④]。西方伦理重视的人才是精英，中国伦理重视的人才除了精英，也包括普通人。从权力论和公正论

---

① 司马迁. 史记 [M]. 文天，译. 北京：中华书局，2017.
② 刘昫. 旧唐书 [M]. 北京：中华书局，1975.
③ 高良谋，郭英，胡国栋. 鞍钢宪法的批判与解放意蕴 [J]. 中国工业经济，2010（10）：148-158.
④ 石勇. 让听得见炮声的人决策：任正非的华为管理之道 [M]. 北京：企业管理出版社，2014.

的观点看，中国传统伦理思想更具伦理上的合理性。

二、疑人不用，用人不疑：人才选拔的伦理智慧

西方强调和重视用法律约束人的行为，在商业活动中更是如此。一个人只要不在工作场所中违反法律法规，企业无权评价其道德品质，或干涉其在工作之外的行为。中国传统伦理思想则既重视一个人在工作场景中的行为，也重视这个人的道德品质。在人员招募中首先重视应聘者的品德，其次才考虑其才能。在雇佣之前，中国企业会对应聘者的品德修养进行考察。员工一旦通过考察，取得信任，则在雇佣后的使用过程中就会给予其充分的信任和授权，即疑人不用，用人不疑。

在清代晋商票号内部，每个入号学徒的小伙计都要经过长达数年的观察和训练。这种训练从日升昌创办之初就开始了，在此后一百年时间里，它作为票号最珍视的传统，一代又一代地传递着。民国初年，山西票号的最后一代大掌柜，曾用这样一段话概括了这种职业训练："票号以道德信义树立营业之声誉，故遴选职员、培养学徒非常慎重，人心险于山川，故用人之法非实验就无以知其究竟。远则易欺，远使以观其忠；近则易狎，近使以观其敬；烦则难理，烦使以观其能；卒则难办，卒使以观其智；急则易夹，急使以观其信；财则易贪，委财以观其仁；危则易变，告危以观其节；杂处易淫，派往繁华以观其色。"

从当代风险管理理论的视角看，中国"以德为先"的传统管理伦理思想重视选人过程中的事前控制。相对的，西方管理伦理更重视事中和事后的控制。从伦理角度考虑，中国伦理思想先考察、塑造员工品质，后使用制度约束的做法，优于只进行法律约束的做法。

现代社会，超过60%的成年人在企业中工作，并且是从进入社会的初期阶段就进入企业，因此，企业实际上担负着塑造良好社会公民的社会责任。企业为道德品质更优的人提供更多就业和发展机会，本质上是在引导整个社会的道德取向。从这个层面思考，中国传统伦理思想自具优越之处。

三、正人先正己：管理者的自我约束和示范作为管理的基础和前提

根据《管理学基础》（罗宾斯等，2020）中对管理的定义，管理是与他人一起并通过他人有效和高效地完成工作的过程（Management is the process of getting things done, effectively and efficiently, with and through other people)[①]。从这个定义可以看出，西方管理是指一种面向他人的行为。虽然德鲁克提出了自我管理的概念[②]，但到目前为止，西方主要管理学教科书的定义并没有将自我管理纳入企业管理的定义。

中国管理思想则将管理奠基于管理者的自我管理之上。"修身、齐家、治国、平天下"的儒家传统已流传了两千多年。《论语》中还有很多地方论述了管理者（国君或大臣）对自我的约束，以及自身示范作用的重要性，如："其身正，不令而行；其身不正，虽令不从。""苟正其身矣，于从政乎何有？不能正其身，如正人何？"[③]（《论语·子路篇》）"见善如不及，见不善如探汤。吾见其人矣，吾闻其语矣。隐居以求其志，行义以达其道。吾闻其语矣，未见其人也。"（《论语·季氏第二上十六》）

这些中国传统管理思想，要求管理者处理共同利益与私人利益、公共角色与私人角色关系时应首先坚持自我要求，在自我要求的基础上再要求下属或其他人。西方则将管理者的道德特征与其管理行为分开，即便自己做不到，上级也可以要求下属做，只要这一要求是有利于企业达成目标的，这可能与西方的主流伦理文化传统有关。基督教作为西方最重要的文化原典，认为只有上帝是全能全知的完美存在，人则因为其祖先亚当和夏娃不听从上帝的要求而天生有罪。既然没有人是完善的，从逻辑上就不能要求上级在道德上比下级更高尚，也就不会要求管理者应当在自我管理的基础上管理下属。

其实西方的社会学习理论已证实了管理者的示范作用对于下属学习和社会化过程的重要作用[④]。心理学的研究也证实，一个不能很好管理自我的人更难以做好管理工作。因此，好的管理应当基于管理者甚至每个人的自我管理。齐善鸿等（2011）基于中国哲学思想构建了管理四主体论[⑤]，提出参与企业管理的每个人通过自我管理成为第一管理主体的思想，构建了一种全新的企业管理主客体关系，为企业伦理提供了新的视角。中国重视自我管理的思想使中国传统管理伦理思想可以修正和完善西方的人力资源管理伦理思想。

---

① Robbins S P, Coulter M, Decenzo D A. Fundamentals of Management [M]. New York: Pearson, 2020.
② Drucker P F. Managing Oneself [J]. Harvard Business Review, 2005, 83 (1): 100-109.
③ 孔子. 论语 [M]. 陈晓芬，译. 北京：中华书局，2016.
④ 高申春. 论班杜拉社会学习理论的人本主义倾向 [J]. 心理科学，2000，23（1）：16-19.
⑤ 齐善鸿，程江，焦彦. 道本管理"四主体论"：对管理主体与方式的系统反思——管理从控制到服务的转变 [J]. 管理学报，2011（9）：1298-1305.

四、以人为本、知人善任：人力资源管理伦理的目的与方式

管理的英语单词 Manage 源于意大利语 Maneggiare，意思是驾驭、驯服（马），还源于拉丁文 Manus，意思是手①。如果一个技术高超的骑手能够控制马匹完成任务，我们说他"能够驾驭（控制）马匹"。随着骑手技术水平的提高，他越来越能作为"施动者"保证马匹服从他的指令，这使两者的"指挥"与"被指挥"关系十分明确。骑手明确地知道自己想做什么，而且有能力使马匹服从。尽管马比骑手强壮得多，两者之间关系的本质却是"骑手做出行动决策，马服从这一决策"，而不能反过来。再考虑驾驶汽车的过程。驾驶者用手脚做出一系列动作，目的是获得来自汽车的及时和对称的反应。很多管理者都希望能够像骑马或驾驶汽车那样管理，他们喜欢易于控制的下属，这样的下属就像一台灵敏的发动机或一匹训练有素的骏马。他们希望下属迅速地、不加争论地执行所有决策。骑手和驾驶者明确地知道自己"想去哪、想干什么"，但马或汽车（他们手中控制的东西）却没有自己的意图和目的，而仅仅是控制者实现自己目标的工具②。但是被管理者毕竟不是马匹或汽车，他们是有自己的愿望、理念和需求的活生生的人。人天生就不愿被迫按别人的愿望行事，至少不会像机器那样自动地"服从"。因此，马克思批判西方资本主义将劳动者（人）异化为资本实现自己目的的工具，将管理活动"异化"。

中国传统管理思想的核心是人本观③。人本观将人作为管理活动的出发点和归宿，处于管理系统的中心地位。中国由于历史原因基本没有经历过资本主义社会，基于机器的大生产和劳动分工到 20 世纪才成为主要的生产方式。在农业生产或作坊式生产方式下，劳动者基本没有通过雇佣他人来实现自己财富积累的实践，也就没有经历过马克思所说的对人的"异化"。此外，以人为本的思想在两千多年前就在中国提出，比西方人本主义思想的提出早了上千年。

《孙子兵法·地形篇》中说，"故进不求名，退不避罪，唯人是保，而利于主，国之宝也。"④ 意思是"进退处置只求保全民众"。后来发展为现在流行的词汇"以人为本"。虽有君权和统治阶级意味，但民本思想始终是中国社会对高层管理者提出

---

① ② 伊查克·爱迪思. 完美管理者 [M]. 张春, 译. 北京：华夏出版社, 2004.
③ 官鸣. 中西管理思想比较论纲 [J]. 厦门大学学报（哲学社会科学版）, 1995 (1): 56-62.
④ 孙武. 孙子兵法 [M]. 陈曦, 译. 北京：中华书局, 2011.

的重要要求。只有以人为本，管理者才可能真正知人善任，否则只能是受自身利益驱使的对人利用。

伊查克·爱迪思（Ichak Adizes）认为，西方管理中的"领导"和"激励"均包含了"操纵"的意思。如果管理者的决策已经制定，下面的事就是如何实现决策了。如果严格的控制和惩罚不能奏效，激励或刺激机制也会有效。那么，是控制，还是激励呢？从西方组织行为管理和人力资源管理等管理学理论可以看到，激励的实质仍是"操纵"。弗雷德里克·赫茨伯格（Frederick Herzberg）在《再论员工的激励》中提出"无数的论文、书籍、演讲和工厂都在痛苦地寻找'如何才能让雇员按照我们想法行事'的答案"[1]。伊查克·爱迪思认为赫茨伯格对管理激励的理解与《韦伯斯特词典》（Webster's Dictionary）中的解释是相似的：用微妙的手段使之服从。《韦伯斯特词典》对"领导"的解释为"谨慎地引导"，这是对"操纵"更委婉的表达[2]。

中国在传统上对管理者的要求是知人善任，目的是为了共同的至善目标，为此，国君甚至可以将最高管理岗位——皇位"禅让"给更优秀的人。显然，知人善任的意思不是更好地操纵下属，从知人善任的出处就可以看出这一点。知人善任出自班彪的《王命论》，原文为"盖在高祖，其兴也有五：一曰帝尧之功裔，二曰体貌多奇异，三曰神武有征应，四曰宽明而仁恕，五曰知人善任使"[3]。班彪借高祖知人善任立论，体现了中国传统伦理中以人为本的思想。

传统上，西方经济学和管理学将股东利益最大化视作企业追求的目标。在这个目标下，股东作为企业的终极管理者很难做到以人为本，也就不可能将知人善任的目标指向更高的道德目标。在这个方面，中国优秀传统伦理思想更具哲理性，应该成为企业伦理的方向。

2019 年 8 月 19 日，包括苹果 CEO 库克、亚马逊 CEO 贝佐斯在内的 181 名美国知名大型企业 CEO 联合发表公开声明，声称应该重新定义商业企业在社会中的角色，企业决策不应该再将为股东创造最大化利润视为首要任务。181 位 CEO 集体签署了名为《公司的目的》的宣言，并在 2019 年 8 月 19 日的《纽约时报》上整版

---

[1] Herzberg F. One More Time: How do You Motivate Employees [M]. MA: Harvard Business Review Press, 2008.
[2] 伊查克·爱迪思. 完美管理者 [M]. 张春，译. 北京：华夏出版社，2004.
[3] 班固. 汉书 [M]. 北京：中华书局，2012.

刊发[1]，让人们看到了西方企业伦理思想的演进。

五、论资排辈与差序格局：需辩证看待的人才晋升模式

在资本主义市场竞争的经济模式下，西方逐渐形成了基于业绩和潜力的人力晋升模式。

中国自唐宋以来，在阶段性长期、稳定的社会环境下，逐渐在政府部门中发展并形成了一种以论资排辈为特征的人才晋升模式。日本企业实施的年功制在本质上就是论资排辈的晋升模式，显然是受中国传统官员晋升模式的影响。刘建秋等（2021）的研究表明，在当前中国的上市公司中，高管团队年龄差距显著影响薪酬差距，控制企业绩效等其他影响高管薪酬关键因素后，高管团队年龄差距与薪酬差距之间的关系更为显著，年龄越大的高管获得的薪酬更高，这表明我国企业目前依然存在论资排辈的薪酬结构[2]。

论资排辈因与公平竞争的思想相悖而被批判。毫无疑问，在当前时代，基于公平竞争的人力晋升模式肯定优于论资排辈，但同时也应认识到，论资排辈并非一无是处，公平竞争也并非完美无缺。年功制在日本的长期成功说明论资排辈有其合理的一面，美国等西方发达国家的竞争上岗也并非不受论资排辈的影响。因此，在对其进行批判的同时，应该思考甚至吸收其有价值的一面（再次强调：提出这样的观点并不是希望用论资排辈代替公平竞争）。下面，从两个方面对论资排辈在人力资源管理上的伦理价值进行简要的分析。

（一）等级秩序的稳定作用与过度竞争导致的职场压力

竞争通常会导致群体中的"羊群效应"，而且，再完善的竞争机制也很难做到完全公平。竞争会对参与者造成更大的压力。这种压力一方面会促进人潜能的发挥，另一方面也会使人的健康受损。当过度竞争时，企业中会存在一种压抑的文化氛围，对企业的发展也会产生不利影响。因此，凡事都有一个合理的度（中国中庸思想的核心），过分强调竞争，最终导致缺点可能超过优点。论资排辈可以在一定

---

[1] Harrison J S, Phillips R A, Freeman R E. On The 2019 Business Roundtable 'Statement on the Purpose of a Corporation'[J]. Journal of Management, 2020, 46 (7): 1223-1237.
[2] 刘建秋，等. "论资排辈"式高管薪酬与企业生产效率研究[J]. 南开管理评论，2021，24（1）：120-130+147.

程度上弥补这一不足。因为论资排辈会使人放弃一些短期的竞争目标,着眼于更长期的竞争,因而可以降低一些短期冲突,缓解心情上的焦虑。需要说明的是,论资排辈的优点需要建立在竞争的基础上,如果只有论资排辈而没有竞争,论资排辈就不再有什么优点,只会导致对年轻人的不公平打压,影响企业的创造力、生机和活力。

(二) 论资排辈既有个体上的不公平性,也具有群体上的公平性

论资排辈是指在晋升或激励时将资历的重要性或优先级排在业绩或能力等其他因素之上,因而会削弱资历浅(年龄小)而能力强或业绩好的员工的积极性。上述分析是从个体层面考虑的。如果从群体层面考虑,由于学习效应的存在和经验的积累,资历老的群体在能力或业绩上通常优于资历浅的群体(资历浅的员工在能力和绩效上优于资历深的员工通常只是个例)。因而,在群体层面上的论资排辈总体来说是公平的,并不必然导致不公正。所有人都会变老,资历都会随着时间的推移而增长。资历浅时遭受到的不公待遇会随着资历的增加而得到弥补。因而,从长期看,论资排辈具有一定的合理性,并能在应对过度竞争而导致的压力上产生正面的积极作用。此外,人类社会都有尊老敬老的观念,论资排辈具有广泛的社会文化基础。

人的理性是有限的、动态的,管理者通常无法制定出完美的管理制度,只能找到现实条件下相对较优的制度安排。在用人上过度重视资历固然有缺陷,但在找不出更好的办法时,不讲资历有可能结果更坏[①]。

西方企业在薪酬设计中也有年功工资的设置,说明西方并非不讲论资排辈,只是更强调和重视竞争。中国讲论资排辈,并不是不考虑竞争,只是认识到竞争和论资排辈均有优点与不足,考虑不同的情景下,希望将两者取长补短,能取得最佳的效果。因此,在对待论资排辈时,要有辩证的思维,采用扬弃的态度。

另一个与职场晋升有关的具有鲜明中国特色的伦理概念是差序格局。差序格局是著名社会学家费孝通提出的一个重要的社会学概念。差序格局的影响力在中国社会研究中的重要性如此之大,以至于通过文献检索就可以发现,大凡研究中国人与中国社会的学者,很少有不使用这个概念的[②]。

---

① 刘文瑞. 不论资排辈,有可能更坏 [J]. 廉政瞭望,2010(5):51.
② 翟学伟. 再论"差序格局"的贡献、局限与理论遗产 [J]. 中国社会科学,2009(3):152-158.

人们通常认为，差序格局在职场中通常会导致裙带关系。中国古代的思想家应该考虑过这个问题，因此提出用人不能"任人唯亲"，但同时也要"举贤不避亲"。差序格局是中国社会长期形成的一种价值观、伦理观。人们对与自己亲近的人了解更多，使用身边人可以回避与不熟悉人合作可能导致的道德风险，并不必然导致裙带关系等用人不公现象。西方伦理思想中也有"亲情论"，表达了与差序格局相同的伦理理念。因此，在职场中，对待差序格局的观念也应辩证客观，既利用其合理性，又通过制度设计避免其负面作用。

第三节　现代人力资源管理伦理的中西融合

任何民族的道德传统既是一种独特的文化构成，也是一个开放性的文化系统。人类几千年的文化发展史证明，各个不同区域、不同民族、不同阶层或社会集团在文化观念上总是相互渗透、相互影响的，其中既有排斥或差异，也有融合或同化。任何封闭自守、盲目排斥的做法都会损害乃至毁灭自身文化的发展，伦理学思想也是如此。

中国伦理思想和西方伦理思想产生于不同的社会制度和文化背景，两者之间存在较大的差异。随着经济全球化，中西融合的程度越来越深，相互影响越来越大。因此，企业伦理应吸收中西双方的优点，规避各自的不足，形成更加合理的新的思想。

现代西方伦理学的各种流派已经摒弃了传统伦理学所追求的绝对主义方法和曾经包含的某些合理的历史主义洞见（如黑格尔的伦理学），因为它们漠视道德的历史连续性和继承性，片面强调道德的创造性和更新性，使道德理论孤立化、主观化和相对化[①]。这种片面否定传统文化价值和道德普遍性的极端，造成了现代西方伦理学的一种主观情绪的泛滥，也使自身陷入重重矛盾之中。

中华民族是一个具有丰富道德文化传统的民族，这种传统在中华民族的文明史上产生过积极的历史作用。当然，由于它主要形成于封建社会时期，不可避免地带有其历史局限性。就中国道德文化而言，这种局限性主要表现为它在社会功能上的保守性、封闭性及理论形式的陈腐性，以及过于守旧等，这些伦理观念在客观上铸

---

① 曲红梅. 从"分析的观点"到"历史的观点"：当代马克思道德理论解读方式的转变 [J]. 齐鲁学刊，2018（4）：72-79.

成了中国传统伦理思想特有的历史惰性。

万俊人（2011）认为伦理学是一种实践理性，它不仅具有其本身的理论逻辑性，而且还在于它自身的实践性和规范性。中国哲学传统与这一实践理性有较西方更强的一致性。王海明（2001）认为道德存在的目的是保障社会发展，最终扩大每个人的利益、实现每个人的幸福。因此，评价一切道德优劣的标准只能是：哪种道德对人的欲望和自由侵犯更少，促进经济和科教发展速度更快，使每个人的利益更多，给予人利与害的比值更大。道德虽然都是人们所制定或约定的，但高尚的道德绝不是可以随意制定或约定的[①]。

一、仁者爱人、和则两利，"仁""和"是人力资源管理伦理的基本原则

现代企业始于工业革命和劳动分工。人力资源管理伦理是商业道德与人力资源管理结合的必然产物。技术和企业是为人服务的，这应是企业伦理的基本出发点。但受不同的社会价值观、传统与习俗的支配，中国和西方的管理思想在对待企业中相对弱势群体的原则上，有着自己的民族精神标记和不同的特征。

现代西方企业的人力资源管理以理性经济人为前提假设，假设企业中的个体都是以实现自身利益最大化为行为动机的理性人。市场经济规则可以利用"看不见的手"，在人人追逐个人利益最大化的情况下，自动调节生产、交换、分配、消费过程且能实现社会总体福利的最大化。需要注意的是，经济人并非没有前提的只讲自己利益的人，而是在尊重他人利益、不损害他人利益的前提下追求自己利益的人。也就是说，经济人也同时必须是富有同情心的伦理人。《道德情操论》和《新教伦理与资本主义精神》都对此进行了论述。

中国实行社会主义市场经济，学习借鉴西方的管理思想，引进了理性经济人的假设。陈开先（2001）认为，可以用强调以仁爱为主要特色的传统儒家伦理替代西方社会的新教伦理，这种替代可能是中国企业文化和道德建设融合中西方伦理思想的不二选择。传统儒家的仁爱思想可以成为中国建立社会主义企业伦理的精神来源[②]。

以孔子为主要代表的儒家思想主张的人际伦理以"爱人"为特征[③]。人人爱人，

[①] 王海明. 新伦理学 [M]. 北京：商务印书馆，2001.
[②] 陈开先. 孔子仁学思想及其现代意义 [J]. 孔子研究，2001（2）：47-55.
[③] 黄怀信.《论语》中的"仁"与孔子仁学的内涵 [J]. 齐鲁学刊，2007（1）：5-8.

则形成一种"互爱"的社会文化氛围，可以更好地调节市场经济中人与人之间的利益关系，成为当代企业人力资源管理伦理中调节各方关系的基本准则。

除了人际关系处理准则的不同，在人际关系处理的目标上，中西方也有明显的差异。受效用主义、实用主义思潮的影响，现代西方社会伦理更注重行为的结果（结果论）。但中国人既注重结果，还重视过程。结果要好，过程也要和谐。甚至如果结果不好，过程好也是可以接受的。中国人特别重视组织中人际关系是否和谐融洽。和则兴邦、和则生财，"天时、地利、人和"是中国人普遍认同的成功三要素。其中的"人和"还是发挥天时、地利作用的先决条件，所谓"天时不如地利，地利不如人和"。提倡"礼之用，和为贵"（《论语》），"上下不和，虽安必危"（《管子》）。事业成功，务必"和协辑睦""上下和同"[①]。如果将人视为企业一切工作的目的，以"仁""和"为方式和手段应该是最优选择。将人视为工具时，结果才可能重于过程和方式。当然，企业如果只注重过程和方式，而没有取得结果，最终企业也无法生存。过程再好，企业倒闭了，道德也就失去了赖以存在的基础。因此，好的人力资源管理伦理应是取中西伦理思想之所长，结合双方的优点，规避各自的不足。

在企业中，"仁""和"具体表现为：企业（雇佣方）对员工尽到关爱之职，管理人员尽可能以符合伦理的方式开展管理工作；员工（受雇方）则要尽职尽责地履行对企业的法定责任和员工对企业的伦理责任，在工作中发挥敬业精神，忠诚履行自己对企业承诺的责任。企业在双方的合作下，取得最好的经营成果。如果双方都按上述原则行事，当前人力资源管理中存在的多数伦理问题（如歧视、薪酬不公正等）均可迎刃而解。

二、修己安人、自省慎独，自我管理和道德修养是未来人力资源管理伦理的基础和主要方式

前文已论述过，管理对不进行自我管理的人无法取得效果。修己是中国传统文化中的重要概念，指一个人自省自律和自我修正，体现为诚意、正心、自省、慎独等价值要素。儒家提出的"格物，致知，诚意，正心，修身，齐家，治国，平天下"。"齐家"前的所有环节都是关乎个人修身的内容，其核心在于个体通过参透自

---

① 陈传明. 管理学 [M]. 北京：高等教育出版社，2019.

然之道，明白人生大道，并在人生大道的指导之下塑造自身的道德人格[1]。

在管理活动中，很多管理者在结果不好时，往往采取指责和处罚下属的管理方式。但是，中国传统管理伦理始终强调要善于"修己"。要求管理者"行有不得，反求诸己"，甚至是"罪己"（意思是"引咎自责"）。

中国传统伦理思想认为，管理者首先要"修己以敬""修己以安人""修己以安百姓"，管理首先要从自己做起，不要自己还没有做好，就想着管理别人。只有先把自己修炼好，然后再去管人、安人，即"己欲立而立人，己欲达而达人"（《论语·雍也》）。

中国的这些伦理思想对当今企业的管理仍具有重要的指导意义。管理者只有先管好自己，通过严格要求自己而不断自我完善，才能以德服人，领导他人。

随着技术的发展，区块链技术的去中心化和DAO（分布式自治组织）等被认为是未来管理的发展方向之一，认为管理的有效实施需要基于网络中每个节点有效的自我管理。这与中国传统管理思想中的修齐治平的管理思想是一致的。

是否将自我管理作为管理活动的基础，还反映在中西方管理哲学不同的主客体关系假设上。西方管理哲学对于主客体关系的假设是：管理者是管理活动中的唯一主体，被管理者则是管理的客体。管理者在管理活动中处于决定和支配的地位，而被管理者的主体性被否认或忽视[2]。在这样的假设下，管理者对自己的要求并不在管理活动的规范范围内。这种"主—客"二元分离思想，正是企业人力资源管理中歧视、薪酬不公、侵犯员工隐私等伦理问题的根源。

中国哲学在管理活动中主客体关系的定位上，始终以"天人合一"（即"主客相即不离"）作为立论的基础。在这一思想基础下，管理者与被管理者在地位上是平等的、一致的，管理对管理者和被管理者的要求是一致的、统一的。这样的伦理思想在当代有其特殊的价值。

三、义利并重、善恶有报，"致良知"是人力资源管理的价值导向和奖罚依据

薪酬管理是人力资源管理的核心内容，也是伦理问题多发的领域。西方管理思

---

[1] 齐善鸿，等. 新管理哲学：道本管理 [M]. 2版. 大连：东北财经大学出版社，2016.
[2] 齐善鸿，程江，焦彦. 道本管理"四主体论"：对管理主体与方式的系统反思——管理从控制到服务的转变 [J]. 管理学报，2011（9）：1298-1305.

想多使用市场机制和效用主义指导企业的薪酬分配原则。如果由此出发，由于企业与员工力量的不平等，以及信息不对称导致的道德风险，处于相对弱势的员工常常面对不公平、不公正对待的伦理困境。这种困境通常是由于企业重利不重义造成的。

在中国传统思想中，义利观是一个十分重要的伦理观念，对中国传统道德的形成具有非常重要的作用。总体上看，儒家的传统义利观肯定义与利的统一，承认"利"是"义"的物质基础，"义"是"利"的精神指导。"先义后利""见利思义""舍生取义"是中国传统义利观的三个不同层面的内容[①]。可见，中国传统伦理强调"义"在处理收益（利）问题中的重要性，提出人们在利益面前要取之有道，应当"见得思义"（《论语·子张》）、"见利思义"（《论语·宪问》）。需要说明的是，强调仁爱并不是要求人们只奉献而不索取，但君子取财应以合"义"为准绳，"义然后取，人不厌其取也"（《论语·宪问》）。对于不合义的财富（利），则坚决不能取，"不义而富且贵，于我如浮云"（《论语·述而》）。

中国古代也有效用主义的思想，如墨子的"贵义尚利"观[②]，但由于长期重农轻商的思想，效用主义一直没有成为中国主流的伦理观念。

中国义利思想源于"道德以'良知'为本"的哲学传统。说到良知，人们自然会想到中国明代哲学家王阳明的"致良知"。学者认为，王阳明的"致良知"思想直接来源于孟子的"四端"说[③]。王阳明认为"心者，身之主也。而心之虚灵明觉，即所谓本然之良知也""良知者，心之本体，即前所谓恒照者也"（《王文成公全书》）。王阳明将"良知"作为一种"道德本体"，"致良知"的人生目的在于克服个体心中的"私欲"，使人"心之本体"的良知得到"复明"，永葆"至善"的美德，即用"良知"之心规范人的思想和行为，从而使人的一切言行都自然地合乎传统伦理道德标准[④]。如果以"致良知"处理人力资源管理中的工作，怎么会出现歧视、骚扰、侵犯员工安全与健康等伦理问题？

企业是由利益相关者组成的一个利益共同体，其目的是满足人们更美好的生存与发展需要。为了促进有限资源更有效利用，人类发明了市场竞争机制。但市场竞

---

① 赵薇. 先秦儒家"义利观"与企业家社会责任[J]. 道德与文明，2013（2）：147-151.
② 朱贻庭. 中国传统伦理思想史[M]. 4版. 上海：华东师范大学出版社，2009.
③ 田薇. 论王阳明以"良知"为本的道德哲学[J]. 清华大学学报（哲学社会科学版），2003（1）：5-9.
④ 方国根. 王阳明"致良知"道德哲学及其精神维度[J]. 学术界，2014（9）：51-68+308.

争是手段，人类文明幸福才是终极目的。从这个视角看，中国传统的义利观是企业伦理应该遵循的基本原则。

四、法德并重、任德而不任刑，人力资源管理中以育人为目的的惩戒机制

管理的目的是提高组织活动的效率，活动效率的提升以秩序（分工就是一种秩序）为前提。建立和维持秩序可以借助两种不同的方法：依靠管理者的经验实施的监督和借助规则的制定和执行[①]。通俗地说，前者是"人治"，后者为"法治"。

当代企业伦理思想诞生于美国。美国作为一个较晚成立的移民国家，没有历史包袱，从立国伊始就将社会关系建立在法律关系之上，特别重视"法治"，而道德规范主要由教会依靠宗教信仰的传播完成。在企业管理上，自然也主要依靠法治。

与美国相比，中国企业的社会环境背景有较大的不同。中国并非不重视法治只重视德治，而是吸取了历史上"严刑酷法"治理失败的教训，主张"法德并重""任德而不任刑"。如果将育人视为目的，则对人的惩罚只是手段。如果道德教化可以起到更好的作用，中国通常认为这是上策。因为刑罚是事后管理，不好的结果已经形成。如果能在事前和事中注重道德教化，让人避免出现违规行为，才是更好的管理方式。

"任德而不任刑"的思想产生于汉代。秦灭亡后，当时的社会精英吸取秦暴政早亡的教训，开始注重德治教化，在"德""刑"关系上主张"任德不任刑"[②]。董仲舒提出，周代的治世是因为"教化之渐而仁谊（义）之流，非独伤肌肤之效也"（《举贤良对策》），因而主张德刑关系上的"任德不任刑"。董仲舒利用《易经》中的阴阳思维，认为"阳气暖而阴气寒，阳气予而阴气夺，阳气仁而阴气庚，阳气宽而阴气急，阳气爱而阴气恶，阳气生而阴气杀"（《阳尊阴卑》）。董仲舒由阳暖阴寒，引申出阳予阴夺、阳仁阴庚、阳宽阴急、阳爱阴恶、阳生阴杀等说法，具体到德刑，就是"阳为德，阴为刑"（《阳尊阴卑》）。董仲舒进一步得出结论：天意是"大德而小刑"（《阳尊阴卑》），"任德不任刑"（《举贤良对策》）。董仲舒的思想与现代管理中过分强调制度管理实存分野。事实上，与法治相比，德治在操作上需要管

[①] 陈传明. 管理学 [M]. 北京：高等教育出版社，2019.
[②] 《中国伦理思想史》编写组. 中国伦理思想史 [M]. 2 版. 北京：高等教育出版社，2018.

理者更用心，所需要的能力更强，在方式上也更人性。

中国强调德治的作用，并没有否认法治的价值。法家代表人物韩非用舜的事例说明了法治优于人治，认为舜事必躬亲，亲自解决民间的田界纠纷和捕鱼纠纷，花了三年时间才纠正了三个错误的做法不可取，"舜有尽，寿有尽，天下过无已者；以有尽逐无已，所止者寡矣"①。这个批评与《圣经》中摩西的岳父对摩西的批评如出一辙。韩非进一步指出：如果制定法规，公之于众，违者以法纠正，治理国家就方便多了。他说："释法术而心治，尧不能正一国；去规矩而妄意度，奚仲不能成一轮；废尺寸而差短长，王尔不能半中。"②只有借助"法术""规矩""尺寸"，才能建立稳定的政治或经济活动的秩序，提高治理的有效性。韩非充分论证了法治的优点。后世的法家商鞅也用这个逻辑说服了秦孝公采用其变法思想，并帮助秦实现了统一中华的宏大战略。但是，秦的速胜和速亡也让人既看到了法治的优点，也认识到了法治的不足。通过法规条款让人知道哪些行为不能做，如果做了会有怎样的严重后果，在管理中是必要的，甚至是基础性的。中国伦理思想并不反对法治，只是反对只重法治不重德治。

只强调法治，不注重人成长的企业管理会导致"以罚代管"的弊端。在我国管理实践中，"以罚代管"的现象普遍存在③。现代社会中，企业除了是一个经济组织，在实质上也承担着塑造合格公民的社会责任（松下幸之助就明确提出了"造物先造人"的经营理念）④。以罚代管的根源是将被罚者视为工具。在人力资源管理实践中，管理者应"法德并重，任德不任刑"，通过日常管理行为中的道德塑造，既培养出优秀的员工，同时也培养出合格的公民。

五、天下为公、"民胞物与"，利益相关者的共同发展是未来人力资源管理的终极追求

企业的终极价值是什么？对于这一哲学问题，西方管理讨论的并不多，因为古典自由主义提出每个个体都追求自身的利益最大化，社会整体就可自动达到福利最大化的理想状态。事实证明，情况并非如此。贫富差距的加大，经济危机的周期性到来都证明了市场这一"无形的手"达不到其设想的理想结果。虽然市场经

---

①② 韩非子 [M]. 高华平，王齐渊，张三夕，译注. 北京：中华书局，2018.
③ 黄锫. "以罚代管"行政执法方式生成的制度机理研究 [J]. 政治与法律，2016（5）：13-25.
④ 程江. 激励的本质与主体性的转化 [D]. 天津：南开大学，2012.

济"无形之手"的假设从未完全被现实证实,但其思想如此深入人心,以至于很少受到质疑。正因如此,企业中的管理者与被管理者不断博弈,最终陷双方于囚徒困境中。在管理思想上,科学管理学派不够,就发展出人本管理学派;人本管理不够,就用股权激励;股权激励还不能解决问题,就用"欧米巴"经营……吕力(2012)认为,"管理寄寓了人们实现生存的最终目的或最高理想,即管理的终极价值。管理的具体目标及其效率,即管理的工具价值。管理的工具价值依赖于管理终极价值而存在;工具价值本身渗透了终极价值;终极价值也必须依靠工具价值而实现"[①]。具体的管理方式方法都是管理的工具价值,企业所有利益相关者的共同发展才是管理的终极价值。终极价值问题不解决,工具价值是无法实现终极价值目标的。

企业和市场作为当前人类使用资源效率最优的组织形式和机制,其本质目的仍是服务于人类的更好生存与发展。人类社会的发展应以共同富裕为目标,世界发展应以人类命运共同体为蓝图。对于企业来说,所有利益相关者的共同发展才是企业的目标,也是人力资源管理的终极目的。

儒家从"仁"或"仁道"出发,憧憬"天下为公",强调"立君为民""立君为公"。"大道之行也,天下为公。选贤与能,讲信修睦,故人不独亲其亲,不独子其子,使老有所终,壮有所用,幼有所长,矜寡孤独废疾者,皆有所养。男有分,女有归。货,恶其弃于地也,不必藏于己;力,恶其不出于身也,不必为己。是故,谋闭而不兴,盗窃乱贼而不作,故外户而不闭。是谓大同"(《礼记·礼运》)。"昔先圣王之治天下也,必先公,公则天下平矣"(《吕氏春秋·贵公言》)。中国人在讲求公平和博爱的意义上追求"公天下"的理想社会,是中国人特有的智慧,也为管理提供了逻辑和思路。

"天下为公"反映了人类共享的价值理念[②]。共享是贯穿于人类命运共同体中的重要价值。共享既是发展方式,也是生存智慧。中华民族素有"互利、共赢、共存"的价值观,亦有"海内存知己,天涯若比邻"的荣辱与共情结,崇尚"穷则独善其身,达则兼济天下"的家国情怀,以及"独乐乐,不如众乐乐"的共享精神,信奉"众人拾柴火焰高"的共享理念。

除了"天下为公"的理念,张载提出的"民胞物与"思想使公平和博爱跨越

[①] 吕力. 管理的终极价值及人文管理学与中西方管理差异[J]. 商业经济,2012(2):25-27.
[②] 陈光连,尹剑. 习近平人类命运共同体思想中的传统伦理精神[J]. 理论导刊,2019(3):64-71.

血亲"小家",走向同气同性的"大家"[1]。《张子正蒙注》卷九上《西铭》中说"民吾同胞,物吾与也"。张载认为:"乾称父,坤称母;予兹藐焉,乃混然中处。故天地之塞,吾共体;天地之帅,吾其性。民吾同胞,物吾与也。大君者,吾父母宗子;其大臣,宗子之家相也。尊高年,所以长其长;慈孤弱,所以幼吾幼。圣其合德,贤其秀也。凡天下疲癃残疾、惸独鳏寡,皆吾兄弟之颠连而无告者也"[2]。"民胞物与"包含古代中国"天下一家"的美好愿望和关爱弱势群体的博爱情怀,提倡社会中人与人的爱要由近及远、推己及人,体现了中国道德理想主义的主张。

也许有人认为"天下为公""同胞物与"是一种乌托邦式的理想。从当前的现实环境看,确实不容易很快实现。但随着人类的发展,物质资料的丰富,谁又能肯定其一定不能实现呢?如果给先秦的人描述当今世界的生活,他(她)们一定会说你在空想。马克思构想的共产主义社会,也正是彻底消除阶级之间、城乡之间、脑力劳动和体力劳动之间的对立和差别,实行各尽所能、按需分配,实现社会共享,实现每个人自由而全面发展的大同世界。因此,如果我们认可"天下为公""民胞物与"的道德理想,为什么不可以从现在开始就在企业管理中进行一些尝试呢?如果这样做更好,那么我们为什么不去这样做呢?

第四节 新时代人力资源管理伦理的新挑战与本土重构

一、机器人与工作机会:君子不器,人才是目的

随着人工智能(Artificial Intelligence,AI)的发展、机器人在工业领域的广泛使用,人机关系伦理成为商业伦理领域的重要议题[3]。智能机器通过自我深度学习拥有了工具理性,可以对现实世界中发生的事物做出判断和预测,构成一种全新的

---

[1] 向世陵. 从"天下为公"到"民胞物与"——传统公平与博爱观的旨趣和走向[J]. 中国人民大学学报, 2015, 29 (2): 71-79.
[2] 张载. 张载集[M]. 北京: 中华书局, 1978.
[3] Lei R P, Zhai X M, Zhu W, et al. Reboot Ethics Governance in China[J]. Nature, 2019, 569 (7755): 184-186.

"人—机"关系[1]。人机关系伦理是人工智能时代的必然产物[2]。机器人伦理研究有助于建构人与机器互动的道德观念与道德规范,规范人类与人类使用机器人的行为,使机器人为人类所用的效益真正地实现最大化。

民调机构 YouGov 对 2000 人进行了问卷调查,结果显示:60% 的人认为人工智能会给就业带来压力,近 33% 的人认为未来人工智能将会对人类生存造成威胁[3]。人机关系伦理在企业中主要表现在两个方面。

(一)机器人使用可能导致的失业问题

麦肯锡预测,因技术的进步和 AI 的普及,到 2030 年全世界将有 3.9 亿人会因机器人的使用而被动更换工作,而 8 亿人会失业。AI 是否会造成从事劳动力密集型、重复性、程序化等工种的职场人大面积失业,影响人们的收入和福利,产生新的贫富差距和社会分化?大量机器人的使用是否会造成"人的贬值",甚至引发人类学习动机的下降,削弱劳动力在与资本谈判中的议价能力,引发机器人降低人生活质量的社会问题?

(二)招聘和考核中的算法歧视

企业利用算法等新技术,通过大数据获得劳资关系中的非对称信息优势,以及规则代码化带来的不透明、不公平、难以审查等问题,对人力资源管理中的公平和正义发起了挑战[4]。数据自身偏见缺陷、大小样本的地位悬殊、敏感属性等也会导致算法歧视存在的必然性[5]。带有歧视性的数据经过运算之后仍带有歧视倾向,会使歧视和机会不平等的现象更具隐蔽性。

从人与技术的关系角度来看,人是主体,技术是客体;人是目的,技术是手段。人类发展科技的目的,是为了给人类提供更美好的生活。但是,现代大工业的发展,使人类在社会生产中重复单调地劳动,人沦为机器的附庸,劳动者在一定程

---

[1] 谢洪明,陈亮,杨英楠. 如何认识人工智能的伦理冲突——研究回顾与展望 [J]. 外国经济与管理,2019,41(10):109-124.
[2] 刘伟,赵路. 对人工智能若干伦理问题的思考 [J]. 科学与社会,2018(1):40-48.
[3] 肖兴政,冉景兵,龙承春. 人工智能对人力资源管理的影响研究 [J]. 四川理工学院学报(社会科学版),2018,33(6):37-51.
[4] Veale M, Binns R. Fairer Machine Learning in the Real World: Mitigating Discrimination Without Collecting Sensitive Data[J]. Big Data & Society,2017,4(2):1-17.
[5] 张玉宏,秦志光,肖乐. 大数据算法的歧视本质 [J]. 自然辩证法研究,2017(5):81-86.

度上失去了主体地位[①]。强调人的主体性地位，就是强调人在与机器人关系当中的主导地位，强调人的能动性、个体差异性与选择性。主体性原则要求机器人伦理研究要充分考虑文化的多元性与人的个体差异，使机器人技术能够增进个人福祉，并采取措施防止人类对机器人的过度依赖。智能化生产追求的不是简单、异化的机器换人，而是采用机器进行柔性生产，重新回到"以人为本"的组织生产模式，重视人在社会价值创造中的主体作用，实现企业生产运营效率的提升，本质是实现"人—机"协同[②]。上述思想正是中国传统伦理中的"君子不器"（《论语·为政》）的思想。

中国对人工智能导致的新的伦理问题高度重视，于2018年开始组建人工智能伦理专委会，并提出了"2025年初步建立人工智能法律法规、伦理规范和政策体系，2030年建成更加完善的人工智能法律法规、伦理规范和政策体系"的愿景。

二、零工经济与灵活用工：君子爱财，取之有道

2016年世界经济论坛指出：在全球120多个国家中，有13%的劳动力从事零工，越来越多之前没有工作的人或对全职工作厌倦的人开始转向零工[③]。哈佛大学和普林斯顿大学的联合研究也预测，未来混合型零工经济劳动力占总劳动力的比重将达到15.8%～34%[④]。阿里研究院指出，中国零工经济自由职业者到2036年预计可达4亿人[⑤]。可见，零工经济对拓宽就业渠道、培育发展经济新动能具有重要作用，是劳动者就业增收的重要途径[⑥]。

随着互联网经济的发展，一场从"企业—雇员"跨越到"平台—个体"的工作革命悄然发生。基于互联网和平台的零工经济已崛起为一种重要的经济形态。虽然零工早已有之（如封建社会给地主家做"短工"的农民，资本主义工厂主聘用的临时性、计件式工资的工人等），但在互联网时代，零工经济作为一种新的经济现象，在人力资源管理上具有新的属性和特征。

从哲学的视角审视，零工蕴涵着人对于劳动自由的渴望、对运作良好的信用伦理体系的遵守、对生产效率的提升，以及对能力平等的正义目标的追求等内在伦理

[①] 杜严勇. 机器人伦理研究论纲 [J]. 科学技术哲学研究，2018，35（4）：106-111.
[②] 谢洪明，陈亮，杨英楠. 如何认识人工智能的伦理冲突——研究回顾与展望 [J]. 外国经济与管理，2019，41（10）：109-124.
[③] 《零工经济时代："不为我有，但为我用"是企业做大的唯一出路》，搜狐网。
[④] 《什么是"零工经济"》，搜狐网。
[⑤] 《中国2036年或有4亿人属于零工经济自由职业者》，新华网。
[⑥] 《国务院办公厅关于支持多渠道灵活就业的意见》国办发〔2020〕27号。

精神。在激活劳动力市场的同时，零工经济也加速了社会权力流散、数字剥削下的新型劳资矛盾等一系列新型的伦理问题。当前，在人力资源管理领域比较突出的问题主要有两个。

（一）算法"剥削"

算法使平台能够精准量化考核劳动成果、有针对性地制定劳动绩效指标，精确设置工作准入和淘汰门槛，实现对平台上灵活就业者的数字控制，甚至数字"剥削"。

（二）劳动者社会保障

基于互联网的零工经济本质上是一种共享经济。在共享经济产生的初期，共享者投入的多是自身的冗余资源，零工经济的参与者多是在本职工作外仍有余力的资源共享者，或本来就是自由职业者的劳动者。作为兼职工作者或追求自由的工作者，零工一般不愿被劳动合同约束，因此，通常选择不与平台签劳动合同。但是，随着零工经济被更多人接受，越来越多的人成为"专职零工"，在这种情况下，一些平台或企业出于追求自身利益最大化的目的，会利用零工就业不签订正式劳动合同的传统，避免形成稳定的雇佣关系，从而规避雇主应负的责任与义务。此时，零工从业者通常不敢提出自己的合理诉求。因为从业者的工作和收入并不稳定，处于自我驱使的紧张压力之下。

作为一种新型用工形式，国家对零工经济的立法还不完善，零工劳动者的身份仍处于法律监管的"灰色"地带。上述因素使零工就业者的就业权益无法受到法律的有效保护，衍生出一系列伦理问题。其中最主要的问题是灵活就业的劳动者需要独立承担社会保障相关费用，劳动者的法定社会权利无法像传统劳动关系中的劳动者一样得到有效保障。

零工经济在做出巨大贡献的同时，也带来了新的伦理困境，亟待深入研究和解决。2020年，国务院办公厅颁布的《国务院办公厅关于支持多渠道灵活就业的意见》（国办发〔2020〕27号）指出：各级政府应研究制定平台就业劳动保障政策，明确互联网平台企业在劳动者权益保护方面的责任，引导互联网平台企业、关联企业与劳动者协商确定劳动报酬、休息休假、职业安全保障等事项，引导产业（行业、地方）工会与行业协会或行业企业代表协商制定行业劳动定额标准、工时标准、奖惩办法等行业规范。依法纠正拖欠劳动报酬等违法违规行为。持续深入推进工程建设领域农民工按项目参加工伤保险,有针对性地做好工伤预防等工作。

由于平台垄断带来社会权力的流散,解决零工经济的伦理问题需政府发力,通过制定法律予以解决。一般情况下,国家权力、市场权力、公民权力在现代社会中应达到某种平衡。互联网技术的发展打破了传统的三方权力的既有平衡,数字技术的应用使"权力决定信息分配"的传统权力关系向"信息决定权力分配"转变。平台利用人工智能、大数据、算法等技术,帮助平台获取更多权力,市场获取的权力逐步增多,逐渐走到社会权力中心的位置。平台承担了部分原先属于政府的社会公共管理职能,国家的权力在一定程度上被消解,造成公权力的私化,社会权力里的公民权力也因此在一定程度上被限制。

问题的解决除了依靠立法,相关的参与方也应发挥积极作用。张蕾等(2022)认为,解决零工经济中存在的伦理问题应从三个层面开展工作。在平台层面,以技术支撑和政策监管构筑监督防线;在零工从业者层面,引导其树立数字时代的新的劳动伦理观;在利益相关者层面,构筑新型社会契约,提升零工工作者的职业地位和尊严[1],塑造新的社会风气和伦理价值观念。

中国自古就倡导"君子爱财,取之有道"。如果平台、零工从业者及零工使用方都能遵守这一传统的价值观,那么,零工经济下的多数伦理问题都可以得到有效的规避或解决。法律只能解决底线问题和已经出现的问题,与伦理比起来,其解决问题的成本和效果都有很大的局限。当然,强调道德并不否认法律的作用和价值,更不是用伦理取代法律,两者的结合才是更好的解决办法,这是中国传统伦理思想的智慧所在。

本章要点

中西方伦理思想产生于不同的地域和人文环境,各自发展出了不同的伦理体系。随着地球村的出现,中西方伦理思想的融合既是社会实践的需要,也为企业伦理思想的发展提供了机遇。

西方伦理学通常从个人道德经验出发,以个体主义或利己主义为基本道德原则,普遍带有个人主义和现实主义的色彩,产生了基于权利思想的择优选人权与就业权伦理、基于效率和契约思想的薪酬伦理、基于人权和法律思想的劳动关系伦

---

[1] 张蕾. 零工经济的伦理审度与校勘[J]. 西安财经大学学报, 2022, 35(2):84-93.

理、基于美德思想的对特殊员工的关爱伦理等人力资源管理伦理思想。

中国在上千年的组织伦理实践中提出了在组织发展上"人居其一"的重视人才的伦理思想、在人才选拔上"疑人不用，用人不疑"的伦理智慧、在人力资源管理上"正人先正己""修己达人"的伦理思想、在人力资源管理目标上"以人为本、知人善任"的伦理思想、在人才晋升上以"论资排辈与差序格局"为规则的伦理思想。

中国传统伦理思想经过几千年的历史检验，具有深刻的精神内涵和丰富的思想内容，其优秀部分既适用于现代政府、家庭等组织的管理，也适用于现代企业。

中西融合视角下，人力资源管理伦理应以"仁者爱人、和则两利"作为人力资源管理的基本原则，以"修己安人、自省慎独"作为人力资源管理的基础和主要方式，以"义利并重""致良知"作为人力资源管理的价值导向，以"善恶有报，法德并重、任德而不任刑"作为人力资源管理惩戒的主要机制，以"天下为公、民胞物与"作为人力资源管理的终极追求。

新的技术应用会不断带来新的人力资源管理伦理问题，伦理理论需要与时俱进，适时提出新的理论观点，让技术发展更好地服务于人的发展。

本章思考题

1. 为什么古代的优秀传统伦理思想仍然适用于当代社会组织？
2. 西方在人力资源管理伦理上的主要思想观点有哪些？
3. 中国在人力资源管理伦理上的主要思想观点有哪些？
4. 在全球化背景下，基于中西融合的现代人力资源管理伦理思想观点主要有哪些？
5. 新技术的出现需要人力资源管理的变革，人力资源管理伦理应如何发展与应对？请举例说明。

第三章

诚中有物：企业市场营销中的商业伦理

市场营销在大工业时代诞生并发展起来，早期市场营销观念包括生产观念、产品观念、推销观念，主要传播媒介包括报纸、杂志、电台和电视台。随着生产力的提高和科学技术的发展，人类进入了信息技术时代，主要特征是计算机和互联网的应用，数据库营销、网络营销等新的营销方式方兴未艾。

我们现已进入移动互联网时代，智能手机和其他手持移动终端将世界上大多数人紧密联结起来。万物互联、人机交互、足不出户、应有尽有——过往存在于神话或科幻作品中的这些场景，已经和正在成为活生生的现实。

由于经济实体的逐利性和政府监管的滞后性，市场营销危机此起彼伏。在西方，大众汽车排放门事件（2015年）、Meta海量用户数据泄露事件（2018年）以及美国对中国发起的贸易战（2018年起）等，从市场营销的微观、中观和宏观等各个维度均损害了消费者的利益。在中国，三聚氰胺毒奶粉事件（2008年）、手机清理软件专欺老年用户事件（2021年）、互联网平台公司大数据杀熟事件，从入口的食品到入手的产品，再到无形的服务，均侵犯了消费者合法权益。仅靠市场主体自我约束和政府部门行政监管，不足以消除市场营销带来的负面冲击，还必须从伦理的高度进行调整和规范。

伦理是指人与人相处的各种道德准则，将伦理学相关理论和方法应用于商业领域即为商业伦理学。市场营销伦理（Marketing Ethics）（以下简称营销伦理）是其中一个分支，是对营销策略、营销行为及营销主体道德的判断标准。西方学者的营销伦理研究范围如下：探究市场营销中道德判断、标准和行为规则，道德标准如何应用于营销决策、行为和机构，战略制定、实施和控制监督时所期望的权利和职业标准。中国学者研究了营销伦理的起源与发展、营销组合中的伦理、营销伦理新进展和营销伦理建设等问题。

第一节 西方营销伦理

一、西方营销伦理理论演进

(一) 西方营销伦理的思想渊源

1. 西方伦理思想渊源

(1) 西方古典伦理思想。西方伦理思想发源于古代希腊。毕达哥拉斯主张和谐、沉静；赫拉克利特强调斗争的正义和现世的幸福；智者派和苏格拉底阐述了利益与正义、道德与知识的关系；柏拉图形成了唯心主义理念的伦理学说；亚里士多德建立了古代西方最完整的幸福论体系。罗马帝国时期的斯多阿主义强调忍耐、禁欲和服从命运，成为基督教神学伦理思想的重要泉源。

(2) 中世纪伦理思想。中世纪伦理思想是在封建专制主义和教会神学统治下发展起来的。最著名的哲学家托马斯·阿奎那，将亚里士多德伦理学附会基督教神学，把道德归结为上帝的意志，否认至善和幸福的准则，陷入主体德行和客观法则的对立。

(3) 文艺复兴时期伦理思想。人文主义者猛烈抨击了神学伦理思想，代表新兴资产阶级的要求，提出了以人为中心，强调尊重人的价值、人的尊严、人的自由和世俗生活幸福的伦理思想，革命性地推动了西方伦理思想的发展，如表3-1所示。

表 3-1 西方伦理思想渊源对于营销伦理的影响要点[①]

序号	思想家或学者	对于营销伦理影响要点	备注
1	荷马与赫西奥德	为全希腊宗教正式形成提供了思想依据，并应用于财富与商业领域	希腊古风时期
2	亚里士多德	商业：是朋友，还是敌人？	希腊古典时期
3	托马斯·阿奎那	为正义和公共利益而服务的经济	

[①] 希思，卡尔迪斯. 财富、商业与哲学 [M]. 宋良, 译. 杭州：浙江大学出版社，2020.

（续表）

序号	思想家或学者	对于营销伦理影响要点	备注
4	托马斯·霍布斯	关于自由个体在社会中道德行为的看法	
5	约翰·洛克	对商业社会的辩护：个人权利、自愿合作和互惠互利	
6	伯纳德·曼德维尔	为了橡子与诚实的自由	
7	查理·路易·孟德斯鸠	"贸易能够治愈破坏性的偏见"	
8	大卫·休谟	商业、社会与道德	
9	亚当·斯密	他人的命运和商业之美	
10	伊曼努尔·康德	纯粹意志并不影响其伦理应用于赢利机构	
11	阿历克西·德·托克维尔	作为一个伦理社团的公司	
12	约翰·斯图亚特·穆勒	商业伦理	
13	卡尔·马克思	论历史、资本主义和商业伦理	
14	弗里德里希·哈耶克	对市场秩序的辩护	
15	米尔顿·弗里德曼	反对企业社会责任论	
16	约翰·罗尔斯	差别原则的背后：正义理论、商业伦理及市场道德	
17	阿玛蒂亚·森	行善动机：承诺与企业社会责任	

2. 西方营销伦理之滥觞

西方古典伦理思想为西方营销伦理奠定了利益、正义、道德等基础，追求至善和幸福；中世纪伦理思想为西方营销伦理注入了服从、忍受、禁欲等自律元素，强化了教会的控制；文艺复兴时期伦理思想为西方营销伦理带来了自由、平等、利己等革命性理念，解放了思想，促进了生产力的发展。

（二）西方营销伦理的现代发展

营销伦理在 20 世纪 60 年代末期开始被西方学者系统地研究，发展脉络如下。

20 世纪 60 年代：市场研究中的伦理问题，公司伦理决策及在规范和准则方面的研究，社会伦理和个人伦理的理论框架。

20世纪70年代：市场营销教育的伦理，产品管理的伦理，广告伦理，社会营销的概念和定义。

20世纪80年代：分配中的伦理，国际营销伦理，销售人员的道德冲突，个人销售伦理，市场营销规范的伦理。

20世纪90年代：市场营销教育伦理，国际营销伦理，公司伦理决策，价格伦理，脆弱消费者理论，绿色营销理论，关系营销伦理和法律基础，消费者道德价值，社会责任消费者，消费者研究中的伦理。

21世纪第一个十年（2001—2010年）：消费者道德，营销教育，公司伦理决策，营销伦理规范和准则，国际营销伦理，互联网环境下的营销伦理。

2011年至今：从不同角度研究行业或者企业营销伦理或者道德的缺失。

西方学者应用伦理学、市场营销学、组织行为学、心理学等多学科方法研究营销伦理，但是针对现代企业营销伦理评价的研究不多，现代企业对营销伦理研究的参与程度和实践经验不足，许多研究成果缺乏实践性检验。

二、西方营销实践中的伦理

菲利普·科特勒（Philip Kotler）将营销管理分为理解营销管理、捕捉营销洞察、联系顾客、建立强势品牌、塑造市场供应物、传递价值、传播价值和成功地创造持续增长等环节[①]。本章阐释其中六个环节，不再赘述"营销管理"，合并阐释"传递价值"和"传播价值"。

（一）捕捉营销洞察的伦理

捕捉营销洞察，其内容包括收集信息和审视环境，营销调研及预测需求，创造顾客价值、提升顾客满意度和建立顾客忠诚，分析消费者市场和企业市场。营销伦理的核心要求就是"坚守底线"。

1. 收集信息和审视环境的伦理

（1）收集信息的伦理。针对个体，信息收集者可能以欺骗手段诱导他们提供更多的个人信息，或者在他们不方便的场合强行收集信息，甚至在处理采集到的信息时刻意进行数据筛选控制以期达到不良商业目的。针对组织，信息收集者经常恶意

---

① 科特勒，等. 营销管理[M]. 6版·亚洲版. 王永贵，等译. 北京：中国人民大学出版社，2020.

盗取其商业机密。剑桥分析公司（Cambridge Analytica）成了一个家喻户晓的名字，成为"侵犯隐私"的代名词。它与 Meta 充满矛盾的商业纠缠充当了我们这个信息共享时代的伦理警钟。"剑桥分析"现已灰飞烟灭，Meta 劫后余生，泄密丑闻余波依然泛起阵阵涟漪：泄密事件初曝时股价大跌、美国国会质询、美国联邦通信委员会开出 50 亿美元顶格罚款[①]。

（2）审视环境的伦理。营销实践涉及人口、经济、社会文化、自然、技术和政治、法律等环境，这里简析涉及人口环境和技术环境的伦理问题。

在人口环境方面，美国黑人民权革命过去了近 60 年，黑人工人还是"首先被开除，最后被雇佣"，其年均工资依然比白人同行低了 30%。

在技术环境方面，柯达低估了数码市场形势的发展，企图延长胶卷的生命周期，于 2012 年申请破产保护。

2. 营销调研及预测需求的伦理

这个过程的伦理要求就是"量身定做"。日本航空公司（Japan Airlines）洞察了头等舱贵宾的需求而首先在飞机上安装电话，并继续推出其他创新服务。若每位头等舱乘客愿为此支付 25 美元，该公司在 10 年内就将创收 700 亿美元。

3. 创造顾客价值、提升顾客满意度和建立顾客忠诚的伦理

（1）创造顾客价值的伦理。通过增加利益或减少成本而提高顾客获得的价值。沃尔沃的定位是"安全"，但给购买者承诺的不仅仅是安全的汽车，还包括使用寿命长、优质服务、终身保修、转卖价值高等附加价值。

（2）提升顾客满意度的伦理。营销者同时保证产出优质产品和提供优质服务。《蓝海战略》书中论及的"快美小屋"模式，以快捷、优质的服务而风靡全球[②]。

（3）建立顾客忠诚的伦理。营销者与顾客良性互动，开发顾客可以实现终身价值的忠诚计划，以及建立解决顾客经营难题的结构性联系。苹果系列产品的设计、技术、生态系统、环保材料和"红产品"公益举措，都使其顾客忠诚度保持在较高水平。

4. 分析消费者市场的伦理

（1）分析消费者行为影响因素的伦理。首要准则即尊重其文化因素。意大利奢侈品牌杜嘉班纳（D&G）于 2018 年在中国发布了将中国传统文化与意大利经典饮

---

① Wessel M, Helmer N.A Crisis of Ethics in Technology Innovation[J]. Mit Sloan Management Review, 2020（3）: 71-76.
② W. 钱·金, 勒妮·莫博涅. 蓝海战略 [M]. 吉宓, 译. 北京: 商务印书馆, 2005.

食相结合的广告宣传片,标题为"起筷吃饭"。广告中筷子被称为"小棍子形状的餐具",片中旁白所用的"中式发音"、傲慢的语气及模特使用筷子的奇怪姿势,均被质疑歧视中国传统文化,激起了中国消费者广泛的抵制。

(2)分析消费者购买决策过程的伦理。以时机决策为例,欧洲一些奢侈品专卖店在售前服务环节就让潜在顾客提前体验到其作为尊贵阶层的社会身份,而非滞后到顾客实际购买甚至使用阶段[①]。

5. 分析企业市场的伦理

分析市场时的重点是供需双方的信誉,包括是否扭曲或隐藏交易信息,是否提供低质量的产品或服务,是否信守交易承诺,是否急于应对客户诉求,是否强买强卖,是否及时处理渠道中的顾客信任冲突等问题。

(二)联系顾客的伦理

联系顾客,包括细分消费者市场、细分企业市场和确定目标市场。营销伦理的要求就是追求真实。

1. 细分消费者市场的伦理

细分消费者市场的基础包括地理因素、人口统计因素、心理统计因素和行为因素。心理统计因素在细分消费者市场的伦理中占有重要地位。20世纪七八十年代,日本和欧洲的汽车企业准确洞察了石油危机之后美国消费者倾向于体积较小、油耗更低的轿车的心理转向,在美国市场攻城略地。反观美国汽车制造商未能及时把握本土消费者的心理转变,从而陷入被动挨打的境地。

2. 细分企业市场的伦理

细分企业市场的基础包括人口统计特征、经营变量、购买方式、环境因素和个人特征。细分企业市场时,选择行业至关重要。英特尔产品占据了个人电脑处理器市场,但在智能手机市场则是英国 ARM 公司以能耗更低、能够增加续航能力的产品占优势,迫使英特尔公司退出了智能手机市场。

3. 确定目标市场的伦理

营销者刻意从弱势群体(儿童、妇女、贫困人群)那里获取不正当利益,或者推销具有潜在危害的产品,往往会引起众怒。英国葛兰素史克声称帕罗西汀(Paroxetine)

---

① Dion D, Borraz S. Managing Status: How Luxury Brands Shape Class Subjectivities in the Service Encounter [J]. Journal of Marketing, 2017, 81 (9): 67-85.

能够治愈儿童和青少年的抑郁症状，但是隐瞒了患者在服用该药之后不断产生自杀想法的风险，涉及的儿童和青少年数以百万计。

（三）建立强势品牌的伦理

建立强势品牌，内容包括创建品牌资产、打造品牌定位和把握竞争动态。营销伦理的要求就是展现诚信。

1. 创建品牌资产的伦理

美国营销协会将"品牌"定义为"一种名称、术语、标记、符号或设计，或者是它们的组合，其目的是识别某个销售者或某销售者群体的产品或服务，并使之同竞争对手的产品和服务区别开来"。企业最有价值的一项无形资产就是品牌。营销管理的重要责任是创建强势品牌，它反映了消费者关于品牌的认知、感受等，还体现在品牌的市场份额及盈利能力上。

特斯拉跃居新能源汽车的全球领导者，以创新闯出了创建品牌资产伦理的新路。2021年年初特斯拉的市值同比飙升7.36倍，位居全球车企第一，是全球汽车销量冠军丰田市值的三倍有余。反观日本高田公司，其生产的气囊爆炸时产生的金属碎片在10年内导致了100多人伤亡，装用其缺陷气囊的汽车在同期总计被召回了1.2亿辆，该公司被迫于2017年宣告破产。

2. 打造品牌定位的伦理

打造品牌定位伦理的内容包括制定和传播定位战略、实施差异化战略，以及确定企业的定位和品牌化。

瑞典沃尔沃汽车（旅行车）打造"品质安全"的品牌定位，目标顾客是"注重安全的高端消费阶层"，关键价值是"安全性和耐用性"，价值主张是"家人可乘坐的最安全、最耐用的旅行车"，其整车售价实现溢价20%。

试图掩盖品牌定位的不利因素，则会使品牌受损。亚马逊公司拟选纽约作为第二总部时就遭遇了滑铁卢。2018年，它既想以其强势品牌地位索取纽约市政府的巨额落户补贴，又欲安抚民众不会导致本市房价上涨、物价飙升、交通拥堵和文化冲击。政府和民众对此皆不信服，亚马逊公司只得另觅他处。

3. 把握竞争动态的伦理

（1）市场领导者的竞争伦理。

市场领导者攀爬到顶级市场地位实属不易，除非其享有合法垄断权，因此必须随时保持对竞争者的高度警惕，后者在产品、服务或营销领域的重大创新即有可能动摇前者的领导地位。市场领导者面对竞争的正向伦理，包括设法扩大市场有效总需求、合理保护既有市场份额及积极增加市场份额。电脑软件市场的领导者微软为了应对谷歌软件线上的挑战，将其线下的 Office 套件改编成在线格式 Office 365。

市场领导者面对竞争，更有可能采取伦理失范举措，强力挤压对手。亚马逊收购线下食品连锁店全食食品（Wholefoods），令其他食品店备感寒意。欧美半导体领导企业联合进行强力封堵，华为等中国企业很快就受打击。

（2）其他市场参与者的竞争伦理。

第一，市场挑战者的竞争伦理。它们的竞争伦理若可做到"出其不意，攻其不备"，往往可以收到奇效。丰田凯美瑞轿车在初入美国市场时即以 9999 美元的惊艳低价强力挤占了昂贵的美国大车的市场份额。三星电子集中火力攻击美日等国的市场领导者，迅速崛起为动态随机存储器（DRAM）的世界冠军。

第二，市场追随者的竞争伦理。它们更有可能采取竞争伦理失范的行为，竞争手段包括仿冒、克隆、模仿和改良。路易威登和劳力士等高端奢侈品一直受到假冒的困扰。

第三，市场利基者的竞争伦理。利基者可以采用"避实击虚"的竞争伦理。日本丰田初入美国定位于小型车市场，但德国大众已经捷足先登。丰田针对大众小车存在暖气设备不好、后座空间小、内部装饰差等劣势，开发出了外形小巧、经济实惠、舒适平稳、维修方便的花冠车（CORONA），并获得了成功。

（四）塑造市场供应物的伦理

塑造市场供应物，内容包括制定产品战略，提高服务质量，以及制定价格战略与方案。营销伦理要求就是物有所值。

1. 制定产品战略的伦理

确立产品特征的伦理，既要保证物有所值，又要保护环境。西方奢侈品企业过往大规模使用貂皮和象牙等珍稀动物制品作为其产品原料以彰显顾客的尊贵身份，这种做法受到广泛抵制而不可持续。

确立产品差异化的伦理，必须遵守公序良俗。国际知名品牌 CK 于 2010 年邀请顶级模特 Lara Stone 重金打造的广告因涉嫌暴力和诱导色情被禁播。

产品设计的伦理，在于奉行以人为本。过度设计、反人类设计、非可持续发展的设计、丧失社会责任的设计，均应被企业摒弃。美国各大城市街头充斥着大排量、大个头的豪华汽车，对环境造成了持续破坏。

产品组合与产品线管理的伦理，简洁实用就好。苹果手机换代时仅凭三四种机型即可售出数亿部，而且利冠全球；特斯拉作为新能源汽车的后起之秀，短短三五年迅即崛起为行业巨头，他们的经验值得学习和借鉴。

联合品牌建设的伦理，可以强强联合，也可以优势互补，但不能以强凌弱。中国国航和德国汉莎航空的强强联合，使中国商务舱乘客可在美国纽约肯尼迪机场等贵宾厅享受汉莎航空的优质服务。西方强势品牌刻意雪藏被其收购后的中国品牌（中华牙膏、活力28等），则是有悖伦理的行为。

产品包装和质保的伦理在于表里如一，国内国外如一。过度包装、虚假包装、粗俗包装、误导包装，则是产品包装伦理失范的通病。质保伦理失范的案例更多。迪奥、香奈儿等奢侈品品牌给予中国消费者退换货的期限仅有7天；而在英国，迪奥可在60天内退换，香奈儿为30天。

2. 提高服务质量的伦理

较好的服务质量包括五个评价维度：高可靠性、高响应性、高保证性、高移情性、高有形性，如图3-1所示。较低的服务质量也包括这五个评价维度：低可靠性、低响应性、低保证性、低移情性、低有形性。

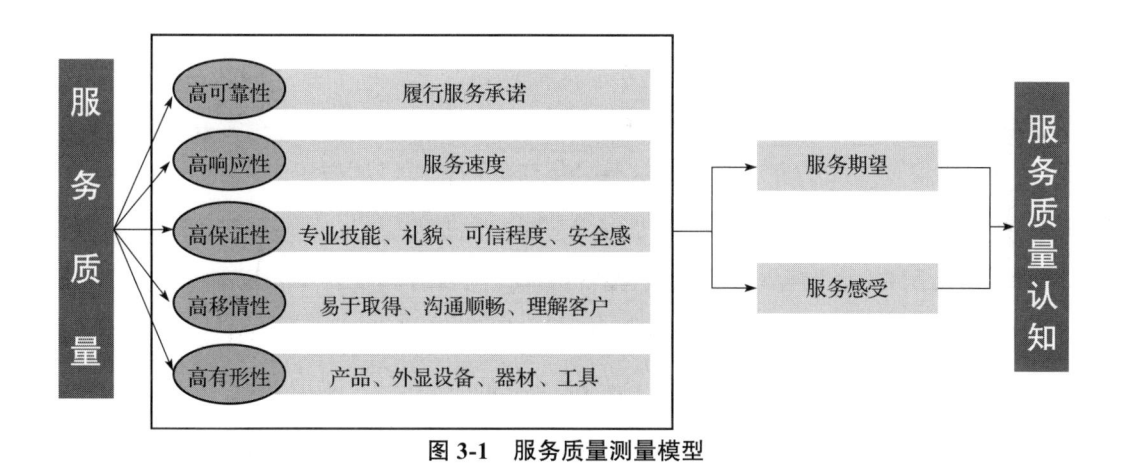

图 3-1 服务质量测量模型

3. 制定价格战略与方案的伦理

制定真实、合理的产品价格，传递真实、有效的价格信息，是企业合规经营和履行社会责任的通行伦理。不少西方企业针对中国市场的定价经常出现非伦理行为。早在 20 世纪 90 年代初期，日本彩色电视机进入中国市场时的定价高出国际市场好几倍。

（五）传递价值与传播价值的伦理

1. 传递价值

传递价值包含设计与管理营销渠道和价值网络，管理零售、批发和物流。营销伦理要求就是便捷、安心。

（1）设计与管理营销渠道和价值网络的伦理。

营销渠道常见的非伦理行为包括价格欺诈、两头欺骗、虚假承诺。好莱坞巨星朱莉娅·罗伯茨的兰蔻广告和超模克里斯蒂·特林顿的美宝莲广告使英国的家庭主妇们充满了羡慕嫉妒恨："两个 40 多岁的女人为何能拥有如此完美无瑕的肌肤？莫非这两款主打粉底真有神奇功效？"广告公司承认对这两位女士的照片进行了深度美图，英国广告监管机构随即对其禁播。

（2）管理零售、批发和物流的伦理。

管理这些渠道的伦理更需要做到便捷、安心。

2. 传播价值

传播价值包括设计和管理整合营销传播，管理大众传播（广告、促销、事件和公共关系），管理人员传播（直销与人员推销）。营销伦理要求就是责任导向。

有一届高尔夫精英赛，负责赛事传播的推广机构精心制定了面向全球 50 多个国家的整合传播计划，赞助商花费了 35 万美元，就取得了 700 万美元的全球传播效用，赞助商的品牌信息、明星球员的公益奉献均得以广泛亮相。

在价值传递和传播环节，商家更需注重网上传播的威力。80.47% 的消费者会在消费前通过网络评价获取商品信息，78.60% 的消费者相信网络口碑信息，60.90% 和 51.63% 的消费者分别会受到正面和负面网络口碑信息的影响[①]。

（六）成功地创造持续增长的伦理

成功地创造持续增长，包括推出新的市场供应物，进入全球市场和全方位管理

---

① 陆瑾瑜，金宇婷，陈宇轩. 网络口碑对消费者购买决策的影响 [J]. 中国市场，2019（24）：138-140.

营销组织。营销伦理要求就是与时俱进。

随着半导体行业竞争的日益加剧，荷兰企业阿斯麦尔（ASML）走上前台。在中高端光刻机市场，阿斯麦尔占据六成份额；而在最高端市场，阿斯麦尔的市场份额更是高达八成。阿斯麦尔推出新产品的高成功率，在于它广泛集成全球技术资源，共同开发世界顶尖的拳头产品[①]。

进入全球市场的伦理，就由上文的与时俱进演进为在这里的因地制宜和入乡随俗。进入中国市场的法国车型，坚守"法式浪漫"，外观设计难以契合中国消费者的主流审美观，终致虎头蛇尾。洋快餐肯德基进入中国以后，推出了米粥、油条和豆浆等中式美食；另创立中式品牌"东方既白"，出售鱼香肉丝饭、一品芝麻球等产品，再获中国本土消费者喜爱。

全方位管理营销组织的伦理，要求企业营销组织在管理上拥抱新技术和新时代，成为一个移动互联时代的先锋；在业务上进行社会责任营销、善因营销、绿色营销、可持续发展营销、社会价值营销；在对外关系上，引领营销合作伙伴共同进步。

三、西方营销伦理的困境与警示

（一）西方营销伦理之顽疾

1. 宏观层面：社会撕裂，百姓遭殃

（1）"寂静的春天"。为了增加粮食生产和木材出口，美国农业部曾经放任财大气粗的化学工业巨头开发剧毒杀虫剂并不顾后果地执行大规模空中喷洒计划，导致鸟类、鱼类和昆虫大量死亡，而害虫却因产生抗体而日益猖獗。化学毒性通过食物链进入人体，诱发癌症和胎儿畸形等疾病。为了挽救危局，蕾切尔·卡逊女士出版了著名的《寂静的春天》一书，呼吁人们采取环保行动。

（2）"阳光之州无阳光"。美国洛杉矶大量汽车和工厂排放污染物到大气中产生光化学反应，滋生剧毒的光化学烟雾，使人眼睛红肿、咽喉疼痛、呼吸困难、头痛难忍。1970年，75%以上的洛杉矶市民患上了红眼病。

---

① 张新民，等. 荷兰科技创新现状评估及启示借鉴 [J]. 全球科技经济瞭望，2022，3（37）：34-40.

2. 中观层面：突破底线，殃及池鱼

"哀鸿遍野"。金融行业搬起金砖砸了自己的脚。21世纪初期，美国住房市场的持续低迷使购房者出售住房或者通过抵押住房再融资变得困难，导致大批次贷借款人不能按期偿还贷款，银行收回房屋却卖不到高价，大面积亏损引发了次贷危机。其根源在于金融监管制度缺位，金融机构弄虚作假，欺骗大众。

3. 微观层面：贪婪成性，野蛮逐利

金融机构"野蛮"创新。在20世纪80年代兴起的杠杆收购热潮中，美国金融机构站到了美国实业界的城门外，在攻占雷诺兹—纳贝斯克集团时达到了顶峰，贪婪成性的"野蛮人"称呼正是由此而得。

（二）西方营销伦理之新病

1. 宏观层面

"甩锅"主义、嫁祸于人。对内对外"甩锅"并转嫁危机是西方尤其是美国的长期传统，已有一整套对外转嫁危机和推卸责任的机制与战略。"合则用、不合则弃"的实用主义哲学是其思想渊源。欧债危机和东亚国家输入型经济危机都是美国转嫁债务危机的恶果，美国借损害他人较快走出经济负增长。

2. 中观层面

四面出击，树立壁垒。美国拜登新政府上台以来频繁打压其他国家，具体措施包括：对华出口高科技产品实行多边出口管制，联合盟友反对所谓的"中国创新重商主义"，推进国家AI战略，推动世贸组织改革，达成新的欧盟—美国"隐私盾"，加强加密技术，抵制欧盟数字服务税。

3. 微观层面

釜底抽薪，扼杀创新。从2018年3月到2021年12月，美国政府及其职能部门共把600多家中国公司、机构及个人纳入"实体清单"，其制裁手段无所不用其极：禁止被制裁的中国企业产品参与美国市场的招投标，禁止美国资本投资被制裁的中国企业，在国际上构建围堵中国的"科技联盟"。

（三）西方营销伦理困境之警示

1. 增强自信

西方营销伦理困境的根源在于丧失自信，最重要的原因是受到了中国产品的强劲挑战。这也反证了中国越来越强的综合竞争力。

2. 提升产品质量

西方全面封堵短期内给我国产业造成了一定的冲击，在高科技领域尤甚。我们必须奋起直追，努力赶超，不再被西方"卡脖子"。

3. 保护知识产权

一方面，我们要保护外国的知识产权，使其在中国市场健康发展。另一方面，我们更应保护好自己的知识产权，特别是5G通信、高铁、造船等优势产业的知识产权，使自己在国内国际两个市场中立于不败之地。

4. 广交朋友

中国更应抓住"一带一路"、金砖机制、世界贸易组织、欧盟及广大新兴市场的发展机会，促使中国的产品和服务得到更多的认可。

第二节　中国本土对西方营销伦理理论的引进与实践

一、西方营销伦理理论的引进

（一）西方营销伦理研究的引进

1. 西方的营销伦理研究

西方的营销伦理研究主题包括：绿色营销问题，广告问题，与健康相关的伦理问题，产品安全，消费者的伦理态度，涉及弱势消费群体的伦理问题，供应链中的伦理问题，涉及隐私的伦理，包装宣传及其设计上的伦理问题，国际市场营销中的伦理，营销竞争尤其是零售竞争中的伦理，互联网营销中的伦理。

从研究的范式看，规范性的营销伦理研究涉及的领域包括以下四个方面：伦理规范的标准及其评价，规范性的伦理决策模型，与特定的营销活动相关的伦理研究，对滥用营销活动的伦理研究。实证性的营销伦理研究涉及的领域则主要包括以下六个方面：反营销伦理行为产生的原因，未来管理人员的营销伦理，伦理行为及其收益之间的关系，社会市场营销伦理，跨文化营销伦理，男性和女性的公共伦理差异性研究。

2. 国内的营销伦理理论研究

我国学者在借鉴西方营销伦理思想和理论的基础上，于20世纪90年代中期开始研究现代企业营销伦理，主要从营销伦理失范现象的表现、营销伦理失范的原因及营销伦理失范行为的治理三方面进行探讨。

中国学界对营销伦理的研究还较欠缺，企业对营销伦理的重视程度明显不够，各产业在发展中均不同程度地呈现出以下主要营销伦理问题：营销竞争中采用反伦理的手段攻击竞争对手；在商品交易活动中，追逐短期利益，侵害消费者权益；在营销活动中不注重自己的社会道德责任，漠视社会公众利益。

营销竞争具有对抗性，但应该是一场"公平的对抗性游戏"，竞争行为必须界定在合理合法的边界内，不顾营销伦理的竞争行为定将导致行业竞争的混乱无序。从业者的反伦理营销行为必将破坏整个行业的生态环境，造成行业的生存危机。这要求学术界和企业界在追求发展速度的同时重视营销伦理的研究，以保障各个产业健康发展。

(二) 西方营销伦理教育的借鉴

1. 引进西方营销伦理教材

随着西方和中国营销教育实践的发展，伦理内容被从营销学教材中抽离出来，不过早期并无单独的营销伦理教材，而是内含于商业伦理教材之中。据不完全统计，中国引进的商业伦理教材主要有《商业伦理》（P.普拉利著）、《商业伦理：利益相关者分析与问题管理方法》（韦斯著）、《地方智慧与全球商业伦理》（金黛如著）、《市场伦理学》（墨菲等著）、《商业伦理与会计职业道德》（布鲁克斯、邓恩著）、《商业伦理》（琳达·费雷尔著）、《商业伦理学管理方法》（安德鲁·C.威克斯著）、《商业伦理概念与案例》（曼纽尔·贝拉斯克斯著）、《商业伦理管理》（琳达·屈维诺等著）、《财富、商业与哲学：伟大思想家和商业伦理》（尤金·希思著）。

2. 编写营销伦理教材

中国学者经过消化吸收西方商业伦理的研究成果和参考教材，创编了具有中国特色的营销伦理教材，主要有《企业营销道德》（甘碧群著）、《市场营销伦理》（王淑芹著）、《企业营销中的伦理问题研究》（寇小萱著）、《道德营销论》（高朴著）、《营销伦理》（王方华、周祖城著）、《营销伦理学》（易开刚著）、《营销从业人员伦理学》（赵晓玲主编）、《营销伦理》（郭国庆著）、《营销伦理分析与管理思维变革》（苗月新著）、《营销伦理》（周秀兰等著）。

二、西方营销伦理在中国的实践

(一) 西方企业在中国的营销伦理实践

1. 捕捉营销洞察的伦理——以人为本

美国日化巨头宝洁公司是捕捉营销洞察实践中"以人为本"的典型。1989年玉兰油初入中国时主打功效在于滋润皮肤。宝洁在调研中发现中国女性希望皮肤能更白,就向美国总部要求为中国市场研发一款具有美白功效的产品。总部的研发同事一开始难以理解,因为美国人追求小麦色的健康肤色。1997年玉兰油成功推出第一款专门针对中国女性消费者的美白产品,伴随着"我们能证明你的肌肤更白,更漂亮"的广告语,玉兰油的销量迅速上升。

2. 联系顾客的伦理——款曲周至

美国通用汽车旗下的雪佛兰公司明确界定了企业总体战略、公司管理透明度与伦理道德观念、经济发展、员工福利与健康、社区服务与发展、人权保护、生态环境、健康与安全等领域,坚持在企业营销实践中引入多利益相关体,确保处理好消费者、员工、供应商、公司股东、政府、媒体及当地居民之间的关系,通过公示、听证会、投票等多种方式联系顾客。

3. 建立强势品牌的伦理——赢得尊敬

2021年12月28日,《经济观察报》发布了颇具影响力的2020—2021年度受尊敬企业名单,奥的斯、宝马、高通、施耐德、思爱普等西方企业赫然在列,这从一个侧面反映出了他们在营销伦理融合方面的成就。

4. 塑造市场供应物的伦理——推陈出新

在武汉市,必胜客与当地老字号蔡林记联合推出的干煸风味焗小龙虾热干面,无论从原材料选择、制作工艺及口感搭配上都呈现了必胜客一贯的匠心。其中,面条的原料采用湖北老字号、湖北非物质文化遗产蔡林记的地道碱水面,保证了口感爽滑劲道;配料选用精选小龙虾,剥壳去线;酱料创新混搭了蔡林记独家芝麻调味酱与必胜客特调干煸风味酱料,确保热干面传统风味的同时又赋予了这款创新产品全新的口感。

5. 传递价值与传播价值的伦理——量身定做

全球新能源汽车领跑者特斯拉公司在进入中国市场初期,在传递价值与传播价值的伦理融合中做出了三种创新。一是对中国名人量身定做。中国智能手机制造商小米的 CEO 雷军订购了两辆 Model S，特斯拉成功通过名人效应吸引和抓住了人们的注意力。二是对中国媒体量身定做。特斯拉专门针对社交和传统媒体的众多记者介绍其技术，与他们建立了良好的关系，确保其希望传递的消息在传统媒体和互联网上都能引起共鸣。三是对中国消费者量身定做。特斯拉与其消费者打造了更加强大的关系，充分重视互联网上的信息，在虚拟空间里与潜在消费者良性互动，让他们了解其产品的各种功能和要点，感受到特斯拉的诚恳。

6. 创造持续增长的伦理——履行责任

惠普公司将环境保护设为企业社会责任支柱之一，从设计、包装再到回收，形成一条类产业链的环保计划，在进入中国市场之后成为营销伦理的融合先锋。肯德基 2002 年在中国青少年发展基金会的支持下成立了"中国肯德基曙光基金"，资助数万名品学兼优的贫困大学生实现继续学习的梦想。

除了在上述各个具体环节中践行营销伦理之外，西方企业在中国还对践行营销伦理的一般方式进行了如下探索。

（1）"质量第一"。捷达车皮实耐用、安全可靠、使用成本低，符合中国轿车市场差异化和消费需求多样性的特点，使其成为中国汽车市场中的常青树。

（2）"品牌引领"。以个人护理用品为例，宝洁旗下产品线众多，采用的是多品牌营销策略，每一个品牌都有其独特的市场定位，品类之间互不干扰，最大程度占领了市场。

（3）"定制服务"。戴尔电脑"按需定制"，在明确客户需求后迅速做出回应，并向客户直接发货。消除中间环节，减少不必要的成本和时间，使戴尔公司能够用更多的精力满足客户需要。

（4）"以客户为中心"。友邦保险对中国市场的主要贡献，一是带来了新理念、新体制，如营销员体制促进了保险业由坐商转变为行商；二是带来新产品，包括风控产品；三是带来了现代化运营体系；四是带来了新技术；五是培养了人才。

（5）"可持续发展"。2022 年 3 月 22 日，全球最大的金属和矿物产品生产商之一力拓集团宣布在北京成立中国技术与创新中心，将聚焦流程优化、数字化和智能矿山、可再生能源与能源转型、工程和项目建设、绿色金属五大方向，战略目标是成为最佳运营商，实现优异的环境、社会和治理（ESG）表现。

(二)西方企业家对西方营销伦理的宣传

邀请西方业界人士来中国传授经验,也是引进营销伦理的有效方式。

1. 知名企业家

影响力较大的活动为"韦尔奇中国行"。2004年6月21日,有"全球第一CEO"之誉的杰克·韦尔奇来到中国,参加在北京市和上海市两地举办的为期4天的"2004年杰克·韦尔奇与中国企业领袖高峰论坛"。

此次高峰论坛采用主持人、特邀嘉宾和观众现场与韦尔奇直接讨论和对话的形式进行。TCL集团董事长李东生等中国知名企业家与韦尔奇进行了一场深度对话,其中包括营销伦理问题。

2. 行业企业家

除了邀请韦尔奇这种全球知名的企业家,中国也邀请了西方行业专家前来中国授课。2005年9月24日,美国最大的房地产企业普尔特公司(Pulte Homes)的前总裁约翰·盖勒格(John Gallagher)先生来中国授课。2008年春节后不久,港资房企沿海绿色家园集团邀请盖勒格先生对其全集团近百名中高层管理骨干进行培训,旨在提高其企业管理和房地产项目开发水平,包括营销伦理提升。

(三)西方营销伦理实践中的问题

一是文化傲慢与偏见时隐时现。二是歧视中国本土员工。三是实施产品质量双重标准。四是环保问题突出。五是依靠造假不当得利。六是商业贿赂与偷税漏税。

三、西方营销伦理引进的成绩

(一)营销价值发现中的伦理融合——后发先至

中国企业学习西方企业"技术领先"和"以顾客为中心"等先进营销伦理,前瞻性洞察本土消费者需求,指导产品研发和营销。这个方面的代表是中国新能源汽车。自2015年起,中国新能源汽车连续七年雄霸全球新能源汽车市场冠军宝座,其有五条融合成功经验。一是产品伦理,妥善处理了技术路线问题。中国在确立以纯电为主流技术路线的同时,也给予其他技术路线包容发展的机会。二是竞争伦理,较好地处理了传统汽车与新力量之间的关系,而且开放性地引入了特斯拉。三是利益相关者伦理，处理好政府和市场的关系。政府持续的财政和税收支持，成就了中国今天蓬勃发展的电动汽车市场。四是协同伦理，处理好产业协同的关系。推动电动化涉及科研、能源、交通等领域，需要多部门协同处理，发挥好接力作用。五是竞争伦理，处理好自主与开放的关系。目前国外车企的电动化产品已经进入了中国市场，全球主要的零部件公司也都在中国实现了电动化产能的配套。中国实现了市场领先，有些电池、整车和电子技术企业还处于全球领先的位置。

（二）营销价值创造中的伦理融合——物超所值

所谓物超所值，即指超越满足客户需求新高度的产品性价比，是营销伦理融合的新境界。这个环节的典型之一就是华为。华为通过"农村包围城市"的策略，推动产品服务、产品质量、产品体系、管理平台、研发、市场、技术，品牌从低端迈向高端，一步一步奋进前行。华为在资源极度匮乏的情况下，"聚焦主航道"，即通过聚焦、压强原则、力出一孔，在通信设备行业艰辛打拼。当前华为拥有的专利技术在业内全球排名第一。华为不仅重视追求专利数量，更是重点开发"杀手级专利"和领先专利，形成强有力的技术防火墙。

（三）营销价值流转中的伦理融合——疾徐有致

在这个环节，中国企业对于营销价值传播，在营销伦理上坚守中国传统智慧"润物细无声"（徐）；但是对于营销价值传递，则宜看齐西方营销伦理中的"效率"（疾）。疾徐有致，就可同时收获效率和效益。

全球领先的中国电商物流呈现出五大特征：一是竞争深化提升行业集中度；二是同城即时配送占比上升；三是下沉市场成为新战场；四是科技创新助推移动应用落地；五是倡导环保绿色发展。截至 2019 年年底，全国电子运单使用率已达 98%，电商快件不再二次包装率达到 52%，循环中转袋使用率已达 75%，45 毫米以下"瘦身胶带"封装比例达到 75%。

（四）营销价值维护中的伦理融合——秀外慧中

在这个环节，无论是客户服务还是品牌建设的营销伦理融合，中国企业既向西方学习营销伦理的美好外在表现，又重视中国营销伦理的内在品质。

随着数字时代的加速来临，市场营销正在发生着剧烈的变化，营销伦理随之面临着全新的挑战和机遇，更需进行本土重构和创新。

第三节　数字时代中国营销伦理的中西融合、本土重构与新发展

一、中国传统伦理思想对中国营销的启迪

中国传统伦理经过数千年形成了博大精深的思想体系，深刻影响着中国社会的发展进程和中国人的生活方式。改革开放后，中国营销伦理受到了中国传统伦理思想的指引、规范，并与时俱进。

营销虽然是一个舶来的西方现代构念，但中国营销的思想和实践很早就有萌芽且在持续发展。中国传统伦理在此进程中亦在持续发挥着重要影响。

中国古代经济思想中的首要概念是生产和分配。战国时期，法家学派中以《商君书》为代表的农业分支（晋法家）强调农业的重要性；以《管子》的某些部分为代表的分支（齐法家）更重视商业，特别是货币流通和粮食贸易。法家鼓励商品消费，将其作为一种财富分配和保持经济活跃的方式。

墨家也强调生产，但其生产观念与消费相联系，受到管制的消费同样意味着生产。该学派攻击不受管制的消费，如举行丧葬仪式、演奏音乐和发动侵略战争。墨家认为，通过生产必需品和排除奢侈品，一个国家的生产力将会提高。

相比之下，儒家经济学说强调分配，关键词是"平等"，或曰"均"。儒家学派也考虑生产和消费的问题。儒家经典著作《大学》里说："生之者众，食之者寡，为之者疾，用之者舒，则财恒足矣。"

法家学派关心如何使生产最大化；儒家学者重视如何通过分配安排实现和谐。为了实现目标，法家强调国家的作用，儒家强调市场的作用[1]。

（一）儒家伦理思想对中国营销的启迪

"仁"，即营销应该以人为本。对外，必须善待顾客，做到童叟无欺；对内，注重营销者的自我修养，不生损人利己之念。

---

[1] 郑永年，黄彦杰. 制内市场[M]. 杭州：浙江人民出版社，2021.

"礼",即营销应该体现出恭、敬、和、俭的原则,与顾客建立密切的关系,营造和谐经商氛围。

"均",即营销应该保持中庸之道,在整个营销过程中既不做过又避免不及,使营销得以保持理想的均衡态势。

(二) 道、墨、法三家的伦理思想对中国营销的启迪

1. 道家伦理思想的启迪

第一,营销应该回归"自然",朴素而纯粹。第二,营销应该遵循"无为"原则,追求恬淡、不贪、虚极静笃的凝定心境。第三,营销应该追求"逍遥"的状态,摆脱外物的羁绊和束缚。

2. 墨家伦理思想的启迪

第一,营销应该恪守"兼爱"原则,做到"视人如己"和"爱无差等"。第二,营销应该达成"公利",使社会总收益最大化。第三,营销应该"节约",不事铺张浪费,更不可穷奢极欲。

3. 法家伦理思想的启迪

第一,营销须讲"法治",严格惩处自私自利的行为。第二,营销须讲"公利",在满足个体利益的同时要维护社会的"公利"和"大利"。第三,营销须做到"礼法并重",两手抓(道德教化和法治规制)、两手都要硬。

二、中西营销伦理理论融合

(一) 营销价值发现的伦理

《四书章句集注·中庸章句》(宋·朱熹):"中者,不偏不倚,无过不及之名"。不偏不倚,原指儒家的中庸之道,现指不偏袒任何一方。

在营销价值发现环节,营销伦理要求就是"不偏不倚"——准确把握客户最真实的需求。

中国特色社会主义进入新时代,社会主要矛盾转化为人民日益增长的美好生活需要和不平衡不充分的发展之间的矛盾。"美好生活需要"既包括"日益增长的物质文化需要"等"硬需求",又包括获得感、幸福感、安全感及尊严、权利、当家做主等"软需求"。

1. 洞察基本需求的伦理

"不偏不倚"要求洞察基本需求的伦理至少做到以下两条。

第一，不减少。2013年央视"3·15"晚会曝光了降低产品安全性的案例。大众迈腾、途安、斯柯达等多个车型出现了DSG变速器缺陷，车主相继遭遇了车辆异常抖动甚至是失去动力的惊险时刻。在DSG变速器问题解决之前，大众汽车还不断推出装备七档DSG变速器的车型。2010年6月，一些车主在互联网上成立维权群，两年维权群增加到了数十个，人数高达数千人。

第二，不漠视。2016年3月在校大学生魏某因不幸罹患滑膜肉瘤，通过百度搜索引擎找到了排名前列的某医院，渴望通过医院主推的"生物免疫疗法"获得重生的机会，遗憾的是魏某因虚假广告误导治疗无效而去世。这一事件说明，如果监管乏力，互联网广告乱象将对社会产生严重危害。

国内新能源汽车因深刻洞察"行"的发展趋势而整体崛起。2021年中国新能源汽车销售352.1万辆，同比增长1.6倍，连续七年位居全球第一。

2. 洞察升级需求的伦理

第一，不夸大。2022年央视"3·15"晚会曝光了某医疗美容机构，2016年企业注册后涉及多起医疗纠纷司法案件，其中一起事故的鉴定意见为："医方的过错与被鉴定人目前不良后果存在主要因果关系，责任参与度为61%～90%"。

第二，不滥用。2012年央视"3·15"曝光1.5亿中高端消费者数据被贩卖。某营销服务有限公司以贩卖中高端客户个人数据为主要业务，他们可以依照客户的要求，将其掌握的个人信息数据，按照地域、职业、身份、资产情况等维度进行精准筛选推送。

第三，不欺骗。2018年央视"3·15"晚会曝光了珠宝店蒙骗顾客中奖的伎俩。在珠宝店里，经常上演顾客抽中大奖的戏码，标价几千到上万元的玉石饰品，其批发价仅有几十元到一百多元。

3. 洞察隐藏需求的伦理（新产品、新服务）

隐藏需求，是顾客尚未明示且营销者尚未知晓、但确实存在的真实需求，它既可以是基本需求，也可以是升级需求。"不偏不倚"要求洞察隐藏需求的伦理至少做到以下两条。一是不欺骗。去韩国整容，去瑞士抗衰老，去美国治疗癌症，十几万元人民币就能"永葆青春"，让你和大明星一样展现"不老传奇"，这些眼花缭乱的疗法可能产生显著的健康风险。二是不拔高。基因编辑婴儿的诞生在全世界投下了一颗"深水炸弹",激起了世界各国科学家们海啸般的讨论。通过基因技术来修改人类基因,除了技术本身的先进性和安全性外,更是一个需要严肃对待的社会伦理问题:本来具有"健康基因"的孩子因为不成熟的理论和技术变得"命运堪忧"。

与上述反例迥异,万科、格力等企业以两套或多套相邻住宅提供"分而不离,疏而不远"的家庭生活模式,灵动空间随心升级,不同家庭结构都能找到舒适居住之所。这种"两代居"方案,面对生活习惯不同、空间需求不同的两代人,既保证了生活的私密性,又能够方便子女与老人相互照应,分合有致、相互独立又相互依托。咫尺之间,爱与被爱,在传统与现代之间默契共存。

(二)营销价值创造的伦理

《论语·八佾》:"子谓《韶》:'尽美矣,又尽善也。'谓《武》:'尽美矣,未尽善也'。"尽善尽美,比喻极其完善,极其美好。

在营销价值创造环节,营销伦理的要求就是"尽善尽美":创制产品,务求货真价实、物美价廉;提供服务,力求真心诚意、善待他人。

1. 创制产品价值的伦理

第一,产品设计中的伦理。首先要求以人为本,满足用户基本的、正常的使用需要;产品设计必须保证安全可靠,避免用户未来使用时遭受人身伤害和财产损失;产品设计还要倡导节能环保,尽量使用绿色环保的设计方案,保证可持续发展。

第二,原料选材中的伦理。首要保证真材实料,不能以次充好,更不能偷工减料;保证良好的性价比,不能太过而浪费产品性能,又不能不及而造成产品达不到使用要求;还必须重诺守信,对于签约供应商应该力求按时、按质、按量、按价采购且保证及时付款。

第三,生产工艺中的伦理。确保产品品质是这个阶段最重要的要求,必须严谨细致,一丝不苟;注重生产效率,提高良品率,保证按时交货;鼓励革新创新,做到推陈出新,满足顾客更高的使用要求;另须遵纪守法,合理用工,不能随意要求职工加班加点,更不能非法雇佣童工。

2022年央视"3·15"晚会曝光了食品安全违法违规行为:某食品酸菜包里的酸菜是从外面收购来的"土坑酸菜"。在一片农田中腌制酸菜的土坑里,工人们有的穿着拖鞋，有的光着脚，踩在酸菜上，甚至一边抽烟一边干活，抽完的烟头直接扔到酸菜上。公司负责人表示，"现在我们做的这个酸菜，里面的防腐剂是超标的，夏天一般会超过二至十倍。"

第四，产品包装中的伦理。基本要求就是做到里外一致，不能是"金玉其外、败絮其中"，以华丽的外包装诱惑顾客购买；厉行节约，着力减少过度包装；奉行可持续发展理念，尽量使用可以回收利用的包装材料或者直接使用再生材料。

2. 提供服务价值的伦理

第一，服务理念奉行"客户至上"原则，不懈怠、不耍滑，一切以客户满意为出发点。第二，服务品质追求"惟精惟一"，将服务能力发挥到极限，将服务质量做到极致。第三，服务方式提倡"灵活敏捷"，做到明察秋毫、有求必应，保证服务效率。第四，服务目的保持"长久惊喜"，真诚关怀客户，赢得客户信任。

2019年西安女车主维权事件引发全民关注。在联合调查组介入下，4月16日双方达成和解，汽车公司为女车主换车、退费，并采取一系列补救措施。

当天该汽车公司中国区主管在上海车展表态，就中国客户投诉表示道歉，宣布涉事经销商已经被暂停资格。

（三）营销价值流转的伦理

《左传·成公八年》："君子曰：从善如流，宜哉。"从，听从；善，正确的；如流，好像流水向下，形容迅速。从善如流，是指能够迅速地接受别人的正确意见。

在营销价值流转环节，营销伦理的要求就是"从善如流"。

1. 营销价值传递的伦理

第一，营销渠道设计的伦理。首先，坚持客户导向，渠道设计一定要最大化地为渠道客户提供优质服务。其次，保持产销均衡，合理设定各级渠道的定价机制和供货数量，既不强力压货令渠道商苦不堪言，又不能供应不足而让终端用户望眼欲穿。最后，保证方便快捷，渠道设计一定要便利渠道客户多快好省地收到商品，并高效快捷地送到终端用户手中。

空调是格力电器主力家电品类。自1995年起，格力家用空调产销量连年位居中国空调行业第一。对销售渠道的强势把控，是格力空调崛起的一大因素，包括向销售渠道压货。零售商挣取的利润几乎全部来自格力电器的返点，亦即销售奖励，但想要拿到返点，零售商必须完成格力电器的销售目标。

第二，营销渠道管理的伦理。首先，坚守诚信底线思维，做到童叟无欺。无论是渠道中间商对于下级分销商，还是零售商对于终端顾客，都应该诚实地履行合约，保证品种、质量、价格和交货期限符合要求。其次，坚持良性竞争。同一区域内的同级分销商，认真做到在价格和客户服务等方面公平竞争，不能乱价和降低服务质量；不同区域的同类商品分销商，则须保证不跨区域窜货和扰乱价格体系。最后，设立反腐倡廉红线。厂商对于一级分销商、高层级分销商对于低层级分销商，都应坚持重合同守信用，不以各种直接或间接方式不当得利。

2. 营销价值传播的伦理

第一，诚实守信。要求各市场主体在交换活动中"诚实经营、信守承诺、货真价实、童叟无欺"。营销价值传播供应商通过大众媒介向消费者真实、准确地传达有关商品性能、质量、规格、品种、特点的信息。同时营销价值传播机构从业人员亦须重诚信、讲信用、言行一致、信守承诺。营销价值传播链条上的各个参与方都要在诚信经营、真实告知的前提下，获取自身的正当利益。

第二，公正平等。在交易过程中，交换主体各方人格平等、权利平等和义务平等。各个层次、各种类型的交换主体只有通过公正平等的交换才能实现各自的利益，推动市场经济的正常运行。公正平等原则是在营销价值传播活动真实诚信的基础上，为生产同类产品的企业创造一个公平的竞争环境。在行业竞争过程中，不能通过非正当的手段诋毁或贬低他人同类商品。

第三，遵守公序良俗。公序，即社会公共秩序，涉及国家利益、社会秩序和社会公共利益。良俗，即良好道德风尚，包括社会公德、商业道德和社会良好风尚。在营销价值传播过程中，有损公序良俗的伦理失范主要表现如下。

虚假广告：对商品或服务的内容做不真实的宣传，对商品或服务的性能、产地、用途、质量等表述模糊，使用的数据和资料不真实、不准确。

恶俗广告：虚假、粗陋、空洞而令人厌恶的广告，折射出广告创作人员和商家自身的浮躁和急功近利的心理，引起普遍反感。

色情广告：色情广告就是指广告内容中"性"的意味浓重，容易使人产生色情联想。

歧视广告：这是针对某一群体或某类成员含有偏见或贬低的广告，主要包括种族歧视、宗教歧视、性别歧视、文化歧视和社会地位歧视。

第四，维护公共利益。营销价值传播在追求自身的经济目的、实现利益最大化的同时，要维护社会的公共利益。一方面，营销价值传播运用自身的传播手段，将与商品有关的有用信息传递给受众，达到沟通信息的目的，使消费者有更明确的选择；另一方面，营销价值传播从业人员要以身作则，以是否符合社会公共利益作为标准和尺度，以维护公共利益为目的，在营销价值传播过程中崇尚文明、健康，倡导积极的消费观，努力营造文明、友好、健康的营销价值传播环境。遵循营销价值传播伦理对于和谐社会的构建也具有重要的现实意义。

某网上商城旗舰店销售的"常新农夫5kg有机五常大米"宣称"富含蛋白质"，但其含量远低于《食品安全国家标准预包装食品营养标签通则》规定的要求，构成虚假广告，违反了《中华人民共和国广告法》及《网络食品安全违法行为查处办法》，被责令停止发布违法广告，在相应范围内消除影响，被警告并处罚款。

（四）营销价值维护的伦理

《论语·学而》："夫子温良恭俭让以得之。"温，温和；良，善良；恭，尊敬；俭，节制；让，忍让。"温良恭俭让"是儒家提倡的待人接物的准则，泛指态度谦恭、举止文雅。

在营销价值维护环节，营销伦理的要求就是"温良恭俭让"。

1. 维护客户关系的伦理

第一，主动关怀客户的伦理——温馨且善良。

万科在每一个房地产项目开发前，都要检查项目及红线外一平方千米范围内的不利因素，如铁路、立交桥、高压线路、庙宇、公墓等，在销售现场通过"阳光宣言"展板、公告的形式主动告知购房客户，以便客户在权衡不利因素的基础上做出理智选择。"阳光宣言"后来也被诸多房地产企业广泛采用。

第二，应对客户诉求的伦理——谦逊且恭敬。

"海尔智家"创立的物联网时代用户感动服务新模式于2020年12月30日发布。海尔于1985年率先进行"上门四不准"规范，开启了家电服务元年。随着用户需求的不断升级，海尔服务升级为成套家电全生命周期管理。在物联网时代，"海尔智家"围绕用户需求升级智慧服务，再次实现了从家电服务到服务家庭的迭代升级。

第三，建设客户资本的伦理——节制且有效。

北京国奥村建筑面积近50万平方米、住宅1800多套，是2008年北京奥运会的运动员村。2014年元旦开始创建业主群，1500余人在总群，还组建了近30个俱乐部或沙龙群。通过线上交流，组织了大量线下活动，很多业主从陌生人成为好朋友，提升了幸福感。2018年11月国奥村获得"2018首届中国幸福社区范例奖"。

2. 提升品牌资产的伦理

第一，提升品牌资产运营效能的伦理。

品牌资产运营效能，是指企业内部通力协作而获得的品牌资产保值和增值。2015年，绿景（中国）在香港上市，过往三十多年一直面向内地和终端客户的品牌建设，成为资本市场上更多利益相关者的关切。为此，该公司启动了品牌提升工程，填平、补齐和优化了品牌资产，取得了较好的运营效能。

第二，提升品牌资产经济效能的伦理。

品牌资产经济效能是指企业因品牌资产受到利益相关者广泛认可而获得的成本降低、效率提升和销售溢价等经济收益。

"丽水山耕"品牌是浙江省丽水市创立的全国首个覆盖全品类、全区域、全产业链的地市级农业区域公共品牌，形成了菌、茶、果、蔬、药、畜牧、油茶、笋竹和渔业等九大主导产业。"丽水山耕"产品累计销售额过百亿元，平均溢价率超30%，成为农业版"浙江制造"和浙江省十大区域公用品牌。

第三，提升品牌资产社会效能的伦理。

品牌资产社会效能是指企业由于践行营销伦理和履行社会责任而收获的社会各界的广泛好评。央企保利集团旗下的物业服务覆盖户数120万，人口近400万。保利把做好物业管理区域疫情防控作为重中之重来抓，制定防控方案，搭建标准体系，出台防控指引，全面启动"社区菜篮子工程"和物品配送等多项服务，坚守岗位、日夜奋战，全力以赴守护业主安全，有效降低了社区的感染率。保利优质服务也使其经营业绩在疫情期间大幅提升：2020年公司实现营收同比提升34.7%，归母净利润同比提升37.3%。

与保利物业相反，有些企业缺失社会责任感。2021年央视"3·15"晚会曝光了"超强清理大师""内存优化大师""智能清理大师""手机管家pro"等手机应用程序（App）的恶行：老人手机里清理类软件变身广告商赚钱工具，打着"清理垃圾"的名义，实际上是在收集手机信息而让手机更加卡顿，再诱导用户下载其他清理软件形成恶性循环。

三、中国营销伦理本土重塑

西方营销伦理的引进、中国营销伦理的发展、中西营销伦理的融合，使中国营销伦理在内容和形式两方面均须重新优化和提升。进入数字时代，市场营销呈现出平台的开放性、范围的广泛性、内容的全时性、工具的集成性、沟通的针对性、行动的主动性和效果的持续性等特点。在这种前所未有的市场新环境下，中国营销伦理既面临着空前的多重挑战，又孕育着更多的发展机会，必须与时俱进，进行全面的本土重塑，如图3-2所示。

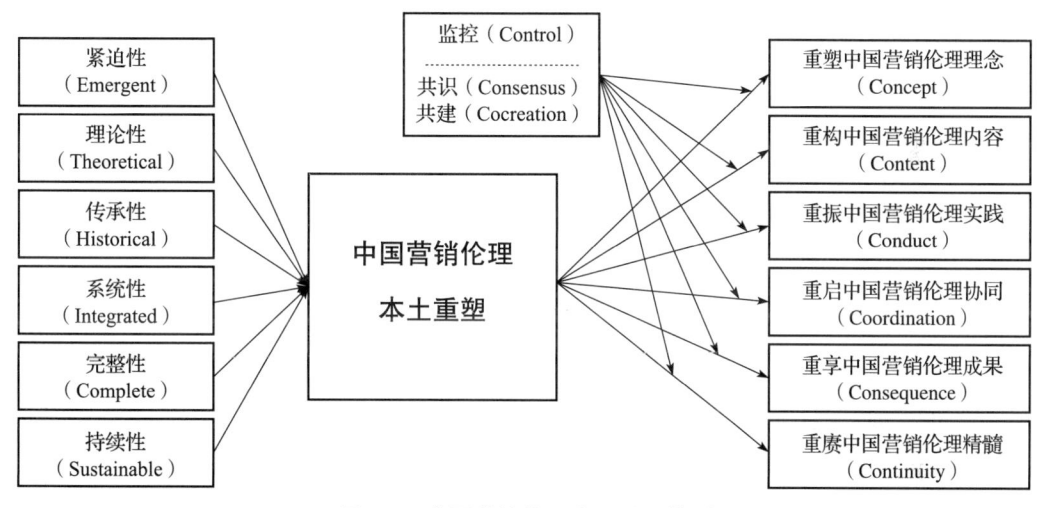

图 3-2 中国营销伦理本土重塑模型

（一）中国营销伦理本土重塑要求

紧迫性（Emergent）。在数字经济时代，技术赋能和用户黏性使数字营销成为市场营销的主流，且在加速迭代升级，营销伦理失范问题随之频现，有些已经对经济和社会造成了负面影响。重塑中国营销伦理十分紧迫。

理论性（Theoretical）。重塑中国营销伦理必须得到理论指导，既需要从中国传统伦理宝库中挖掘、总结和升级适应新时代的营销伦理理论体系，也要学习西方营销伦理理论中的精华，融合起来服务重塑中国营销伦理之目标。

传承性（Historical）。重塑中国营销伦理，首先，需要承接历史，去芜存菁；其次，要立足现实，运用历史智慧解决现有问题；最后，还要展望未来，基于过往和现实的经验教训，重塑中国营销伦理。

系统性（Integrated）。重塑中国营销伦理不能一叶障目，需要全局视野。首先，立足营销本身，确立营销领域的伦理规范；其次，着眼企业经营管理全程，将重塑营销伦理植入企业经营管理价值链和产业链；最后，涵盖国际、国内，在两个市场协同重塑中国营销伦理。

完整性（Complete）。重塑中国营销伦理不能陷入碎片思维和本位主义，需要构建覆盖从思想到理论、制度、运营、监管、纠偏和提升等营销伦理全链条的完整体系，在新体系的基础之上达成重塑中国营销伦理的上升循环。

持续性（Sustainable）。重塑中国营销伦理必须贯彻可持续发展理念，在营销实务全程和企业经营管理全程注重绿色、环保、共同富裕、人类命运共同体等理念，向全球更好地展现中国负责任大国的营销伦理。

（二）中国营销伦理本土重塑内容

中国营销伦理本土重塑内容可以概括为一个中心、六个要项、一个保障。

1. 一个中心

以习近平新时代中国特色社会主义思想为指导，加快构建中国特色营销伦理体系，健全多方参与、协同共治的营销伦理治理体制机制，实现伦理先行、依法依规、敏捷治理、立足国情、开放合作。

2. 六个要项

（1）重塑中国营销伦理理念。此处，需要对中国传统伦理去芜存菁，融入中国特色社会主义核心价值观、新时期共同富裕要求、中国全球责任担当等新内容，汲取西方伦理智慧，形成中国营销伦理本土重塑的顶层设计。

（2）重构中国营销伦理内容。重构内容需要覆盖营销价值发现、创造、传递和维护的全程，尤其需要摒弃改革开放以来西方营销伦理糟粕（自私、逐利、傲慢、霸凌）对中国营销伦理造成负面影响的部分。

（3）重振中国营销伦理实践。此处，既需要重振微观层面的企业实践（价值链），又要重振中观层面的行业实践（产业链），还要重振宏观层面的社会实践（生态链），使三个层面有机衔接。

（4）重启中国营销伦理协同。此处，需在第三点重振中国营销伦理实践的基础上，加强整合企业自律、行业管理和社会监管等监控与纠偏体系，着重提升制度层面的管理协同效能。

（5）重享中国营销伦理成果。在企业层面，总结出规章制度和操作指引，在企业员工和利益相关者中重享；在行业层面，提炼出行业管理规范，在上下游企业中重享；在社会层面，从道德、文化、文明、进步等维度在全体公民中重享；在教育层面，在各级学校尤其是职业学校和高校进行重享。

（6）重赓中国营销伦理精髓。此处，需要面向国内、国际两个市场，对内强化营销伦理本土重构优势；对外发挥中国营销伦理优势，更好服务国际市场。

3. 一个保障

一个保障是指加强对中国营销伦理本土重构的全方位监管，及时纠偏。

（三）中国营销伦理本土重构行动

中国营销伦理本土重构行动涉及顶层设计的重构行动和操作层面的重构行动。

1. 中国营销伦理顶层设计的重构行动

（1）明确营销伦理原则。增进人类福祉，尊重生命权利，坚持公平公正，合理控制风险，保持公开透明。

（2）健全营销伦理治理体制。完善政府营销伦理管理体制，压实市场参与方营销伦理管理主体责任，发挥营销类社会团体的作用，引导营销人员自觉遵守营销伦理要求。

（3）加强营销伦理治理制度保障。制定和完善营销伦理规范及标准，建立营销伦理审查和监管制度，提高营销伦理治理法治化水平，加强营销伦理理论研究。

（4）强化营销伦理审查和监管。严格审查营销伦理，加强营销伦理监管，监测预警营销伦理风险，严肃查处营销伦理违法违规行为。

（5）深入开展营销伦理教育和宣传。重视营销伦理教育，推动营销伦理培训机制化，抓好营销伦理宣传。

2. 中国营销伦理操作层面的重构行动

（1）树立营销伦理观。一是必须树立正确的利益观、诚信观、价值观和竞争观；二是倡导企业和个人全面参与营销伦理规范建设，使公平、自愿、诚实、守信的营销道德规范深入人心，让企业和公众认识到营销伦理建设是时代进步和社会发展的要求，是企业营销发展的必由之路。

（2）提升营销伦理素质。营销伦理作为一种价值取向，归根结底要依靠企业自律，主要措施可包括：提升企业经营管理者自身的营销伦理素质，提升企业营销从业者的营销伦理素质,建立健全企业的营销伦理管理体系,带动企业上下游利益相关者的营销伦理建设。

(3)支持营销伦理的正义性。一是不进行过度营销,真正做到"君子爱财,取之有道"。诸如"校园贷"之类不道德且有害的数字营销行为,必须令行禁止。二是消除价格歧视。一个10人的小型旅行团在南京临时分别通过同一个互联网平台预订同一家酒店房间时,十分钟之内同样房型的单价竟然上涨了一半,这就是数字营销平台常用的"大数据杀熟"伎俩。三是不滥用支配地位。处于产业链核心地位的数字营销平台,采用一种隐蔽性、间接性、强迫性的"二选一"行为,必然会对消费者产生危害,对其他平台构成竞争壁垒,有损公平竞争秩序,阻碍技术创新发展,降低经济运行效率,损害消费者福利。

(4)加强营销伦理建设的国际合作。全球正在加速迈入数字经济时代,数字技术引领新一轮科技革命和产业变革,成为改变全球竞争格局的关键力量,在应对新冠疫情冲击、拉动世界经济复苏方面作用凸显。数字经济在快速发展的同时,也面临全球治理规则重塑的挑战。破解数据跨境流动、数据共享、数据安全、数字伦理等难题,亟需各国政府在充分参与、广泛达成共识的基础上,探讨制定反映各方意愿、尊重各方利益的数字治理国际规则。一是积极构建数字科技创新生态,二是持续加强数字领域的国际合作,三是共建数字治理国际规则。发展数字经济是各国推动经济复苏的关键举措,已成为世界经济增长潜力所在。世界各国需要携手重构数字经济新伦理,应对数字化挑战,缩小数字鸿沟,让更多国家和地区、更多人享受到数字经济发展的红利。

四、数字时代中国营销伦理新发展

(一)中国数字营销伦理新变局

美国数字营销协会(2007)将数字营销定义为:利用数字技术开展的一种整合、定向和可衡量的传播,以获取和留住客户,同时与他们建立更深层次的关系。数字营销利用数字技术促进营销活动,将互动媒体与营销组合的其他元素相结合,是一种全新的营销方式。

在日益兴盛的互联网影响下,不少企业都开始转向数字营销。过去二十多年里,数字营销发展迅猛,为整个营销领域带来了革命性的冲击和变化。与此同时,数字营销同样面临着新的伦理问题，需要进行全面研究和有效应对。

2000年是中国数字营销的一个新时期。消费者主要是通过互联网搜索优化选择，企业通过数字渠道（如网络论坛等）了解消费者口碑等营销信息；用户作为互联网信息受众或信息源，利用互联网与其他用户发生联系。2005年，人们在生活中已普遍使用互联网，互联网的普及率已经高于50%，社交媒体逐渐成为主流媒体，诸多社交网站开始成立并抢占市场。2010年以后，社交媒介的普及和媒体的实时在线，使消费者的社会影响力更加突出。用户已将社交媒体作为社交联系、构筑身份、寻找信息、认识世界和实现目标的必选工具。

中国数字营销在抗击疫情的过程中也取得了新进展。科技战"疫"推动企业重新审视数字化能力。企业数字化能力的构建，涉及企业的组织架构、经营模式等多方面调整。数字化工具需求瞬间爆发，企业数字化转型更加务实。围绕员工的应用（如远程协同办公、在线招聘等）、围绕客户的应用（如数字化营销、在线服务等）、围绕企业运营的应用（如财务共享、电子采购、物流和供应链、智能制造等）均得到了快速发展。

中国数字营销自2010年以来实现了飞速发展和跨越，其演进轨迹如表3-2所示。

表3-2　2010—2019年中国数字营销演进轨迹[①]

年份	演进主题	代表事件
2010	经济从金融危机中回暖	①微博，重新定义社会化营销 ②以互联网为中心的视频营销引爆模式开始形成 ③团购O2O商业模式拉开序幕
2011	移动互联网市场开启	①新型平台展现能量，传统门户欲求变革 ②移动终端入口争夺激烈，得用户者得营销 ③小米手机横空出世，饥饿营销成为话题点
2012	新媒体迎来"黄金时代"	①微信异军突起，微博遭遇发展瓶颈 ②"关系链价值"出现电子商务聚力 ③在线视频火爆"社交奥运"
2013	传统与数字力量交错	①大数据时代，互联网最了解消费者 ②"泛在"时代，用户向多终端获取流量 ③无缝嵌入，移动广告平台新突破

---

① 陈徐彬. 中国数字营销十年风云录[M]. 北京：机械工业出版社，2019.

（续表）

年份	演进主题	代表事件
2014	移动互联网站上风口	①移动互联网营销迅速崛起 ②移动新媒体进入发展年 ③传统媒体进入深度转型期 ④移动入口争夺战愈演愈烈 ⑤视频和手机游戏迎接4G东风 ⑥自媒体市场生态形成 ⑦程序化购买迎来前所未有的发展机遇 ⑧大广告主发挥程序化购买效应 ⑨媒体迎来程序化浪潮
2015	"互联网+"时代到来	①细分市场重新洗牌，"互联网+"开始萌芽和发展 ②内容为王，IP营销不断发力 ③原生广告广泛应用，信息流广告成为品牌新宠
2016	"互联网下半场"到来	①技术赋能，场景化、程序化购买助力数字营销 ②短视频、直播、知识付费成为流量新渠道
2017	短视频带来营销方式巨变	①内容变现势不可挡 ②生活场景类媒体焕发新春 ③短视频开始改变营销方式
2018	数字营销奋力保持新鲜感	①更精准的数字营销持续迭代 ②跨界营销风生水起 ③共享经济暴热过后再调整
2019	数字营销蓄势孕新机	①大势之下技术先行（5G、区块链） ②数字营销瞄准下沉市场

（二）中国数字营销伦理新实践

在数字时代，全国和全球的生产者、消费者通过数字营销基础设施实现线上线下实时、无缝连接，极大地提高了营销效能。与此相应，数字营销伦理也迎来了发展新形势，贯穿于营销价值实现的全程。

1. 洞察营销价值——千人千面

数字营销工具可以深刻洞察海量用户高度个性化的真实消费需求，方便实现千人千面的大批量定制作业，从技术上大范围消除了过往过度营销、欺骗营销等伦理失范行为。

本章第二节中北京国奥村社区，即通过数字营销手段洞察近千户业主各不相同的物质文化需求、进行社群运营的成功案例。国奥村每天有二手交易、团购，每周有多样文体活动，每周日有专题讲座，经常举办理财、投资、企业管理、国学、健康医疗沙龙等活动。2017年8月，由小区100位业主众筹成立了百佬荟会所，作为大家的茶馆加食堂，每天都有饭局、喝茶、玩乐。

2. 创造营销价值——批量定制

数字化制造可以快速重构高质量的企业内部价值链和高柔性的行业生态链，优质、高效地推进制造众包协作，便于有效消除偷工减料、货不对板等伦理失范行为。

青岛啤酒私人定制服务于2019年7月上线，不仅实现从啤酒酒液到罐身外观的完全个性化定制，而且整个定制流程都能看得见、摸得着。支撑私人定制的是智慧工厂，一条智慧生产线可以承载不同瓶型、不同品类、不同客户的订单，完成灌装、智能分拣、装箱、入库，最后准确发送到定制客户手中，环环相扣，实现"小瓶化、多频次、多品种"。

3. 传递营销价值——精准触达

在分销领域，数字化营销工具保证用户可以全程实时精准监控商品流转进展；在传播领域，数字化营销工具助力供需双方精准触达和接收营销推广信息，有效抑制了延迟交付、价格欺诈等伦理失范行为。

多屏互动、多点触达、无处不在，开始成为数字营销企业极大便利消费者的最新营销伦理实践。"海尔兄弟"新形象就是一例。自2014年4月起，"大画海尔兄弟"新形象创意征集活动历时45天，收到作品近7000幅，产生1120万的影响数，微博转发量214万次，评论量达51万次，峰值讨论人数510万，粉丝覆盖3040万人次，由网友超过15万个点赞选出人气TOP30优秀作品。

4. 维护营销价值——随时在线

在客户服务领域，用户不再于售后末端被动接受服务，而是可以在服务全程主动享受即时服务，有效维护自身合法权益。在品牌资产建设领域，数字营销工具既可以帮助营销者高效提升品牌资产价值，又可以促进供需双方良性互动。劣质服务、欺骗宣传等伦理失范行为得以抑制。

2020年年初，面对新冠疫情的突袭而至，杭州实在智能科技有限公司于2020年农历大年初一紧急开发"新冠肺炎疫情智能咨询机器人"，初五即上线内测，迅即在多个微信公众号、App、微信群及相关渠道上线，缓解了人工座席资源紧张的情况，同时传播抗疫动态、普及防疫知识，传递正能量，鼓舞抗疫斗志。

5. 推进国际合作——全球链接

数字营销工具使国际国内市场构成了一个"虚拟地球村",营销实践不再受到有形的物理时空的限制。与此同时,营销伦理的国际合作得到强化,跨国欺诈等伦理失范行为得以抑制。

2017年1月1日,WeLink 1.0 在华为上线,提供会议、消息、邮件、待办审批、知识共享各种功能。到 2019 年,WeLink 全球华为用户达到 19.5 万,日活率 99.8%,日连接量超过 1200 万次,连接团队 52 万个,连接白板 1.4 万块,连接业务 700 多项,连接知识 21 亿次/年。全球华为人整体协作效率提升 30%,员工满意度达到 90 分以上,App 交付周期从 90 天骤降到 7 天。

(三)中国数字营销伦理全球新责任

1. 数字时代营销伦理的新挑战

(1)数字营销效果造假。这种现象存在多重危害,既降低广告主利益,又损害广告业健康发展,必然会产生连锁危害,包括误导市场行为、扰乱市场秩序,增加和浪费广告主的广告投资;抑制数字营销创新、降低代理服务水平,影响广告主的营销收益;增加交易成本、抑制交易。

(2)危害数字营销信息安全。一是信息泄露,未经信息主体的授权或同意,营销者使用不正当手段,将信息泄露给第三方甚至广泛传播。二是信息破坏,信息完整性被破坏,致使在未经信息主体授权的情况下被恶意添加、删除、修改或销毁,不再具备完整的价值。三是信息失窃,在未经信息主体许可的情况下信息被恶意盗窃。四是信息侵权,侵权对象包括著作权、专利权和商标权,也涵盖网络中的信息、数据库、域名访问等。

(3)竞争企业网络暴力。竞争企业网络暴力是指企业或企业雇佣的第三方以文案或者对话的形式污蔑或诋毁竞争企业,使其企业形象、产品或服务遭受负面影响的言语交际行为。该行为利用网络平台发酵,随着网络参与者和传播者的增多而迅速扩大负面影响。文案类语言暴力是指出现于网络、报纸、论坛等各个领域的固定下来的文本形式;对话是竞争者直接在数字传播领域进行的言语攻击。

(4)数字营销平台垄断。由于信息的可复制性和非竞争性,保护数据资源对于维持数据产业运营非常重要。互联网平台对于数据资源的垄断很大程度上来自政府对于知识产权的保护,拥有大规模数据资源的互联网平台更是采取各种手段来限制竞争对手获取其数据资源。数字营销平台的垄断可能造成消费者和广告主的福利损失，不利于数字营销业务的健康发展。

（5）数字营销多元伦理冲突。数字营销伦理因生产关系的多层次性而存在不同形式，但每一个特定社会都只有一种伦理居于主导地位，其他伦理只能处于从属的、被支配的地位，使数字营销国际化出现越来越多的冲突和矛盾。伦理属于人的范畴，数字营销者和消费者必须加强伦理观念，规范自身伦理行为，增进不同国家数字营销之间的理解，在冲突中寻找结合点，将数字营销伦理提升到一个更高的水平。

2. 中国数字营销伦理全球新责任

全球气候变化和地缘政治冲突，使全球经济充满不确定性。在这样的形势下，中国作为世界第二大经济体和产业结构最为完整的大国，有道义亦有能力肩负起全球责任。具体到营销伦理层面，中国的全球新责任应该包括以下六项。

第一，正向赋能。多做促进营销增长、善待全球伙伴的好事，反对挥舞制裁大棒、损害营销增长的坏事，保持全球营销活动拥有充足的动能。

第二，吐故纳新。革除全球营销活动中不合时宜的沉疴，导入畅通交流、降低成本的新理念、新规则和新举措，优化全球营销治理机制。

第三，雪中送炭。加大货物和服务的生产和贸易，医治备受新冠疫情打击的全球经济。

第四，锐意创新。在国内加快转换以新基建为代表的新经济动能，同时为世界各国提供更新更优的产品和服务。

第五，坚持开放。毫不动摇坚持改革开放基本国策，优化和加大出口规模和质量，同时有序扩大进口规模以满足国民对于美好生活的新追求。

第六，中流砥柱。综合实力、开放意志、伦理实践等优势使中国已然成为世界经济的中流砥柱。中国应积极抓住这种历史性的机遇，在世界经济舞台上发挥更大的作用，成为践行营销伦理的全球典范。

本章要点

西方营销伦理得益于市场经济的早熟而具有先发优势，通过理论研究和实践总结，探究市场营销中道德判断、标准和行为规则，乃至道德标准如何应用于营销决策、营销行动。

改革开放以来，中国引进了西方营销伦理的理论与实践，建立起中国特色的营销伦理体系。中国传统伦理博大精深、源远流长，在与社会主义市场经济的结合中焕发出崭新活力。中国营销伦理引进的成绩包括研究成果多元、研产密切互动、研究与时俱进。中国营销伦理在研究方面尚存在理论储备不足、实践研究不深、研究方法单一等短板；在营销实践中则有义利失衡、契约精神欠缺、监管不足等缺陷。

西方营销伦理的引进、中国营销伦理的发展、中西营销伦理的融合，使中国营销伦理在内容和形式两方面得到重新优化和提升。进入数字时代，市场营销呈现出平台的开放性、范围的广泛性、内容的全时性、工具的集成性、沟通的针对性、行动的主动性和效果的持续性等特点。在这种前所未有的市场新环境下，中国营销伦理既面临着空前挑战，又孕育着更多的发展机会，必须与时俱进，进行全面的本土伦理重构，从而更好满足广大人民群众对美好生活的需要。

本章思考题

1. 西方营销伦理具有哪些优势与劣势？
2. 中国引进西方营销伦理的成绩与问题各有哪些？
3. 中西营销伦理融合的成绩与问题各有哪些？
4. 中国营销伦理具有哪些优势与劣势？
5. 中国营销伦理本土重构的要求、内容和行动各有哪些？
6. 中国在数字营销伦理建设和实践方面有哪些创新和责任？
7. 中国如何更好地履行营销伦理的全球责任？

第四章

大道之计：在商言利与会计伦理

第一节　西方古代商业与会计伦理

在西方，文艺复兴时期就有人把历史分为"古代""中世纪"和"近代"。马克思主义史学家一般都认为西方的"古代"相当于原始社会及奴隶社会阶段，"中世纪"相当于封建社会阶段，"近代"相当于资本主义社会阶段。而"现代"则是指以俄国十月革命为起点的一个历史时期。有学者认为，"古代、中世纪（中古）、近代、现代"四种分期方法在理论上完全可行。本书对西方古代商业与会计伦理的时间界定选择古代和中世纪，时间跨度大致为公元前3000年至公元17世纪。

商业是以买卖方式使商品流通的经济活动，它源于原始社会以物易物的交换行为，其本质是基于人们对价值认识的等价交换。商业形成初期是通过以物换物的方式进行的社会活动，后来发展成为以货币为媒介进行交换从而实现商品流通的经济活动。

西方商业的发展与西方人类文明的发展相互影响、共同促进。古代希腊文明和古代罗马文明是西方古代文明的主要代表，遵循这样的线索，本书把西方古代商业的起源与发展也分述为古希腊与古罗马商业的起源与发展。

一、西方古代商业起源

恩格斯曾在《反杜林论》中说道："农业是全部古代世界的一个决定性的生产部门"。农业生产产生剩余产品，剩余物品需要为人们去换回缺少的东西，这是因为一方面可以避免浪费，另一方面人们的欲望总是多样性的。以物易物的交换从此产生，商业的雏形亦伴随而来。在商业刚刚出现的时候，它只是作为社会经济生活的补充。交换离不开运输，古希腊和古罗马临海，受环境所限，它们只能选择依托地理优势发展海洋贸易。所以，古希腊与古罗马的商业总是与海洋联系在一起，没有海洋就没有其商业的起源与发展。从世界范围来看，古代海上商业最早和最发达的地区均属位于地中海区域的古希腊和古罗马。

（一）古希腊商业起源

1. 地理位置角度

古希腊的地理范围包括希腊半岛、爱琴海和爱奥尼亚海上的诸多岛屿和小亚细亚半岛的西部沿海地区，比现代的希腊共和国的面积稍大。据说，在希腊，没有一个山顶看不到岛屿和大海。古代希腊境内环海、多山、物产欠丰富，平原面积很小，再加上恶劣多变的海洋气候，其生产方式不能单纯依赖种植业。居住在海边的人们被迫向大海索取，积极寻求海上贸易。古代希腊半岛居民所需的粮食和其他生活必需品，只有从其他地区利用海洋贸易获取。克里特岛扼西亚、北非和南欧的海上交通之咽喉，也是古代希腊与外部世界联系的桥梁。小亚细亚西部的沿海地区与希腊半岛东海岸遥相呼应，同样拥有曲折的海岸线和美丽的港湾，这种特殊的地理条件对于希腊古典文明的形成具有十分重要的影响，也使古希腊商业的起源具备了得天独厚的自然条件，希腊最早发展商业关系的对象就是对岸的小亚细亚沿岸。正如西方学者所言："希腊人的贸易大道是海路。"

2. 文化角度

克里特文明一个最突出的特色就是商业与航运业的发达。克里特岛优势明显的地理位置使它成为地中海区域的贸易中心。公元前2000年，克里特岛进入青铜时代，产生了最早的国家。通过商业贸易相继出现了古代克里特语的音节文字——线形文字，该文字至今尚未释读成功。克里特岛人掌握了制海权，他们的文明从本质上应属海洋文明。他们除了利用岛上出产的木材建造远航的海船，还大肆进行海盗活动，掳掠往返于地中海的商船，以至于当时商人与海盗属同义语。他们很多人在农忙时从事农业生产，在农闲时可以进行海上的贸易或者掳掠活动，以获取财富。因此，这些人的行为具有明显的亦商亦盗的特征。荷马史诗的两部著名史诗《伊利亚特》和《奥德赛》中所记录的主人公（如阿喀琉斯、奥德修斯）有很多就是海盗。

（二）古罗马商业起源

1. 地理位置角度

古罗马国家的发祥地意大利位于欧洲南部的地中海中央，它在地形上可分为南北两部分：南部是一个窄长的半岛，深入地中海，亚平宁山脉纵贯南北；北部是比较宽广的波河水系平原，平原以北以高耸入云的阿尔卑斯山与中欧为界。意大利土地肥沃，气候湿润温和，冬季多雨，夏季干旱，易于农牧业发展。葡萄、橄榄、无花果及各种蔬菜是意大利的主要经济作物。因此，意大利的农业比较发达，形成了大庄田制度。后来随着罗马不断向外扩张，其手工业得以加速发展。古罗马陆路和水路交通均很发达，曾有"条条大路通罗马"的美誉。

2. 文化角度

由于罗马位于地中海的中心，其地理位置使其在便于与各地发展对外贸易的同时，也便于吸收世界各地的文明。古罗马在生产技术、建筑工程、宗教信仰和艺术风格等方面都受到当时先进的伊达拉里亚文化的影响，并且间接地接触了希腊文化。伊达拉里亚文化表现出一种完全的城市化特征，崇尚奢华的生活和华丽的装饰，与意大利的农业村落生活有很大的不同。他们在宗教方面也保持着自己迷信的巫术，善于占卜，并把这些传给了后来的罗马人。公元前3世纪中叶，希腊文化开始直接影响罗马。在语言文学方面，早在王政时代（公元前8世纪—公元前6世纪），罗马人便从意大利南部的希腊移民那里借用希腊字母创造了拉丁文字。

二、西方古代的商业发展

在古希腊，伴随着一次又一次的变法改革、商品经济的发展和海外移民，氏族血缘关系逐步解体，家庭的政治、组织色彩逐渐消退，尤其是在经过几次变法改革后，形成了以财产和地域为政治基础的国家制度，完成了个人从家庭成员到城邦公民的转换，形成了"家国异构"的社会政治结构模式。

（一）古希腊的商业发展

古希腊时代社会组织形式的一个最显著的特征就是城邦。每一个城邦都以城市为中心，每一个城邦都是一个独立的国家，其中最著名的城邦有雅典、斯巴达、柯林斯等。古希腊的商业发展从以下方面来体现。

1. 钱币发展印证

古代西方制造钱币大约开始于公元前 7 世纪。而在此之前，希腊的各个城邦国家之间商贸经济往来比较频繁，一些商人将金银等贵重金属熔化铸成条或锭，用于保存和支付。

最初的钱币只是正面有图案，如公元前 7 世纪时爱奥尼亚的商业城市福西亚发行了金银合金的斯塔特。图案是该城市的象征物海豹，背面只有放在铁砧凹槽里的钱坯被固定后，经用力捶打后留下凸起痕迹。到了公元前 6 世纪中叶，背面才出现了图案，而这需要相当高的技术才能做到。

2. 文化体现

亚里士多德发现，人就本性而言是城邦的动物。城邦把人与动物做了彻底的分离，把邦内之人与邦外之人做了严格的区别。亚里士多德把邦内之公民比作甲板上的水手。他们的职责是确保航行中的船只平稳安全。梭伦时代的雅典主张，人必须参与公共事务，不参与公共事务的人是无用之人。城市使希腊人的精神世界得到了极大的丰富与充实。人们在城里参与政治、培育文化，体验生活之美妙。正如苏格拉底所言："乡村的旷野和树木不能教会我任何东西，但是城市的居民做到了。"

古希腊奴隶城邦制度的形成为农业、手工业与商业的发展奠定了坚实的基础。古希腊城邦往往是一个独立的实体，可以自由、独立地进行农业、手工业、商业活动。在奴隶制城邦中，有大量的自由民和奴隶，自由民是经济权力与政治权力的所有者，而奴隶则是农业、手工业与商业活动中主要的劳动力来源，也是希腊经济能够进入极盛时期的重要原因。可见，奴隶城邦制度为古希腊商业的繁荣与财富生产活动提供了政治空间。

3. 地理因素

关于这些城邦形成的原因，离不开古希腊地理特点这个基本因素。前文述及，希腊地区独特的地理特点不仅限制了农业生产率的提高，而且把陆地隔成小块，使希腊始终形成不了可资利用的建立大帝国所需的广袤的土地资源和用之不竭的自然资源，所以，希腊的居民只能在彼此隔离的村庄里安居下来。这些村庄通常坐落在易于防卫的高地附近，在高地上设立可供奉诸神的庙宇，又可作为遭遇危险时的避难所。这些村庄随着人口的不断增加而不断扩大，最终形成人口较为集中的城邦。这些城邦一般都选择在土壤肥沃区域或商路附近，因而吸引来更多的移民，逐渐成为该地区的主要城市。这些城邦规模都不大，人口一般在 20 万左右，最多到 30 万（如雅典），这样的规模是不可能形成完全自给自足的经济形态的，也不可能在其内部产生发达的商品交换经济，他们只能靠对外贸易才能满足多种消费的需要。

支撑希腊各城邦对外贸易的基础乃是发达的城市手工业。公元前 5 世纪时的雅典，在手工业门类上已具有了纺织、麻纺、矿冶、制陶、造船、雕刻等十几个部门。其中，雅典在冶金、造船、武器、制陶、皮革与建筑业方面最为著名。这些产品曾经过希腊各国商人之手，传播到黑海沿岸、埃及及北非、意大利等地，成为这一地区最重要的商品贸易来源。于是，商业立国便成为这些城邦国家的重要原则。

4. 新兴商业部门的促进

古希腊城邦曾经兴起过一些新兴的商业部门。比如，随着货币的发明及其广泛使用，雅典货币被强行使用于各同盟国。为了交易方便，在各地还出现了许多银钱交换所，后来还增加了许多银行和商业业务。这些机构成为后来银行业的始祖。为了适应航海业的发展，到公元前 4 世纪，古希腊还出现了船舶借贷业。

古希腊在长期的商业和海上贸易活动中培养了一个商人群体。这个群体有一个显著的特征，那就是其中大部分为外邦人和奴隶。外邦人在古希腊社会中的政治地位不高，但他们一直占有相当大的比例。特别是到公元前 4 世纪，为了鼓励商业贸易的发展，对外邦人的限制开始减少。

5. 各项改革的推动

从梭伦改革到皮希特拉图，再到伯里克利时期，古希腊的政治家们始终把促进商业发展、建立强大的商船队和海军作为国家的重要战略。梭伦通过颁布鼓励工商业的政策与措施，以立法的形式把雅典推向了一个新的发展阶段，使其走上了一条发展工商业的道路，并且，雅典模式也成为西方文明发展史上的一个里程碑，它开启了西方社会商业文明的先河。

在古希腊城邦，法律规定把所有的市场分为定期市场、外国人市场和普通市场三类。定期市场又分为三个市场，即每个月的第一天市场、第十天市场和第十二天市场。普通市场可以经营除了定期市场、外国人市场的货物以外的其他一切货物，但必须在划定的地段出售物品，而且，必须是现钱交易。同时，古希腊还制定了严格的外汇管理制度。古希腊法律规定私人不得占有金银，只可以占有供日常交易用的铸币。从外国归来的人所携带的外国货币必须经指定机构兑换成价值相等的当地货币，如果将外国货币留为己用，国家将没收这些外国货币。

综上所述，从古希腊的商业发展历史，我们不难发现：商与海是不可分割的。商业的不发达，必然导致航海业和海军的不发达，商业与海军不发达，也不会带来一个真正强盛、繁荣的国家。当然，商业的发达也必然带来文化的繁荣。

（二）古罗马的商业发展

古罗马商业发展的历程就是向外扩张的历程。没有罗马帝国的对外扩张就没有其商业的发展。

1. 钱币发展印证

公元前146年，希腊被意大利的罗马人征服，希腊人辉煌的制币时代宣告结束。不过罗马人仍深受希腊技术和风格的影响，钱币正面还设计安排统治者头像，背面依旧多采用希腊神尤其是宙斯的形象。

2. 文化体现

古罗马历经千余年，孕育了带有明显外来文化特征的古代文化，为丰富世界文化宝库做出了显著贡献。经过不断完善，拉丁文字母成为其他许多民族创造自己文字的基础。这是古罗马人对世界文化的重大贡献之一。

罗马公民的社会结构主要由元老院元老、骑士和平民组成。平民等级的范围比较广泛，分为城市平民和乡村平民两部分。在罗马真正具有经商资格和条件的只有元老、骑士和平民中的有产平民。特别是到了共和国中期，多数骑士发展成为大商人。他们主要经营金融、工商、运输、对外贸易、高利贷和包缴行省税收等行业。由于他们所处的政治地位，往往享有罗马国家的优惠政策，允许他们将商品直接转运到各地市场。有些大商人还是皇帝的经纪人。

3. 地理因素

由于地理气候、政治等因素的原因，古罗马在对于商业的认识与重视程度方面与古希腊相比略有逊色。罗马时期，特别是帝国时代所处的时代背景和社会发展的阶段与古希腊时期完全不一样了，人类已经跨越了奴隶制时代，并且正在向更高的社会阶段迈进。在这个过程中，人类对于世界和社会的认识也在发生着质的变化。

在罗马共和国前期和中期，农耕种植业和畜牧业始终是罗马的支柱产业，但到了共和国后期，特别是帝国前期，农业有了较快的发展，尤其是随着罗马的对外扩张，多瑙河沿岸、北非、埃及都向罗马输出大量粮食和葡萄、橄榄、谷物等经济作物，这些农产品的大量输入为罗马经济的发展和商业的兴起提供了必要的物质基础和对外贸易的可能性。与此同时，罗马的手工业也得到飞速发展，形成了青铜、银器、铁器、陶器、玻璃制造业，以及亚麻、羊毛纺织、榨油、酿酒业等。各地区的手工业品开始畅销到边远地区。一些中等作坊的规模已经达到可以雇佣10人左右，而且自由手工业者已经占有较大的比重。

4. 新兴商业部门的促进

早在2000年前的奴隶制社会，罗马帝国的商人们就能够自发地组织起自己的商业协会，这是一个了不起的创举，它们或许可以被看作是近代商会组织的鼻祖和起源。

5. 各项改革的推动

古罗马在经过赛维阿·塔里阿改革后，确立了以地域和财产为基础的国家制度，形成了"家国异构"的奴隶制国家。与此同时，罗马的国内贸易也伴随着其疆土的不断扩大而逐步繁荣起来，其范围主要是各省之间的贸易，尤其是高卢的商业达到了空前的繁荣。例如，在奥古斯都时期（公元前27年—公元14年），罗马帝国在政治上的统一促进了商业的发展。这时地中海上帆樯往来如织，各地的谷物、酒、橄榄油、布匹、陶器、金属品、木材、奴隶等都以纳贡或者贩卖的方式集中于罗马。罗马商业发达最显著的特征是大量城市和商人、商人团体的出现。

城市的出现与帝国的扩张和大规模贸易的发展是密不可分的。帝国的扩张使帝国所辖的领土大增，为城市的建立提供了空间；贸易规模的扩大为城市的建立与发展提供了充裕的资金保障。当时，比较著名的城市里有露天剧场、音乐厅、神殿、浴池、图书馆等设施。这些城市的兴起与发展，既是罗马帝国繁荣的象征，也是罗马商业繁荣发展的体现。在罗马帝国强盛的2世纪至3世纪，罗马帝国同它所有的邻邦及其他国家都发生着商业关系，罗马与其他民族或国家的贸易西达英国，东达印度和中国，南至非洲，北到北欧。

三、西方古代商业会计伦理

伦理是特定文化背景的产物，商业伦理亦如此。商业会计伦理总是与社会伦理交织在一起孕育、萌芽和发展。西方商业会计伦理来源于古希腊和古罗马文化，而这两类文化均在地中海孕育而生。由于对法治、宗教、经济伦理的重视，西方社会很早就制定了相对完善的法治体系来保护工商业者。西方古代认为商业是道德高尚的职业，其商业会计伦理主要源于道德哲学与人生哲学。

（一）商业会计伦理的含义

1. 商业会计伦理的定义

商业会计伦理是指人们在商业活动中应当遵守的道德、规范或准则。从本质上讲，商业会计伦理起源于企业的社会责任。企业社会责任是构建企业与社会和谐关系的一种基本思想。

2. 商业会计伦理起源经历的阶段

商业会计伦理起源经历了前哲学阶段、哲学阶段和从哲学到商业会计伦理的嬗变阶段。在前哲学阶段，道德秩序和对错是由社会习俗、价值和规范决定的；在哲学阶段，出现了一整套不同的推理机制和决策原则，涉及责任、人权、正义、为他人谋取幸福等论点；从哲学到商业会计伦理的嬗变阶段，则融入了社会科学，包括行为心理学、组织管理学、商业及经济学等。

（二）西方古代商业会计伦理的产生及发展

西方古代商业会计伦理伴随商业起源于古希腊和古罗马文化，海洋文化让古代西方国家形成并发展了商业经济，商业会计伦理亦随之产生和发展。

1. 对西方古代商业的促进作用

商业伦理萌芽于不同部落间能够通过平等的交换做到互通有无，保证不劫掠、不杀戮。古希腊、古罗马一直倡导民主理念，在财富等经济活动中形成的较为系统的经济思想与民主理念的内在精神是一致的。"希腊的贸易基本上是自由的，国家没有什么限制，但个别商品除外。"中世纪商业理论的中心原则是价格公平，货物的交换价值取决于一种伦理原则，由诚实的工匠和商人之间的一致意见产生出一种"公平价格"。罗马法中也规定，"商品所有者彼此以平等的身份进行交易，要求商品有平等的价值标准和统一的等价物，同时它要求人们享有各种交易自由，不受束缚"。

2. 对西方古代商法的促进作用

西语格言谓之："有贸易，必有法。"人们通常认为：公元10世纪—12世纪，随着西欧商业的恢复发展和自治城市的兴起，以罗马法为基础的商业习惯逐渐形成商法。而迄今为止发现的最古老的罗马法渊源——《十二表法》表明，古希腊对于古罗马文明的影响是不可否认的。西塞罗和盖尤斯的著作都暗示他们确信，罗马法确立之时，一个立法委员会曾被派往雅典学习希腊的法律制度，这是一段不争的历史事实。古希腊和古罗马商法都注重主体平等、契约精神和诚实信用等精神，这些与商业伦理关联紧密。莎翁的《威尼斯商人》可以进一步证实这一论断。

3. 西方古代哲学的促进作用

西方古代哲学以人生哲学为主，幸福论和德性论为重心，个体主义和自然主义是其主流倾向，代表人物有赫拉克利特、苏格拉底、亚里士多德等。亚里士多德认为，在商业活动中，买卖双方互相补偿、互相需要才能交易，只有这样才能维持正常的交易秩序。古希腊哲学宣扬美德，在商业贸易往来间应遵循"诚实守信、公平交易"的原则。这些哲学思想对西方古代商业伦理的形成及发展起到了强大的推动作用。

4. 宗教的影响

西方商业伦理思想受"新教"的影响较大，新教强调"追求财富是对上帝虔诚的表现"和"绝对理性的思想"，这些思想对商业伦理的形成和发展均起到促进作用。西方还强调商业伦理的可操作性，制定了可遵循的商业伦理法则，设置了相应的部门，专门管理和监督商业行为。

5.《簿记论》的印证

《簿记论》是卢卡·帕乔利的《算术、几何、比及比例概要》中的第三篇《计算与记录要论》。这是第一本系统论述复式簿记原理及其运用方法的经典名著，自出版以来就一直备受世人的关注，帕乔利也因此赢得了"现代会计之父"的显赫声誉。帕乔利提出成功商人必备的三个条件中的第一个条件就是：金钱和信誉。他认为信誉对于商人的事业成功非常重要："许多意大利人只是凭良好的信用而从事大量的商业活动，由于他们能够获得信贷，他们就敛聚了财富"。

四、复式记账与会计伦理

（一）复式记账

1. 概念

复式记账的英文为 Double Entry Bookkeeping，是从单式记账法（一家企业的现状，只能用现有财富的一套账户来表示）发展起来的一种比较完善的记账方法，也叫复式记账法。与单式记账法相比较，其主要特点是：对每项经济业务都以相等的金额在两个或两个以上的相互联系的账户中进行记录（即双重记录，这也是这一记账法被称为"复式"的由来）；各账户之间客观上存在对应关系，对账户记录的结果可以进行试算平衡。复式记账法较好地体现了资金运动的内在规律，能够全面、系统地反映资金增减变动的来龙去脉及经营成果，并有助于检查账户处理结果，保证账簿记录结果的正确性。

正如著名会计学家井尻雄士所说：人们说到复式簿记的长处往往只从小节着眼，说它一笔数目登记两次，可以通过计数核对而减少差错，其实远非如此，复式簿记能驱使人们以一套适当的资本账户来"算得"现状。资本账户记录了导致现状的各种业务，所以，经管责任乃是复式簿记制的核心。更重要的是，在复式记账制之下，从过去"算得"现在的会计，不是碰巧地、随意地完成的，而是完全地、有系统地完成的。复式簿记最基本的贡献就是，它让经理和会计人员一定要交代财富的变化。应用借贷记账法，使账目记录有条不紊，使经营者能一目了然，以此掌握自己的经营活动。

2. 理论依据

复式记账法的理论依据在于会计对象本身的矛盾运动和信息的本质属性及这二者的有机结合。总括来说，就是会计恒等，即"资产＝负债＋所有者权益"，它是会计要素的矛盾运动和信息本质属性的集中体现。

3. 特点

（1）对于每一项经济业务，都在两个或两个以上相互关联的账户中进行记录，不仅可以了解每一项经济业务的来龙去脉，而且在全部经济业务都登记入账以后，可以通过账户记录，全面、系统地反映经济活动的过程和结果。

（2）由于每项经济业务发生后，都是以相等的金额在有关账户中进行记录，因而可据以进行试算平衡，以检查账户记录是否正确。

4. 历程

复式簿记的演变，从它的萌芽到接近于完备形式，大约经历了300年（13世纪初—15世纪末）。这一演变过程都发生在中世纪的意大利商业城市（如威尼斯、热那亚等城市）。当时，地中海沿岸某些城市的商业和手工业发展很快，出现了马克思所说的"资本主义生产的最初萌芽"。

发达的商品经济，特别是地中海沿岸某些城市中十分活跃的商业（包括海上贸易）和银钱兑换业，都迫切要求从簿记中获得有关经济往来和经营成果的重要信息。经过一段孕育时期以后，簿记的方法终于取得了重大突破，科学的复式簿记法在意大利诞生了。

（二）会计伦理

1. 会计伦理的概念

百度百科释义：会计伦理是指会计人员以合法手段从事会计管理时所应遵守的道德准则和行为规范，其实质是借助会计职业特有的道德传统和习惯、社会舆论和会计人员的职业良心，对会计行为进行约束，其核心是职业良心，其任务是正确处理好人与人之间，人与国家、社会、集体之间的利益关系，其价值目标是纠正丑恶、引导向善。

2. 会计伦理的产生

（1）会计是维系社会信任的低成本工具。

日趋复杂的经济交易及经济活动主体多元化推动着经济交易关系向网络状发展。就整个经济网络而言，会计起着"商业语言"的角色，是市场参与者之间沟通的中介，是维系他们之间交易关系的纽带。只有市场参与者认为交易伙伴的"商业语言"是可信赖的，他们才会信任交易伙伴及交易本身。可见，从形式上，会计信息承载着交易主体之间的信任。

（2）会计职业实质上是诚实人的职业。

卢卡·帕乔利的名著《算数、几何、比及比例概要》是近代会计理论研究的起点，也是近代经济理论研究方面的一个重要突破。它体现了作者高度的道德信念，即希望为商人以应有的方式进行记账和建立簿记提供充分的指导，"以便让尊敬的国民获得所需要的有关他们商业事务全过程的清晰概念"，其中的道德原则也成为会计伦理学的基础。伦理规范要求会计师不仅是信息的收集者和加工者，也是信息的第一位解释者，同时是不断探索和挖掘企业经营效益潜力的分析者。

（3）西方会计伦理的理性与规范本质。

马克斯·韦伯认为"资本主义的本质是理性获利"，而"理性获利过程和行为是靠会计来调节的"。根据这种论断，会计的本质应该是"按理性原则来核算和调节经济活动"，这和西方重视理性主义，并倚重观察、调查、实验等外在求实手段是一脉相承的。规范伦理思想体现在会计伦理方面，就是注重契约精神，试图将所有经济活动规范化、条理化、制度化。无论是古希腊的会计分类（分项）核算原则，还是古罗马的会计账簿设计体系，都体现了这一思想，即形成健全的账簿体系和严密的控制制度，以有效防止作假和舞弊行为。

3. 会计伦理的发展

会计发展的历史应当说是一部由会计伦理引导的会计发展和进步的历史。在人类文明的发展过程中，人们形成了对会计的共同认识，即要守信、合法、节俭、敬业等。

与会计法律责任侧重于灭火式的"事后责任"不同，会计伦理责任属于预防性的"事先责任"，其基本特征是会计主体的"善良意志，不仅依照责任而且出于责任而行动"。

会计职业在帕乔利的遗产基础上出现了核算科学并得到了发展，会计伦理也有新的发展。发展的伦理规范要求会计师不单单是信息的收集者和加工者，而且也是信息的第一位解释者，更是不断探索和挖掘本企业提高经营效益潜力的分析者。从某种意义上讲，会计伦理就是会计职业群体精神秩序中的根基，是良好职业道德和执业能力的基础，是会计职业群体精神家园和情感世界的重要组成部分，也是会计职业群体产生凝聚力和向心力的源泉所在。

第二节 中国古代商业会计伦理

一、私商利润来源、方式与伦理

（一）私商起源

人类社会从最初的原始社会开始向奴隶社会进化的过程之中，产生了剩余物资。为了交换彼此之间的剩余物资，产生了商业的最初形态：以物易物。随着物物交换的发展，产生了货币，以及专门以商业交换营利为生的商人。

《诗经》中，《氓》这样写道：氓之蚩蚩，抱布贸丝。匪来贸丝，来即我谋。

从商业和会计的角度分析，这两句话的重点是：抱布贸丝。可以有两种解释：一是将"布"解释为布匹，"抱布贸丝"意为拿布换丝，是典型的以物易物，体现了最原始的物物交换形式。二是将"布"解释为古代一种货币；"贸"意为买卖。带了钱，来买丝。整句诗讲的是爱情，男子通过商品交易来达到和女子接近的目的。

史学家分析,《诗经》收集的是西周初期至春秋中叶的诗歌。从《氓》可以看出:两三千年前,我们的祖先就开始了商业活动。商人"氓"学会了算账,布的成本是多少,买多少丝,价值多少才划算;心中还要算一算,此次抱布贸丝,能够赚多少钱。

"商代开始有了专门从事商业经营活动的商人。'商人'之称大约就是由于专门进行买卖活动的人产生于商代而得名。"[①]

(二) 私商发展

春秋时期,私人工商业逐步兴盛起来,其中最为著名的商人便是曾经帮助越王勾践打败吴国的范蠡。范蠡从越国功成身退之后从商,成为著名的"陶朱公",曾"三致千金",后又三散家资。后世史学家评论他:忠以为国,智以保身,商以致富,成为天下!被后世供奉为"文财神"。

范蠡能成为儒商鼻祖,和他所弘扬的商业伦理有着紧密的联系。《史记·货殖列传》记载范蠡的经商之道:"积著之理:务完物,无息币,以物相贸易、腐败而食之货勿留,无敢居贵……财币欲其行如流水。""务完物",必须是好的货物,讲究的是货物质量;"无息币"是加快资金周转,没有停滞的钱币;"货勿留"是加快货物周转,为其著名的"积著之理";"腐败而食之货勿留",不能过了食物的保质期;"无敢居贵"是薄利多销,是典型的商业销售方式。这些商业理论,被后世商人奉为经典传承至今,许多理论在现代商业中仍然被广泛运用。

战国时期,私商经营更加活跃。被后世商人奉为祖师的魏人白圭,就是靠经营粮食和丝帛、葛麻等农副产品而发家致富的。《史记·货殖列传》记载:"白圭乐观时变,故人弃我取,人取我与。夫岁熟取谷,予之丝漆;茧出取帛絮,予之食……欲长钱,取下谷;长石斗,取上种。"白圭取利,从调剂丰歉余缺入手,"人弃我取,人取我与",充分运用商业资本,通过对商品购、销、存的腾挪取利。

从范蠡与白圭经商致富的经验来看,他们的经商之道,都是符合商业伦理的,在商言利,无可非议。而且,他们在商言利,遵从了基本的伦理道德,未损害他人利益,相反达到了方便他人、活跃市场的目的。他们运用了一系列的会计核算方法,来保证他们的盈利。最难能可贵的是,范蠡还从事公益事业:三散家资。三次

---

① 郭道扬. 中国会计史稿:上册 [M]. 北京:中国财政经济出版社, 1982.

将他所赚取的钱财分给穷人。而且他取利,讲究薄利多销,"腐败而食之货勿留",一定要是好的物品,过了保质期的食品不能销售,讲究商品质量。这些商业伦理,都为后世留下了良好的参照标准。

(三) 私商管理

从有了私商开始,国家便开始对私商进行管理,主要以商税的形式体现。

有文字记载最早的商税,始于西周。西周商税的收入主要是泉币,由属官司市下大夫具体管理,又由司市所属部门泉府负责出纳保管。或供给国用;或贷款于民,收取利息;或赊物于民;或用于调剂市场价格。

《周礼·地官·泉府》中记载,"岁终,则会其出入,而纳其余。"年终除将剩余之数交给"职币"外,还须编制年报上报天官大宰。

商税的管理部门称泉府,泉府的属官名司市,职务等级为下大夫。司市就是管理市场的官员,主要是收商税。在重农抑商的时代,商税的收入少,司市的地位也较低,这从官职等级下大夫就可以看出。收上来的商税有多项用途:国用、贷款、赊物于民、调剂市场价格等。

(四) 商税法律

1. 我国最早的商税法律

宋朝的商业高度发达,对商税也非常重视。公元 960 年,宋太祖建国第一年,即建隆元年,便颁布了中国历史上首部商税法律。"诏榜《商税则例》于(商税)务门,无得擅改更增损及创收。"

《文献通考》卷 14《征榷考一》中,陈傅良说:"我艺祖(指宋太祖赵匡胤)开基之岁,首定《商税则例》,自后累朝守为家法。"

2. 税法内容

现在虽然无从得知《商税则例》全部具体内容,但从《文献通考·征榷考一》中可见部分内容。

(1) 关市之税:凡布帛、什器、香药、宝货、羊、彘,民间典卖庄田、店宅、马、驴、骡、橐驼,及商人贩茶、盐,皆算。

(2) 有敢藏匿物货,为官司所捕获,没其三分之一,以其半畀捕者。贩鬻而不由官路者,罪之;有官须者,十取其一,谓之"抽税"。

（3）行者赍货，谓之"过税"，每千钱算二十；居者市鬻，谓之"住税"，每千钱算三十。

3. 税法解释

从上面的内容看，第一部分的关市之税，是指应税物品大致分三类：第一类，凡所列物品，都要征收商税；第二类是民间发生买卖关系时征收商税；第三类，茶、盐由商人贩卖时征收商税。

第二部分，"有敢藏匿物货，为官司所捕获，没其三分之一，以其半畀捕者"。是对偷逃商税者的处罚，以及对抓获逃税者的奖励。处罚及奖励，皆有具体的标准。接着规定商贩要走官路，不能走小路，因为走小路可以偷逃税，官府的征税人员无法在小路上设卡征收，只能在官路上征收，所以走小路的属于犯罪，要处罚；至于官须者，十取其一，笔者认为，是对走小路处罚的具体规定，如果走小路者所贩货物为官府所需，抽取十分之一作为处罚，谓之"抽税"。

第三部分是规定商税的税种与税率，具体规定了"过税"和"住税"两个税种，"过税"税率为2%，"住税"税率为3%。这与当今的小规模纳税人增值税纳税税率相同。

4. 宋太宗的沿袭与加强

宋朝商业的高度发达，使得统治者对商税高度重视。宋太祖诏榜《商税则例》，至宋太宗时，也颁诏"自今除商旅货币外，其贩夫贩妇细碎交易，并不得收其算。当算之物，令有司件析，揭于版榜，置民宇之屋壁以遵守焉。国朝之制"。

太祖"诏榜《商税则例》于（商税）务门，无得擅改更增损及创收"。太祖要求将税法贴在商税征收部门的门前，太宗更进一步规定"揭于版榜，置民宇之屋壁以遵守焉"。贴在门前张榜公布都还不行，还要置于屋壁，相当于现代的制度上墙，可见其重视程度。

"自后累朝守为家法。"不仅太宗沿袭，还为后来宋朝的历代统治者所遵守，成了赵氏宋朝的家法。当然也是宋朝的商税之法。

5. 商贩凭证

商人贩卖货物要有凭证，称之为"引"或"券"，通常由发货地官府颁发，称为"地头引"，也称"脚地引"等。

有"引"之商人，商税便宜；无"引"之商，商税额高。有的"引"为专门机构发放，是经营某种货物的专营许可证，如"盐引""茶引""酒引"等。

（1）"引"分长短。如"长引"，运输途中不纳过税，至终点后一并计算缴纳。

（2）"引"有大小。如"茶引""盐引"，引大则可以经营的额度大，引小则经营的额度小。

6. 征税机构与人员

宋朝设有专门征收商税的机构，首都设都商税院，各地设有商税院、商税务，不设商税院、务地方的税收机构称为税场，由商税院或务派人前往税场收税。税场划片分区征收，某个税收人员管某一片区的税收，管税场的税收人员相当于现在的税收专管员。

正是由于宋朝实施了切实可行的商税法律《商税则例》，规范了商税行为以及商税的征收与缴纳，极大地激发了宋朝商业的发展与繁荣，对宋朝经济的发展起到了推动作用。

（五）会计伦理

1. 诚信原则

从最初的物物交换开始，商人们便要讲究诚信原则，不然，只能赚一时的钱，不能赚一世的钱。

从范蠡、白圭的赚钱之道分析，他们都讲究诚信，再采用一定的商业手段，运用商业资本、利用商业信息，通过商品的买卖达到取利的目的。

中国古代商业的会计伦理，可以从关公演绎成"武财神"中看出其发展的脉络。

关公在桃园三结义前是个商人，推车卖枣，肯定会算账了，如果不会算账，天天做着亏本买卖，哪里还能活命。此为一。此时关公记录的只是自己贩卖枣子的小账。

关公和刘备失散后，得知刘备消息，要去寻找刘备时，将累次所受曹操金银封置库中，悬汉寿亭侯印于堂上，请二夫人上车。关公上赤兔马，手提青龙刀，率领旧日跟随人役，护送车仗，径出北门。这里写公将累次所受曹操封赏的金银，都封置库中。

民间传说不仅仅是封在库中，还有一本账册，详细记录了曹操的赏赐，记账的方法是按"原、收、出、存"四项来进行记录的。这种记账方法非常详细清楚，后世商人便按此方法开始了商业的会计核算。此为二。此时关公记录的财富远非当初贩卖枣子的小账可比。

关公被擒，孙权爱其才，想劝其归降。主簿左咸说："不可。昔曹操得此人时，封侯赐爵，三日一小宴，五日一大宴，上马一提金，下马一提银。如此恩礼，毕竟留之不住，听其斩关杀将而去。"

从左咸的话中可以分析到，曹操对关公的封赐，真的要记账，才能得知其详细了，不然这么多的赏赐，怎么分得清呢？而且其"原、收、出、存"的记账方法，与后来宋朝的四柱清算法有极其类似之处。四柱清算法是按"旧管＋新收－开除＝见在"进行核算的。原，对应旧管；收，对应新收；出，对应开除；存，对应见在。如果此说成立，则我国古代会计核算的四柱清算法雏形出现，至少要提前到三国时期了。

关公一生最辉煌的阶段是在荆州。关公镇守荆州时，上马管军，下马管民。当时荆州下辖有江陵、公安、南郡、松滋、长沙、零陵、桂阳等地，地域广大。关公既要北抗曹操，又要东拒孙吴，没有粮饷怎么打仗，所以此时他不仅要精通会计业务，还要熟谙审计业务才行。例如关公安排公安、南郡要给前线送多少粮草，他肯定知道此二处有这个经济实力才这样安排，不然他也不会瞎指挥，只不过指挥时脾气不太好，让守此二处的傅士仁、糜芳对其怨恨，关公兵败时才没有去救他。还有他撤荆州之兵去增援襄阳时，为防东吴偷袭，命人沿江建造烽火台，派人驻防。这里面既有固定资产投资，又有人员费用安排，不懂财务，不管经济，能行吗？从这可以看出，关公此时管的已是一个大州府之账了，不仅懂财务，还擅长宏观经济管理。此为三。

此三因，皆可与会计、财务、经济管理挂上钩，但要将关公化为武财神，还有一定的差距。后世人们又在此三因的基础上发挥了充分的想象力，进行了丰富和完善。大约有以下几因。

一是诚信方能致财。商人谈生意做买卖，讲的是重义守信。关公降汉不降曹，提出一旦得知刘备消息，不管千里万里都要去追寻，后来果然过五关斩六将而去，何等诚信！有了诚信，才能发家致富。所以人们将关公尊为神，特别是商人将其尊为财神。

二是据财不贪财。曹操得关公时，封侯赐爵，三日一小宴，五日一大宴，上马一提金，下马一提银；但关公离开曹操时，将曹操所赐金银全部封置在库，可见关公不为钱财所动。这种据财而不贪财的伦理风范，正是民众心中的财神所应具备的品格。

三是神灵保佑能发财。关公被东吴斩杀后，先主兴兵复仇，关公显圣，关兴剑斩潘璋，收回关公的青龙偃月刀。商人们做生意，哪有只赚不亏的？每当生意受挫之后，总希望能像关公显圣一样，东山再起。具备如此诸般灵验于一身，关公肯定是上好人选。

四是发财后要有守护神。关公既忠且勇，是人们财富守护神的最理想人选。关公之忠，能保护他们的生意红红火火，能帮助他们守护已经得到的财富；而关公之勇，能赶跑那些不义之人，让那些不讲诚信的小人没有机会、远离自己，商人的生意才能一帆风顺。

凡此种种，都是一种美好的愿望，只要能和关公扯上一丁点儿的关系，那就行了，有理由了，可以奉关公为神了，而且可以尊为财神了，还是"忠孝仁义勇"兼备的武财神！

2. 契约精神

我国古代私商在发展中，会计伦理逐步从诚信原则（德性伦理）发展到契约精神（规范伦理）。

民间有句谚语：得千金不如得季布一诺。说的就是人要守信重诺。我国古代民间重信守诺，是一种传统伦理美德，是德性伦理的体现。随着商业的发展、经济交往日益频繁，金钱数额剧增，传统伦理道德往往无法约束人性的弱点，于是契约精神开始诞生，体现的是规范伦理。

《战国策·齐策》里面有一个冯谖烧债的故事，说的是战国时期，四大公子之一的孟尝君有一个高级门客冯谖，孟尝君派他到薛地去收债时，他自作主张一把火将孟尝君与所有债务人所签的债务凭证全部烧了。这里面便有契约——借款契约，契约上载明了所借款的金额、本金、利率、归还期限、双方的签字画押等内容。可见契约精神规范伦理，早在春秋战国时期便开始盛行了。

明朝凌濛初的《拍案惊奇》中有一回书："转运汉遇巧洞庭红，波斯胡指破鼍龙壳"，讲了一个销售案例中的契约故事。

文中的主人公"倒运汉"姓文，名实，字若虚，一次和朋友出海，到海外吉零国做生意。回国时，货船经过一个荒岛，文若虚到岛上走了一圈，见到床大一个败龟壳，心想：锯将开来，一盖一板，各置四足，便是两张床。他只出了一点力气，将龟壳拖到船上带回国中。

却不知就是这个大龟壳让他发了大财。原来这不是一般的乌龟，而是鼍龙。波斯（学界大多认为是现在的伊朗）商人告诉众人：龙生九子，一为鼍龙，其皮可以幔鼓，声闻百里，谓之鼍鼓。鼍龙万岁，到底蜕下此壳成龙。此壳有二十四肋，按天上二十四气。每肋中间节内有大珠一颗。若是肋未完成时节，成不得龙，蜕不得壳。也有生捉得他来，只好将皮幔鼓，其肋中也未有东西。直待二十四肋，肋肋完全，节节珠满，然后蜕了壳变龙而去。故此壳是天然蜕下、气候俱到、肋节俱完的，与生擒活捉、寿数未满的不同，所以有如此之大。为了验证其实，波斯商人给众人看了其中一颗夜明珠，只见一团锦裹着寸许大一颗夜明珠，光彩夺目。讨个黑漆的盘放在暗处，其珠滚一个不定，闪闪烁烁，约有尺余亮处。

当时波斯商人玛宝哈看中了鼍龙壳，要做成这笔生意，拿笔递与张大道："有烦老客长做主，写个合同文书，好成交易。"从这句话中可以看出，当时交易有合同文书，已经形成了定例。不然玛宝哈不会如此自然提及合同文书。这便是契约精神的体现。

张大指着同来一人道："此位客人褚中颖，写得好。"把纸笔让与他。褚客磨得墨浓，展好纸，提起笔来写道："立合同议单张乘运等。今有苏州客人文实，海外带来大龟壳一个，投至波斯玛宝哈店。愿出银五万两买成。议定立契之后，一家交货，一家交银，各无翻悔。有翻悔者，罚契上加一。合同为照。"

一样两纸，后边写了年月日，下写张乘运为头，一连把在座客人十来个写去。褚中颖因自己执笔，写了落末。年月前边，空行中间，将两纸凑着，写了骑缝，一行两边各半，乃是"合同议约"四字。下写"客人文实，主人玛宝哈"，各押了花押。单上有名，从后头写起，写到张乘运，道："我们押字钱重些，这买卖才弄得成。"主人笑道："不敢轻，不敢轻。"

从褚中颖丝毫没有推辞分析，他应该是经常写合同的老手。而且他写合同未加思索，一笔写成，说明他对合同的格式与主要条款已经熟记于心。首先写了立合同的为张乘运等，合同的双方分别为：文实，玛宝哈；合同的标的物：海外带来的大龟壳一个；合同标的金额：银五万两；交易付款方式：现款交易，一家交货，一家交银；违约责任：有翻悔者，罚契上加一，即五千两，说明当时的违约金有一个固定的比例，大约在百分之十左右。

这是合同的主要内容。除此以外，合同还有其他内容：合同一式两份；后边写了年月日，也就是签订合同的日期；下写张乘运等立合同的见证人；最后还有骑缝，年月前边，空行中间，将两纸凑着，写了骑缝，一行两边各半，为"合同议约"四字。这有两个作用，一是类似于印鉴勘合，二是类似于现在的多页合同，加盖骑缝章，目的都是为了防伪。

下写"客人文实，主人玛宝哈"，各押了花押。这是合同交易的双方签字认可。

最后，单上有名，从后头写起，写到张乘运，道："我们押字钱重些，这买卖才弄得成。"主人笑道："不敢轻，不敢轻。"这相当于张乘运等立合同人行使了现在的合同代理人的职责，还在讨要代理费用或者说是见证费。当然玛宝哈并不吝啬，光是这个所谓的"押字钱"就给了一千两。按照五万两的合同标的，一千两达到了合同标的的2%，这个代理费、见证费真不少！

从这个案例中可以看出，当时私商的会计伦理，在诚实守信（德性伦理）的基础上，已经发展到了契约精神（规范伦理），甚至是约定俗成，连公证人（张乘运等见证人）这种形式都出现了。

3. 复式记账

为了体现私商诚信精神（德性伦理）与契约精神（规范伦理），中国古代会计的记账方法在体现真实公平的基本伦理上，从最初的文字叙述式逐步发展为定式表达，从单式簿记逐渐演变为复式簿记。单式簿记从三柱清算法发展到四柱清算法；明末清初，复式记账法开始在私商中出现，逐步从三脚账、龙门账演变过渡到四脚账，并普及到一定的规模。

从会计伦理分析，最初的单式簿记只记录了现金的收付，是以现收现付制为基础的记账，但随着经济往来转账事项的发生，如赊购、赊销商品，外欠、外借账项的处理与冲转等，要求在相关账簿上以权责发生制为原则同时记录，方便与往来客户对账，其记账的原始凭证（即双方产生经济活动的原始依据）成为一旦双方发生经济纠纷可用于诉讼的依据。于是催生了复式记账。

"四脚账"对经济往来事项，同时记录两笔，一方登记来账，另一方相应登记去账，实行"有来必有去，来去必相等"的记账规则。为了与现金收付事项的现收现付相区别，对于这类转账事项按权责发生制分别登记（即虚收、虚付）。其记账法则是：无论是对现金收付事项，还是对转账会计事项的处理，一律遵循"有来必有去，来去必相等"的记账规则，这与借贷复式簿记的"有借必有贷，借贷必相等"有着殊途同归之效。

"四脚账"所编制的会计报告称为红账（商人从吉利的角度出发的称谓），红账包括两种：彩项红账和存除红账。

彩项红账，相当于现代的利润表。来方分项列示本期发生的全部收益，去方分项列示本期发生的各项支出和财产减记。"四脚账"的盈亏计算所运用的公式：红利（亏损）= 毛利 –（费用 + 税金 + 损失），已与现代商业会计利润（亏损）计算所运用的公式基本相同。这一公式非常明确地展示了商业利润的构成，为了解企业的经营活动以及盈利情况带来了便利。

存除红账，相当于现代的资产负债表。上格又称为"天方"，下格又称为"地方"。"天方"所列内容为资本（或股本）、各项负债和本期利润，"地方"所列内容为各项资产、债权等。

彩项红账和存除红账两种会计报告编制所要达到的目的不同，前者服务于盈亏的计算，后者用于平衡账目，以达到勾稽账目之目的，同时也客观地反映了企业的资产负债状况。

彩项红账与存除红账两种会计报告之间存在着有机的联系。前者是后者的基础，而后者的平衡对于前者又起到验证作用。在二者之间建立起有机联系的是"盈亏"（相当于现代资产负债表中的未分配利润）这一项目，在存、欠各数正确无误的前提下，"盈亏"这一项目便成为"存除红账"天方与地方能否平衡的关键因素。如果当期盈利，则将盈利加入"天方"平账，天地当符合；如果当期亏损，则将亏损加入"地方"平账，天地亦当符合。如天、地两方不合，表明盈亏计算有误，则需查明原因，最终达到天、地相合。反之，如果盈亏计算并无误，而天、地仍然不合，则表明存、该账目日常核算有误，亦需查明，最终达到天、地符合。

"四脚账"的基本原理与西式复式借贷簿记方法相同，尤其是在成本结转、盈亏计算、报表编制，以及账簿平衡等原理的运用等方面，其做法与西式复式借贷簿记方法有着异曲同工之妙。

二、官商利润来源、方式与伦理

（一）官商起源

从有剩余物资开始产生物物交换以来，奴隶主之间的交易便是最初的官商形式。后来奴隶主组成了国家，国家将商业资源用于买卖和管理，便形成了国有商业。

从国有商业最初的起源分析，实际是国家的所有者从控制国有资源入手，对商业资源进行垄断，然后买卖，从中获利。

国有商业从诞生开始，便带有与私商争利的目的，但同时也带有抑制豪强、增加国库收入、调节收入分配等作用。例如管仲通过"官山海"等一系列的国有商业活动使齐国强大，最终助齐桓公"九匡天下，一合诸侯"，成为春秋霸主。

（二）官商发展

中国古代国有商业的发展，和统治阶级富国理念相关。《管子》记载："国多财则远者来。"如果一个国家富强了，人们就会前来归附。所以统治者都希望通过各种手段来达到国家富强的目的，其中发展国有商业便是措施之一。

《管子·山海篇》中记载，桓公曰："然则吾何以为国？"管子对曰："唯官山海为可耳。"桓公曰："何谓官山海？"管子对曰："海王之国，谨正盐策。"

这是一段对话。齐桓公问管仲：我用什么方法来管理国家，使国家富强呢？管仲回答：只有掌握了山海的资源才是可行的措施。齐桓公问管仲：什么叫掌握山海资源？管仲回答：依靠大海资源成就王业的国家，非常注重征收盐税的政策。

后面，管仲还专门介绍了铁的官营专卖方法。《管子·山海篇》主要论述国家垄断盐、铁两种物资的专卖，达到王霸天下的目的。盐、铁是人们日常生活的必需品，通过控制这两项物资，加价卖给百姓，国家就可以满足其开支的需要，还能消除百姓的不满。

此段论述是中国有文字记载以来，最早关于如何发展官营商业的论述。管仲从发展国有商业伊始，便带有强烈的目的性，其商业伦理体现为国家意志。

山上产铁，海里产盐。"官山海"就是要实行盐铁国营。到了汉朝，管仲发展国有商业的理论经过桑弘羊的实践，逐渐丰满，体系更加成熟、完整。

为了满足汉武帝各方面的巨大开支，桑弘羊的财政工作重点在于尽可能地开发一切收入来源，而且还不能加重普通百姓的负担，由此桑弘羊兴盐铁、设酒榷、置均输，采取了盐铁国营、酒类专卖、发展国有商业平抑制物价等一系列经济政策，为汉武帝时代的"文治武功"奠定了坚实的经济基础。

司马迁在《史记·平准书》中记载当时政府"尽笼天下之货物，贵则卖之，贱则买之。如此富商大贾无所牟大利"。这就是典型的国有商业。桑弘羊在加强国有商业管理的同时，抑制了富商大贾利用贱买贵卖、囤积居奇等手段操纵物价牟取暴利，降低了民众的消费价格波动，缩小了贫富差距。

为什么桑弘羊实行的商业国有化能够成功？其实这就是国家意志的体现，国有商业可观的利润，是其政策实施的最根本保障，富商大贾的实力根本不可能和国家的实力相比拟。

桑弘羊还推动了交通运输业的繁荣，因为国有化的商业要达到平抑物价的目的，必须掌握丰富的物资，设置的均输官，掌管着国有商业物资的运输。道路的通畅，不仅对国有商业有利，对普通民众也是有益的，民间的交往和物资的流通也更通畅，扩大了运输便利和贸易交易频率，增加了民众收入，对拉动经济起了很好的作用。

（三）官商管理

在商言利。虽然是国有商业，也要以营利为目的。正因为国有商业垄断了资源，形成的是暴利，极易滋生腐败，那么统治者如何加强对国有商业的管理呢？

中国古代早期的审计，是对国有商业管理的一种常规措施。《周礼·天官·冢宰》记载冢宰职务："掌邦治，以佐王均邦国""岁终则令大师之书府各正其治，受其会，听其致事而诏王废置。三岁则大计群吏之治，而诛赏之"。可见冢宰主抓一年、三年财政税收的大审计。

周朝时，主管会计的是"司会"，主管审计的是"小宰"，主管商税的是"司市"。小宰下设宰夫、大府等职，主要职责是：宰夫考其出入，而定刑赏。即宰夫可以就地稽查财物出入情况，监视群吏执行朝廷法律，以维护国家利益。稽查发现坏法乱纪之事，可以向天官和国王报告，可以建议采取处罚措施。

汉朝专门成立了审计的"比部"，汉武帝对审计十分重视，亲自参加"上计"，史载汉武帝曾经四次受计，检查国家财政税收与会计簿书，听取汇报。汉朝对财用审计以及国有商业的管理，已经直接上升到最高领导者，可见统治者的重视。

为了加强对国有商业的管理，除了审计部门外，朝廷还设立了巡查制度。《红楼梦》中，林黛玉的父亲林如海的官职便是巡盐御史，职责是对各地的国营盐商进行巡查，以防止其贪污腐败，弄虚作假。

（四）会计伦理

从官营商业诞生之日起，因其体现出的国家意志，便要求其记账时必须遵守记账原则，诚实守信，也就是需要德性伦理与规范伦理相结合。

在此基础上，官厅会计无论从记账方式、核算方法到管理手段等规范伦理方面都在不断进步；同时，作为监督手段的审计与监察也日益完善，其最终目的，都是为统治者服务，所以统治者极力推崇为官清廉者，大力表彰为官清廉者，这是官员的职业道德的体现，更是统治者隐喻的会计德性伦理的体现。

例如杨震四知：天知，神知，我知，子知。

杨震道经昌邑，故所举荆州茂才王密为昌邑县令，夜怀金十斤以遗震。震曰："故人知君，君不知故人，何也？"密曰："暮夜无知者。"震曰："天知，地知，我知，子知，何谓无知者！"密愧而出。

杨震心中有敬畏。筑牢反腐大堤，形成不敢腐、不想腐、不能腐的堤坝，杨震的"四知"树立了很好的德性伦理榜样。

又如《戒石铭》：尔俸尔禄，民膏民脂，下民易虐，上天难欺。

五代十国时期，后蜀孟昶为整饬吏治，于广政四年（公元941年）亲撰《颁令箴》24句中，有"下民易虐，上天难欺，赋舆是切，军国是资"。以此诫谕地方官要爱护百姓，不做贪官污吏。

宋灭蜀后，宋太宗鉴于前后蜀政治腐败、不战而败的历史教训，将《颁令箴》缩写为4句16字：尔俸尔禄，民膏民脂，下民易虐，上天难欺。

这些以廉洁形式体现出来的德性伦理，背后隐藏着统治者的国家意志。

三、私商与官商的结合与会计伦理

（一）私商官营溯源

最初，私营商业与官办商业应该是有严格的区分和界限的。但从什么时候，私商与官方开始结合了呢？这无法从已有的史料中明确区分出来，但我们可以从一些史料记载中，窥探蛛丝马迹。

战国末期秦国宰相吕不韦便是私商与官方结合的典型代表。吕不韦是个商人，曾经和他的父亲探讨过做什么生意利润最大。

他问父亲："您知道种地的利润有多大吗？"

父亲回答："如果风调雨顺，可以得到十倍的利润。"

吕不韦又问道："贩卖珠宝的利润有多大呢？"

父亲回答:"运气好的话,可以得到百倍的利润。"

吕不韦再问道:"如果拥立一个国家的君王,能够得到多大的利润呢?"

父亲回答:"帮人取得天下,取得的利润无法计算!"

吕不韦为什么要和他的父亲讨论拥立国君的利润?因为他在赵国都城邯郸做生意时,看到秦国的公子子楚,成了秦国交给赵国的人质。

当别人可怜子楚的境遇之时,吕不韦想到的却是:奇货可居啊!如果经营得好,必定可获得丰厚的利润!这是多大的一笔买卖,多好的一笔生意!这就是吕不韦与他父亲对话,提出拥立国君思路的由来。

吕不韦将这一思路付诸实施,不惜重金为子楚营造环境、创造条件,最终子楚当上了秦王,吕不韦也得到了他所梦想获得的利润:官拜丞相,被封为文信侯,赏赐了大量的土地和黄金,他利用自己的职位去从事商业活动,获取更多的利润。

吕不韦经商,对会计之事十分重视,门客中就有一些人专门为他记账。《吕氏春秋》中,对那些不学无术、不重视"计会"的人加以驳斥,把"计会"当作一门技术工作对待。

可见,私商与官方结合,是将私商与官方的利益相结合而形成的一个利益共同体,私商承担了部分官商的责任与义务,在部分体现国家(统治者)意志的同时,也赚取了本应该由官商赚取的利润。这种形式表面上符合规范伦理,但从德性伦理方面来看,其诞生之日起,便具有先天缺陷。

(二)私商官营的发展

红顶商人的产生,就是私商与官商结合发展的产物。

《红楼梦》中,有多个私商与官商结合的典型,例如王家。听闻元春要回贾府省亲,凤姐和贾琏的奶妈赵嬷嬷说起接驾的事,凤姐忙接道:"我们王府也预备过一次。那时我爷爷单管各国进贡朝贺的事,凡有外国人来,都是我们家养活。粤、闽、滇、浙所有的洋船货物都是我们家的。"

赵嬷嬷道:"那是谁不知道的?如今还有个口号儿呢,说'东海少了白玉床,龙王来请江南王',这说的就是奶奶府上了。"

凤姐爷爷掌管各国进贡朝贺的事,粤、闽、滇、浙所有的洋船货物都是他家的,至少说明了以下两点。

一者王家是朝廷命官,而且是个有实权的肥差,掌管各国进贡朝贺。

二者王府有自己的实体经济，生意做得很大，粤、闽、滇、浙所有的洋船货物都是他家的，做的还是外贸生意。"粤、闽、浙"都是东南沿海，而"滇"则是内陆边境省份，说明王家的外贸生意，不仅做沿海的进出口业务，还通过陆路口岸经营进出口业务，本大利大。

再如薛家。书中这样介绍薛家"家中且有百万之富，现领着内帑钱粮，采办杂料。这薛公子学名薛蟠，表字文龙，五岁上就性情奢侈，言语傲慢。虽也上过学，不过略识几个字，终日惟有斗鸡走马，游山玩水而已。虽是皇商，一应经济世事，全然不知，不过赖祖父旧日情分，户部挂虚名，支领钱粮，其馀事体，自有伙计老家人等措办。"

"皇商"二字，是对其身份地位的精准概括。"现领着内帑钱粮，采办杂料。"专门为皇宫采办物料的，这可是个大肥差。薛家虽是私商，但经营的是皇家的买卖，赚取的是皇家的利润。

徽商代表人物胡雪岩是红顶商人中的典型。清咸丰十一年（1861年），太平军攻杭州时，胡雪岩从上海运军火、粮米接济清军而为左宗棠赏识，后来又帮助左宗棠组织"常捷军"、创办福州船政局。左宗棠西征平叛阿古柏时，他主持上海采运局局务，在上海代借外款5次，高达1195万两白银，采办军饷、订购军火。

胡雪岩虽然是私商，但他所从事的商业活动无一不和朝廷相关，又是典型的皇商。其经营业务以及赚取的利润和国家利益息息相关。

中华人民共和国成立前的蒋宋孔陈四大家族，也是私商与官商结合的典型。四大家族极力加强官僚资本在整个国民经济中的垄断地位，大发国难财，使官僚资本迅速膨胀，依靠政治特权和经济掠夺来赚取巨额利润。如果没有政治特权，他们根本不可能垄断全国的金融、矿业、纱业等国民经济命脉，众多的民间私营工商业主也不可能受其剥削与压榨。

私商官营导致了一系列的伦理道德问题，其背后是国家统治者意志的体现。没有了德性伦理，规范伦理更早已荡然无存。

（三）私商官营管理

无论是奴隶社会、封建社会，还是半殖民地半封建社会，私商官营都是依靠官方的强大背景而生存的，"皮之不存，毛将焉附"，一旦失去了官方背景的支持，私商官营便走到了尽头。

私商官营发展起来后，随着经济实力的增强，必然会有政治方面的诉求，这便会和统治者的利益产生矛盾，统治者便会加强对私商官营的管理甚至是打压。

《红楼梦》中的王家也好、薛家也罢，只要动了统治者的奶酪，甚至只要露出一点点的苗头与端倪，统治者一定就会让你说倒便倒，一切全看统治者的眼色和喜好。

清光绪九年（1883年），红顶商人胡雪岩的产业受各地官僚竞相提款、敲诈勒索而引发资金周转失灵，受外商排挤而被迫贱卖，资产去半。红顶商人胡雪岩的最终下场是被革职查抄家产，郁郁而终。

可见所有官营私商都是统治者手中的棋子，其有利用价值时，便可以让其发展，让其追逐利润；一旦失去了利用价值，或者对统治者产生威胁时，便会随时灰飞烟灭。

从私商官营命运的因果分析，其成也在官，败也在官。

（四）会计伦理

私商官营产生的必然结果是官商勾结、贪污受贿、腐败横行，表面看是会计的德性伦理问题。

蒋介石曾经委派蒋经国到上海进行经济治理，名为"打虎"，实质是对部分私商官营进行治理，革自己人的命。其表兄弟孔令侃的"扬子公司"，就是典型的私商官营，背后是孔宋两大家族在支撑，岂能让蒋经国打倒？所以结局不言而喻。

私商官营已经严重背离了商业最初的伦理，丧失了诚实守信的基本道德，既违背了会计的德性伦理，也完全抛弃了契约精神，不符合会计规范伦理的要求，不择手段攫取利益，早已和私营商业以义取利以及会计公平计量的伦理背道而驰，最终被扫进了历史的垃圾堆中。

总体而言，中国古代商业在漫长的历史进程中踽踽而行，重要原因是历代统治者重农轻商，这从"商"在"士农工商"中排末位便可见一斑。大道言商，以义取利，德性商业与会计伦理，更多体现在私营商业之中；而作为国家统治者意志体现的官营商业，更多体现的是规范商业与会计伦理；民众则是希望在所有的商业活动中，既能体现德性商业与会计伦理，又能体现规范商业与会计伦理，能够做到二者完美的结合。

第三节　全球公司治理与会计伦理本土重构

在这一节中，我们首先对全球公司治理和会计伦理发展的重大事件进行回顾，再对中国基于公司治理的会计伦理进行探讨，最后对中西会计伦理的融合与本土重构问题进行研究。

一、全球公司治理与会计伦理

在全球经济发展、资本市场发展、所有权和经营权逐渐分离的过程中，产生了委托代理问题，导致公司治理问题的产生，其中会计伦理的缺失成为公司治理的重点，资本市场上发生的泡沫事件很多都是由于会计伦理失范造成的。下面我们择取两个典型案例——南海事件和萨班斯法案来探讨全球公司治理及会计伦理问题。

（一）南海事件——全球公司治理与会计伦理的开端

"我能算准天体的运行，却无法预测人类的疯狂。"(I can calculate the motions of heavenly bodies, but not the madness of people.) 这是南海事件中受害者之一、著名物理学家牛顿爵士在投资南海公司股票大赔 2 万英镑离场时发出的感叹。事实上，南海公司将自己的股价从 120 英镑炒到 1000 英镑的"造富"过程中，整个英国上至英国国王乔治一世下至广大民众乃至海外投资者都参与其中。"政治家忘掉了政治，律师忘记了法庭，商人忘记了买卖，医生忘记了病人，老板忘记了商店，传道士忘记了讲坛，甚至那些妇人们竟忘记了夸耀和虚荣。"整个英国陷入一片投机的狂热之中。那么，什么是南海事件呢？

南海泡沫作为经济学专有名词，是南海泡沫事件的简称。它是指南海公司在 1720 年春、夏之间，由脱离常规的全民投资狂潮所引致的股价暴涨和暴跌，以及由此带来的大混乱。南海泡沫事件中的南海股价如泡沫快涨快落的情况被后人形象地用"泡沫经济"一词来形容，一般是指由于经济过热而虚假繁荣，最终泡沫破裂导致经济萧条。

南海事件带来的深刻影响之一是它催生了全球公司治理研究。事实证明，对南海公司的管理层缺乏有效监督和约束，不健全的公司治理结构是造成南海泡沫事件的原因之一。南海公司的董事是代表股东来经营企业并监督雇员的，但董事并没有受到股东的监督，而国家对证券经纪商的监督也仅限于书面誓约，对董事的监督更加欠缺。实际上，由于交通不便、信息不畅，股东很难对董事进行监督；而缺乏监督和约束的董事是难以保证其能切实代表股东利益的。南海泡沫事件恰是由于缺乏监督机制和约束机制而导致的一场经济灾难。

南海事件引起了人们对会计伦理的反思。首先是对不对称会计信息披露的反思。南海事件发生在信息不对称的年代，由此引发人们对不对称财务信息带来危害的反思。当时投资者进行投资依据的信息大体包括两类：一是上市公司的宣传及市场传言，二是股票价格信息。南海公司的宣传有很多故意隐瞒的成分，比如南海公司针对其拥有的南海贸易特权大做文章，描绘出一幅到处是金山银山的美好前景，从而鼓动投资者买入其股票。南海公司在宣传中对公司的未来盈利能力进行了夸张的报道，比如南海公司在股价开始波动时就承诺以后 12 年每年将支付 50% 的红利。由于信息的不对称，投资者难以获得上市公司真实的财务信息，导致其投资风险不断加大，直至形成泡沫并最终崩溃。其次，南海事件也引发了关于政府对信息披露监管的反思。南海事件促使英国政府为了抑制泡沫，由国会通过了《泡沫法案》，而英国股票市场在历经一个世纪之后才走出南海泡沫的阴影。

（二）萨班斯法案——全球公司治理与会计伦理的发展

1635—1637 年荷兰郁金香泡沫事件、1719—1720 年法国密西西比泡沫事件以及 1720 年英国南海泡沫事件被称为欧洲早期的三大经济泡沫事件。如果说这三大金融泡沫事件开启了全球公司治理与会计伦理的进程，那么，随着资本市场的发展，针对安然公司、施乐公司和世通公司的惊天财务舞弊事件而出台的萨班斯法案则可视为全球公司治理与会计伦理进入新的发展阶段的标志。

2001 年 12 月，美国安然公司突然申请破产保护，公司不断爆出大量丑闻；2002 年 6 月，世界通信公司会计丑闻事件爆发，严重打击了美国投资者对资本市场的信心。为消除财务丑闻的恶劣影响，防止类似事件的频繁发生，2002 年美国国会通过了《萨班斯—奥克斯利法案》（*Sarbanes-Oxley Act*，简称《萨班斯法案》），正式名称为《2002 年公众公司会计改革和投资者保护法案》。法案开篇第一句话就是"遵守证券法律以提高公司披露的准确性和可靠性，从而保护投资者及其他目的"。

《萨班斯法案》的出台标志着美国资本市场对企业公司治理和会计信息披露的

要求提高，该法案的主要内容包括改善公司治理机构、强化内部控制机制、重构会计业监管框架等三个方面。

1. 改善公司治理机构

公司治理三要素即规则、合规和问责。《萨班斯法案》的第十一章正文可以概括为以下几个方面：一是建立健全独立的公众公司会计监察委员会，监督执行公众公司审计职业（如会计师事务所及注册会计师等）；二是强化注册会计师的独立性；三是更加明晰公司整体财务报告担责制；四是强化公司财务披露工作；五是加强对企业高管及相关责任人违法行为的处罚措施；六是增加经费拨款，强化 SEC 的监管职能；七是要求美国审计总署加强调查研究。从这些内容不难看出，萨班斯法案重新制定了美国资本市场的游戏规则，确定了合规与违规的边界条件，并对违规行为采取更加严厉的问责措施。

2. 强化内部控制机制

该法案两大重要条款分别是 302 及 404 条款，302 条款要求包括公司 CEO 和 CFO 在内的企业高层管理者，对公司相关财务报告的内部控制需要按照季度和年度做出声明并明确相应职责。《萨班斯法案》的核心是要求上市公司加强内部控制，强调公司高层管理者要对公司财务报告承担主要责任，这一点在 404 条款体现明显。404 条款要求企业高管层重视企业的内控系统，加强整体的监管力度，每年都要对企业内控系统的有效性进行测试，并且在公司财报中予以披露。此外，上市公司需要独立的第三方注册会计师对企业的内部控制系统进行独立客观的评价，并出具正式意见，这在一定程度上将更加明确公司的责任。不得不说，《萨班斯法案》中最重要、实施难度最大的就是 404 条款，上市公司为了做到该条款高度合规需要付出不菲的代价。《萨班斯法案》自正式执行之日起，美国公司的财务造假事件基本绝迹，起到了极大的监管作用，不仅让投资者的信心有所恢复，也使得资本市场重新步入正轨，为整个商界提供了良好的整体监管环境。

3. 重构会计业监管框架

如若上市公司的会计工作监管不力，那么整个证券市场的监管工作就很难得到保障，不仅会破坏证券市场的有序运行，纵容公司的违规活动，最终损害诸多利益相关者的利益。如今，在美国上市的公司不仅需要保证其财务报表数据的准确性，更重要的是还要保证内部控制系统能通过相关审查，才能符合《萨班斯法案》规定。

二、中国基于公司治理的会计伦理

伦理学可以具体细分为德性伦理学和规范伦理学两大类。其中，德性伦理学解决的是"做什么人"的问题，它是以品德、美德和行为者为中心的伦理学。规范伦理学解决的是"怎样做"的问题，它是以道德、规范和行为为中心的伦理学。相应地，会计伦理也可以从德性伦理学和规范伦理学的视角分为会计职业伦理和会计商务伦理。

（一）基于公司治理的会计伦理二维制衡

基于公司治理的会计伦理二维制衡，是从伦理学中的德性伦理学和规范伦理学视角，把会计伦理分为会计职业伦理和会计商务伦理，探讨如何构筑会计职业伦理和会计商务伦理。由于会计职业伦理是内向的维度，会计商务伦理是外向的维度，所以会计伦理也是内向维度和外向维度的二维均衡。下面我们从中国传统道德伦理和中国传统商业伦理的角度，分别对会计职业伦理与会计商务伦理进行阐述。

（二）中国传统道德伦理与会计职业伦理

会计职业道德的核心原则包括"诚信原则、客观公正原则、专业胜任能力和勤勉尽责原则、保密原则、良好职业行为等"[①]。中国传统道德伦理中的"信""直""真"对会计职业伦理有深远的影响。

首先，会计职业伦理要讲求"信"，即会计人要做到诚信、可靠。中国传统道德伦理中儒家思想倡导仁、义、礼、智、信、恕、忠、孝、悌等，《论语·学而》"为人谋而不忠乎？与朋友交而不信乎"中的"信"指的是诚实不欺。《管子·任法》"故圣君设度量，置仪法，如天地之坚，如列星之固，如日月之明，如四时之信"中的"信"则是指不发生差误，有规律。春秋时期左丘明《左传·宣公二年》"贼民之主，不忠；弃君之命，不信"中的"信"指的是守信用，实践诺言。《墨子·号令》"大将使人行，守操信符。信不合，及号不相应者，伯长以上辄止之"中的"信"指的是符契，凭证。《说文》"信，诚也"，指出"信"的本义就是诚实守

[①] 陈汉文，韩洪灵. 商业伦理与会计职业道德 [M]. 北京：中国人民大学出版社，2020.

信，不欺骗，不怀疑，很可靠的意思。讲守信用的人，就叫"信人"。从字形上看，"人"+"言"="信"，说明了人不食言谓之信，说话要守信用，不失信于人，这是做人的基本要求。按德性伦理学对"信"的要求，会计职业伦理要求会计从业者要做到讲良心、讲诚信，具备向善、诚实的美德。

其次，会计职业伦理要讲求"直"，即会计人要做到公正、正直。《韩非子·解老》："所谓直者，义必公正，公心不偏党也。"其中的"直"即是公正、正直之义。"直"为正直、公正、不偏私之义，中国古代典籍多有论述，有代表性的如《韩非子·五蠹》中"夫君之直臣，父之暴子也"，《左传·僖公二十八年》中"师直为壮，曲为老"，《史记·屈原贾生列传》中"屈平正道直行，竭忠尽智，以事其君"等。按德性伦理学对"直"的要求，会计职业伦理要求会计从业者要做到具有强烈的使命感、正义感和社会责任感。

最后，会计职业伦理要讲求"真"，即会计人要做到真实、坦率。《论语·为政第二》："《诗》三百，一言以蔽之，曰'思无邪'。"其中"思无邪"就是心无邪意、心思纯正，这其实就是"真"的境界。"真"本义是本质、本性，引申为真实。道家的悟真、修真，旨在探究与追求自然之道。《庄子·渔父》："真者，精诚之至也。"《文子·精诚》："夫抱真效诚者，感动天地，神逾方外。"其中的"真"指的就是精诚和诚心实意。按德性伦理学对"真"的要求，会计职业伦理要求会计从业者要敢于抵制违反会计基本行为准则的行为，敢于劝谏权力者，成为会计行业职业操守的捍卫者。

（三）中国传统商业伦理与会计商务伦理

中国传统规范伦理中的"守""独""勇"对会计商务伦理亦有深远的影响。

首先，会计商务伦理要讲究"守"，即会计人要做到守规、尽责。《吕氏春秋·察今》中"故治国无法则乱，守法而弗变则悖。"《世说新语·识鉴》中"荆州守文，岂能作意表行事。"明代崔铣《记王忠肃公翱三事》中"某亦守法，与公甚相得也。"其中的"守"字，均是指遵守、奉行之义。会计商务伦理要求会计人应该遵守相关的法律法规，并尽力做好责任范围内的事。

其次，会计商务伦理要讲求"独"，即会计人要做到独立、严正。《渔父》中屈原被渔父问道为何遭流放，屈原用"举世皆浊我独清，众人皆醉我独醒"来回答，即被流放的原因是自己与众不同，独来独往，不苟合，不妥协。会计商务伦理要求会计人应该保持独立性，严肃公正地办理自己所从事的会计业务。

最后，会计商务伦理要讲究"勇"，即会计人要做到敢谏、勇为。《论语·为政》："见义不为，无勇也。"《墨子·经上》："勇，志之所以敢也。"勇敢是意志坚强、志向高远所产生的敢作敢为的外部行为反应。《国语·周语》："勇，文之帅也。"意为勇敢是内在的魅力。《左传·昭公二十年》："知死不辟，勇也。"形容一个人非常之勇敢，为了正义勇往直前，不畏牺牲。会计商务伦理要求会计人保持勇气，敢于直言相谏。

（四）会计职业伦理与会计商务伦理的融合——内外兼修

会计伦理实际上是会计职业伦理和会计商务伦理的融合，会计职业伦理是内在导向的，会计商务伦理则是外在导向的，所以会计职业伦理与会计商务伦理的融合是一个内外兼修的过程。按德性伦理学的要求，会计从业人员要做诚信可靠、公正正直和真实坦率的人。按照规范伦理学的要求，会计人员应该守规尽责、独立严正、敢谏勇为[①]。实际上，会计从业者可以通过内在提高自己的道德素养和外在规范自己的从业行为，从而达到内外兼修的目的。

三、中西会计伦理融合与本土重构

在前面两节对中西方会计伦理分别介绍的基础上，本节重点探讨中西会计伦理的融合问题以及如何重构中国本土的会计伦理。

（一）中西会计伦理融合——基于 ESG 的会计伦理

中西方会计伦理的不同源于其文化背景的差异，包括"'性善论'和'性恶论'对会计伦理价值的塑造、情理精神和理性主义对会计伦理逻辑的导引、示范伦理和规范伦理对会计伦理行为的影响等"[②]。

当前，中西会计伦理的融合集中体现在环境、社会和治理三者融合的 ESG 治理上，ESG 是指环境（Environmental）、社会（Social）和公司治理（Governance），ESG

[①] 李建，肖祥敏. 基于公司治理的会计伦理二维制衡探析 [J]. 南华大学学报（社会科学版），2011，12（3）：35-38.

[②] 王双云. 中西方会计伦理思想的源流比较及启示 [J]. 湖南师范大学社会科学学报，2011，40（3）：21-23.

蕴含着人与自然协同、共生的理念，其思想渊源最早可追溯至中国传统文化中"天人合一""天下为公"的社会理想。北宋的张载对其进行了集中阐述，在其《西铭》中"乾称父，坤称母；予兹藐焉，乃混然中处。故天地之塞，吾其体；天地之帅，吾其性。民，吾同胞；物，吾与也。"其含义是："《易经》的乾卦，表示天道创造的奥秘，称作万物之父；坤卦表示万物生成的物质性原则与结构性原则，称作万物之母。我如此的藐小，却混有天地之道于一身，而处于天地之间。这样看来，充塞于天地之间的，就是我的形色之体；而引领统帅天地万物以成其变化的，就是我的天然本性。人民百姓是我同胞的兄弟姊妹，而万物皆与我为同类。"这可以看作是今天"人类命运共同体"理念的萌芽。前事不忘，后事之师，对待新冠疫情中西方国家的不同态度和治理结果充分显示了中国的制度优势，我们提倡的"四个自信"即中国特色社会主义道路自信、理论自信、制度自信、文化自信，其中"文化自信是更基础、更广泛、更深厚的自信"。精神人文主义理论认为"当前世界的现状也促使我们对整体人类社会的福祉承担起责任"[①]。从中西融合的视角来看，"可持续发展理论、经济外部性理论、企业社会责任理论是共同支撑 ESG 的三大理论支柱。"[②]

第一，可持续发展理论与 ESG。ESG 报告也称为可持续发展报告，一是因为 ESG 报告的目的在于评价企业可持续发展状况，二是因为 ESG 报告的很多理念来源于可持续发展理论。可持续发展理论源于人们对人类中心主义（Anthropocentrism）思维模式的反思，反思的结果是走向生态中心主义（Ecocentrism）。人类中心主义认为人类高于自然，人类具有改造自然和征服自然的神圣权利。随着科技的发展，科技加持下的人类中心主义的发展导致人类为了提高物质生活而过度开发利用自然资源，造成一系列严重的环境问题。对人类中心主义的反思诞生了生态中心主义，生态中心主义认为人类并不是高于自然的，人类和其他生物一样，都是自然界的一个组成部分而已，人类和自然界一起组成生命共同体。而真正意义上的可持续发展理论则是由联合国首次提出的。联合国为可持续发展付诸努力，1983 年成立世界环境与发展委员会（World Commission on Environment and Development，WCED）。可持续发展理论正式诞生的标志则是 1987 年第 42 届联大发布的《我们的共同未来》报告，该报告将可持续发展理念贯穿其中，具体包括"共同关注""共同挑战"和"共同努力"等三部分。2015 年的

---

① 王学典，等. 第八届世界儒学大会学术论文集 [C]. 北京：文化艺术出版社，2018.
② 黄世忠. 支撑 ESG 的三大理论支柱 [J]. 财会月刊，2021（19）：3-10.

可持续发展峰会上193个成员国通过《联合国2030年可持续发展议程》，提出了解决2015—2030年环境、社会和经济问题的17个可持续发展目标，分别是：无贫穷；零饥饿；良好健康与福祉；优质教育；性别平等；清洁饮水和卫生设施；经济适用的清洁能源；体面工作和经济增长；产业、创新和基础设施；减少不平等；可持续城市和社区；负责任消费和生产；气候行动；水下生物；陆地生物；和平、正义与强大机构以及促进目标实现的伙伴关系等。人类中心主义观和生态中心主义观融合发展，到今天形成了包容性发展（Inclusive Development）理念，即在经济可持续发展方面，强调不以牺牲生态环境为代价来片面追求经济增长，也不以环境保护为由而无视经济增长，通过包容性增长来永葆经济发展的活力。

第二，经济外部性理论与ESG。亚当·斯密认为，市场经济通过市场机制这只"看不见的手"促使整体社会利益最大化。但经济外部性理论认为经济外部性会引发市场失灵（Market Failure），指出市场机制并非万能，即单纯依靠市场机制难以实现资源的最优配置，也不能实现整体社会利益的最大化。经济外部性理论指出，与生态环境资源公共物品（Public Goods）相关的问题其实不能完全依靠市场机制解决，还需要政府干预和管制，包括纯行政化的方式和准市场化的方式。前者如开征资源税、征收排污（放）费、发放排污（放）配额；后者如设立碳排放权交易市场。而政府干预和管制依赖于精准信息，如ESG报告信息。

第三，企业社会责任理论与ESG。公司治理中围绕着"公司究竟是谁的"这一问题产生了两种理论——股东至上理论（Shareholder Primacy Theory）和利益相关者理论（Stakeholder Theory）。股东至上理论认为公司是所有者的公司，公司要实现作为企业所有者的股东利益。利益相关者理论则认为，公司不仅是所有股东的公司，更是包含众多利益相关者（主要包括股东、消费者、员工、供应商和社区等）的公司，所以公司要实现全体利益相关者的利益。利益相关者理论主张，企业也应当对股东之外的其他利益相关者承担责任，由此企业社会责任理论（Corporate Social Responsibility，CSR）凸显出其重要意义。企业社会责任理论中著名的当属卡罗尔的企业社会责任金字塔（Pyramid of Corporate Social Responsibility）理论，该理论指出企业的社会责任包括：经济责任（赚取利润）；法律责任（守法经营）；伦理责任（合乎伦理）；慈善责任（乐善好施）等四个方面[1]。

---

[1] Archie B Carroll. The Pyramid of Corporate Social Responsibility: Toward the Moral Management of Organizational Stakeholders[J]. Business Horizons, 1991,34(4): 39-48.

ESG 报告应该披露企业的社会责任行动，ESG 报告和 CSR 报告在本质上是一致的，但二者又有区别，主要表现在目标读者、内容侧重点和表达方式等方面。ESG 报告主要聚焦于投资者和监管机构，内容上更侧重于 ESG 风险的识别、管控及可量化的绩效数据。而 CSR 报告面向利益相关者，因此披露的事项更为丰富，公司的属性和特点更为突出。"CSR 报告不仅要帮助投资者更清晰地识别公司发展的机遇与挑战，更要推动企业建立有效的内外对话机制，促进利益相关方参与，树立公司负责任的品牌形象。"（陈伟征等，2019）从 CSR 和 ESG 的区别中我们可以看出，CSR 包含着更丰富的内容。

（二）平台生态圈治理与会计伦理

新时代的竞争已经不只是企业与企业之间的竞争，也不只是一个产业和另一个产业之间的竞争，而是一个生态圈和另一个生态圈之间的竞争。21 世纪平台经济的崛起已成趋势，这是由互联网的去中介化、去中心化和去边界化的特性所决定的。反映世界经济发展趋势的世界 500 强榜单显示，自 2017 年开始，全球 500 强前 10 名公司中有 7 家都是平台公司。当前，平台经济成为各国 GDP 增长的重要组成部分。而平台经济发展的最高境界是打造一个多方共赢的平台生态圈，因此，平台生态圈成为数字化时代企业社会责任的组织载体。

平台生态圈的概念来源于自然生态圈。在自然生态圈中，每一种生物的成长都离不开其他生物，各种生物网络式地相互依存，即本身的生存成长需要其他生物的价值贡献，而其他生物的生存成长也需要各自的价值贡献，最终是多方共赢的结果。而经济学意义上的平台生态圈，是指平台企业通过对各类经济社会主体、经济性与社会性资源要素的整合，促进资源共享、价值共创从而形成互动共生的平台生态圈。在此，我们首先探讨一下平台生态圈的治理问题，并进一步探讨平台生态圈中的会计伦理问题。

1. 平台生态圈的治理

平台生态圈的价值创造不同于传统企业，传统企业是通过交易和交换创造价值，而平台生态圈是通过互动和互惠创造价值，也就是说，平台生态圈通过在社群内的共享、互动和共鸣来实现价值共创和价值共享。平台生态圈治理理念与传统企业有所不同，具体表现在如下三个方面：平台生态圈治理基于利他、协同和共生理念，这与支撑 ESG 的三大理论不谋而合。

（1）利他与企业社会责任。

从传统企业的利己走向平台生态圈的利他已成趋势。传统的企业组织是基于利己的理念，而平台生态圈治理是基于利他的理念。利他行为可伴随着种群的胜利而成功演化。随着人类文明的发展，人类心智与人类行为会越来越与利他心相融。传统公司治理从股东至上论发展到利益相关者理论，这些利益相关者包括企业股东、内部员工、债权人、供应商、零售商、消费者、竞争者和社区等。而平台生态圈中的利益相关者除此之外还包括用户，用户是平台生态圈中重要的利益相关者。用户不同于消费者（顾客）的一点在于用户的概念更强调黏性，也就是强调通过不断地交互创造价值。一般来说，平台生态圈中的用户聚集在一个社群里，用户与企业不断交互能创造价值，更重要的是用户与用户不断交互也能创造出价值。

优质的社群的运营需要有利他的思维，因为平台生态圈不像传统的企业一样通过控制（如母公司对子公司的控制、公司对其关联公司的控制）创造价值，而是通过激活（包括激活个体和激活组织）创造价值。在自组织、自演进的平台生态圈中，利他发挥着重要的维持社群运营的作用，即便要实现利己，也必须通过利他来实现。

平台企业及其利益相关者相互关联、共创价值、共享网络。传统公司治理从股东至上论发展到利益相关者理论，利益相关者理论中提及平台参与者角色、用户参与行为和利益相关者连接属性等，都会影响平台生态圈的价值共创。

（2）ESG 理念下的平台生态圈治理。

ESG 的环境、社会、公司治理的三方关系有哪些？企业在平台生态圈中，借助环境方与社会方实现了自己发展的目的，企业当然应该为另外两方贡献自身的价值，承担起社会责任：一方面树立绿色治理观，将可持续发展理念融入企业文化，上行下效、内化理念，在企业战略中践行"绿水青山就是金山银山"理念，保护人类共同的家园；另一方面，企业借助社会公众的资金经营创造的利润，要与社会公众共享，在保证企业运营资金充足的前提下，积极为股东分配企业利润，市场经济通过市场机制发挥作用最终会促使整体社会利益最大化。

传统企业重视利己行为，而在互联网时代，平台企业受到利益相关者特别是商家入驻和用户的关注使用，企业单纯自身利益最大化的利己行为将无法得到用户认同。研究表明，企业履行社会责任，对消费者购买行为有正向影响作用。企业履行社会责任已经成为利益相关者关注的重要部分，这让平台企业更加重视自身应当承担的企业社会责任并发展利他竞争力，形成促进各种利益相关者"共赢"的利他动机和互利行为。

平台企业意识到自身应当履行社会责任并发展利他竞争力，需要一个不断认识自我和不断成长的过程。以沃尔玛从典型的"经济人"到"利他行为者"为例：企业发展前期，沃尔玛一直宣称企业最大的社会责任就是利润最大化。它拒绝工会和公益活动，不承担社区公益等社会责任。沃尔玛为消费者提供最便宜的商品，实现了企业效率和利润最大化，使企业更具竞争力。后来，沃尔玛的理念发生了明显的改变，越来越认识到承担企业社会责任的重要性。它积极参与社会公益活动，为用户提供便利，促进了企业健康发展。

当前社会环境正在变得更适宜履行社会责任企业的发展，更好地施行利他行为使企业更具有竞争优势。[1] 平台企业履行社会责任，实现利他行为，与利益相关者共创共享价值成为当前平台企业可持续发展的重要途径。字节跳动是一个典型的例子。字节跳动的扶贫事迹受到社会广泛关注，字节跳动通过履行社会责任，帮助贫困地区的扶贫企业和农户，为中国扶贫贡献了平台企业的价值；对于字节跳动自身来说，开发了新市场，创造了潜在的商业价值，为自身发展带来了新的商业机会、引入了新的商业资源、构建了新的商业能力，拓展了新的平台商业生态。[2]

在自组织、自演进的平台生态圈中，"利他"发挥着重要的维持社群运营的作用，平台企业通过利他行为，为用户创造价值，承担企业社会责任，实现共赢。

（3）协同与经济外部性。

传统企业从分工走向协同已成趋势。传统的企业组织是基于分工的理念，而平台生态圈治理是基于协同的理念。传统企业的价值创造是基于分工理论的，分工带来了效率的极大提升。但平台生态圈企业的价值创造则是依赖于协同，平台生态圈"社会责任更强调企业各部门的整体式、协同式与联动式的全方位与全过程参与，进而更好地发挥承担企业社会责任的社会资源配置效应，实现整体意义上的资源配置效应最大化而非局部意义的社会资源配置效应。"[3]

平台通过网络效应创造价值。梅特卡夫定律表明，网络的价值与用户数量的平方成正比。也就是说，当平台包含的用户越多时，整体能够创造的价值越高，进而

---

[1] 王千. 新经济时代的价值创造 [M]. 北京：经济科学出版社，2016.
[2] 陈劲，杨洋，于君博. 商业模式创新研究综述与展望 [J]. 软科学，2022（4）：1-7.
[3] 阳镇，陈劲. 迈向共同富裕：企业社会责任的底层逻辑与创新方向 [J]. 清华管理评论，2022（1）：66-76.

使互联网平台企业呈现出远超传统经济模式下企业个体的优势。当平台中的用户达到一定基数之后，企业的成长会出现指数级加速态势。用户、政府和其他机构协同平台成长，相互贡献价值。

协同是指平台企业与用户、平台企业内部、用户与用户以及外部机构与平台企业之间的价值共创行为。平台生态圈企业的价值创造则是依赖于协同，各主体整体式、协同式与联动式的全方位与全过程参与，可以更好地共享共创价值，实现整体意义上的资源配置效应最大化。

平台生态圈协同的最终目的是实现开放式创新的平台生态，平台生态圈是动态变化的，并且相互关联性极强，各主体能力动态发展，协同的目的是实现各要素的有机集合。"生态圈中的各主体通过创新实现资源优化配置，达到行动最优的高水平系统匹配度。"[①] 协同创新有利于进一步提高平台生态圈治理水平。

（4）共生和可持续发展理论。

从传统企业的自生走向平台生态圈的共生已成趋势。传统的企业组织是基于自生的理念，而平台生态圈治理是则基于共生的理念。当前理解共生可以借助"人类文明新形态"和"人类命运共同体"两个概念。"人类文明新形态"强调平等、互鉴、对话和包容的文明观，反映了人类的共同理想和诉求。"人类命运共同体"则指出，人类整体命运是休戚与共的，要通过价值共创、共享实现共生。平台生态圈通过生态圈中的各利益相关者之间的价值共创和价值共享实现价值共生，这种共生也是人与自然的和谐共生，实现了 ESG 共生和 CSR 共生。

平台连接双边及多方群体实现共生机制，各方相互依存，获取和贡献自身的价值，实现可持续发展。平台经济飞速发展，生态圈治理依赖于政府、其他机构和用户自身实现更高质量的共生和可持续发展。可持续发展理论要求政府或其他机构重视制度安排方面的变革和创新（黄世忠，2021）。

将 ESG 理念与平台生态圈结合，企业在经营好自身的同时连接社会及环境，一方面可以募集充足资金，保证企业的资金血液的流通，另一方面积极顺应时代潮流，契合大众价值观。

2. 平台生态圈的会计伦理

平台生态圈的会计伦理不应拘泥于传统企业的会计伦理，而应该与时俱进地创

---

① 阳镇，陈劲. 迈向共同富裕：企业社会责任的底层逻辑与创新方向 [J]. 清华管理评论，2022（1）：66-76.

新发展。我们将从德性伦理学视角和规范伦理学视角分别来探讨平台生态圈如何构筑会计职业伦理和会计商务伦理。

(1) 平台生态圈的会计职业伦理。

传统企业会计职业伦理要具备"信""直""真",即诚实可靠、公正正直和真实坦率。这些会计职业伦理当然也是平台生态圈的会计职业伦理遵循原则,但面对新的平台生态圈又稍显不足——数字时代会计职业变革将会诞生很多的新兴会计细分职业,如会计信息系统管理员和审计师,海量数据分析需要会计数据分析师、数据库管理员、会计数据安全官、人工智能会计人员等。平台生态圈时代,会计职业面临更多的利益诱惑和道德拷问:前者如数据价值诱惑、会计人工智能免责诱惑,后者如数据相关专业胜任能力困境、会计信息系统道德困境和会计数据管理道德困境等。由此,平台生态圈会计职业道德规范应包括更丰富的内涵,如平台生态圈会计信息系统操作行为规范、平台生态圈单位会计人员和注册会计师专业胜任能力规范、平台生态圈会计数据资源管理行为规范,以及平台生态圈会计人工智能应用行为规范等。平台生态圈会计职业伦理中出现的很多新命题目前正处于探讨阶段,比如会计人工智能伦理[1]。

(2) 平台生态圈的会计商务伦理。

传统企业会计商务伦理要具备"守""独""勇",即守规尽责、独立严正和敢谏勇为。这些会计商务伦理当然也是平台生态圈的会计商务伦理应有之义,但面对新的平台生态圈亦稍显不足——未来会计工作将会变得更加智能化、开放化和平台化,人工智能、区块链、大数据、云计算和边缘计算等科技的变革呼唤构建基于智能技术为核心的财会生态系统。平台生态圈要求会计人员在守规尽责方面要具备更高的风控合规能力,在数字化和智能化时代,对风险(包括对合规性和合法性的风险)的管控将成为未来会计人员的重要素质要求。平台生态圈要求会计人员保持独立和严正。保持独立一定程度上是基于对形势深刻的洞察,尤其是对平台生态圈产生的大数据及其会计处理方面有良好把握。平台生态圈要求会计人员更加敢谏勇为,利用自己的专业优势,深刻洞察平台生态圈大数据风险,并对利用大数据进行违规操作的行为进行劝谏和制止,这更加考验会计人员的能力,如战略思维能力、科技赋能能力、数据运营能力及生态协同能力等。

---

[1] 陈汉文,韩洪灵. 商业伦理与会计职业道德[M]. 北京:中国人民大学出版社,2020.

本章要点

西方古代商业的发展，催生了复式借贷记账法的产生。这种记账方法的特点为：对于每一项经济业务，都在两个或两个以上相互关联的账户中进行记录，不仅可以了解每一项经济业务的来龙去脉，而且在全部经济业务都登记入账以后，可以通过账户记录，全面、系统地反映经济活动的过程和结果，体现了商业伦理中的诚信本质。

中国古代的私商与官商最开始是分别发展的，但最后走上了私商官营的道路。在私商官营的过程中，必然会与最初私商发展的会计伦理以及官商发展的会计伦理产生冲突，并最终让私商官营走进死胡同。

现代商务会计伦理，是以环境、社会、治理三者融合的协同与共生为特点的内外兼修，企业以及企业会计人员既要具备"信""直""真"与"守""独""勇"，又要在数字化和智能化时代，具备更高的风控合规能力、战略思维能力、科技赋能能力、数据运营能力以及生态协同能力等。

当前，中西会计伦理的融合集中体现在环境、社会和治理三者融合的ESG治理上，ESG是指环境（Environmental）、社会（Social）和公司治理（Governance），ESG蕴含着人与自然协同、共生的理念。

本章思考题

1.《簿记论》的复式记账，体现了怎样的会计伦理？
2. 中国古代私商官营是如何发展起来的，从会计伦理分析，有哪些弊端？
3. 现代商务会计伦理对企业会计人员提出了哪些伦理要求？
4. 当代会计伦理的融合主要体现在哪些方面？

第五章
可持续发展：生态改善与"共同体"伦理

"二战"结束以来，可持续发展运动在全球范围内不断深入发展，建立了可持续发展伦理体系，但其中也存在一些问题和障碍因素。中国传统文化蕴含着丰富的可持续伦理思想，不仅具备"各美其美"的本土价值，还具备"美美与共"的全球价值[①]。当前有必要对中西可持续伦理进行融合与本土重构，而习近平生态文明思想为此提供了重要指导。

第一节 当代可持续发展伦理

西方近现代工业文明在给发达国家带来空前物质财富的同时，也引发了人类发展与生态环境之间的矛盾。这种矛盾使人们意识到，人类发展和生态环境都面临着深刻的危机。因此，可持续发展成为当代人[②]的共同追求，这就要求人类构建相应的可持续发展伦理。对可持续发展及其伦理进行历史考察会加深我们对这一主题的全面认识。

一、可持续发展观与可持续伦理形成的背景

近年来，可持续发展观和可持续发展伦理观日益受到人们的重视，并从现实需要、理论探讨上升到国家战略，这个过程受到多重因素的全面驱动。

---

① 吕力. 文化深层结构视角下管理的中国经验、逻辑及其扬弃[J]. 管理学报, 2015（11）: 1571-1578.

② "当代"指的是1945年9月迄今的历史阶段。参见《西方史学史》（复旦大学出版社，2016年）。

(一) 西方经济社会发展的现实危机

20 世纪中叶以来,西方国家在迅速工业化的过程中出现了环境恶化、能源危机、资源枯竭等问题,地球上的经济系统急剧扩张而生态系统趋于萎缩,生态系统从原来的"空的世界"转变为"满的世界",此时自然资本取代人造资本成为稀缺要素[①]。人们发现,空气污染、臭氧层耗损、淡水资源枯竭、水资源污染、水土流失、土地退化与沙漠化、森林破坏、生物多样性锐减、有毒有害物品和废弃物扩散与管理不当等环境问题快速积累,人、社会、自然之间相对稳定的关系遭到破坏,人与自然的关系愈发紧张,环境问题开始直接威胁人类的生存和发展。这一严酷的现实使西方学者逐渐认识到,将经济、社会与环境割裂开来以谋求经济发展的传统发展模式,只能给地球和人类社会带来毁灭性的灾难。正如恩格斯所讲:"我们不要过分陶醉于对自然界的胜利。对于每一次这样的胜利,自然界都对我们进行报复。"

随着人们对环境问题的反思和觉醒,越来越多的人认识到,人与自然之间的不和谐往往由盲目、短视的人类行为所致,特别是经济主义和消费主义在短期内满足人类物欲的同时加剧了人与自然的紧张关系。根据美国学者博尔丁的观点,人类唯一赖以生存的最大生态系统是地球,而地球物质系统实际上是一个封闭的系统,就像茫茫无垠的太空中一艘小小的宇宙飞船,人口和经济的不断增长终将用完这一"小飞船"中的有限资源,人类生产和消费的废弃物也终将使飞船全部污染,到那时整个人类社会就会崩溃。因此,为了保证人类社会的正常发展,我们必须改变衡量经济成功的标准,即由强调产品和消费改为维持自然资本的完整性[②]。

(二) 西方主流经济理论的内在危机

西方传统的主流经济学以人类中心主义作为基本伦理观,以利润最大化为目标,并隐含着这样的假设:除少数资源外,不论人类经济活动如何发展,自然资源总是能够维持人类经济活动的需要。也就是说,自然资源是"自由取用物品",不

[①] 马洪波. 可持续发展理论的形成及其对西方主流经济学的挑战 [J]. 青海社会科学, 2007 (5): 47-50.
[②] 赫尔曼·E. 戴利,肯尼思·N. 汤森. 珍惜地球:经济学、生态学、伦理学 [M]. 马杰,钟斌,朱又红,译. 北京:商务印书馆,2001.

属于经济学的研究对象。在这种思想支配下，西方主流经济学出现了内在危机。一是忽视生态系统的有限性，将生态系统视为经济系统的原材料供应地和废弃物堆放地。由于经济系统永远是生态系统的子系统，经济系统的过分膨胀必然会给其赖以存在的生态系统带来越来越高的机会成本，直至整个生态系统崩溃瓦解。二是忽视自然资本的存在，视自然资源为"自由取用物品"。主流经济学有强调物质资本和人力资本而忽视自然资本的传统，表现为经济活动对自然资本的补偿不足且透支现象日趋严重，这就破坏了经济社会的可持续发展。三是忽视环境资源的再生产规律，为人类掠夺自然提供了理论依据。厂商理论中降低成本、提高效率的原则鼓励厂商尽可能多地利用"可以自由取用"的自然资源，而消费者行为理论则以追求效用最大化为目的推动了消费主义和厂商行为。宏观经济学所推崇的GDP指标以市场交易为基础进行核算，既没有反映自然资源对经济发展的贡献，也没有反映生态环境恶化带来的经济损失，在实践中日益成为一个有害的"指挥棒"，使宏观经济政策不断鼓励提高消费水平，似乎物质产品的增长可以是无限的。

西方主流经济学促成了这样的人类发展态势与图景：微观个体凭着本能追求最大化的生产和消费，政府则从外部以各种手段推动生产和消费，这样，整个国民经济必然会成为一架高速、高效运转的环境资源加工机器。这种发展方式正在使人类对自然的掠夺达到无以复加的地步。"虽然我们不能说这样的经济学是导致人类在可持续发展上走入歧途的根本原因，但它所建立起来的一般准则已经成为统治人们经济行为的思想模式，其现实影响有目共睹。从这个角度，我们至少可以说主流经济学难辞其咎。"[1]因此，"正是西方的主流经济学对于20世纪的环境危机负有不可推卸的责任"[2]。

（三）西方哲学中人类中心主义价值观的转向

以牺牲生态环境为代价求得经济增长的传统发展观，源自西方哲学中的人类中心主义伦理观。人类中心论由柏拉图提出，笛卡尔进行了阐释和论证，经过休谟和莱布尼茨的补充与发展后，人类中心论在康德和黑格尔那里得到了充分的确立。此后，借助于高歌猛进的科学技术，人类中心论更是被推向极端。人类中心主义价值观和伦理观认为，只有人类才具有内在价值，才有资格获得伦理关怀；人作为理性

---

[1] P. 达斯古柏塔. 环境资源问题的经济学思考[J]. 何勇田，译. 国外社会科学，1997（3）：39-45.
[2] 叶文虎. 可持续发展引论[M]. 北京：高等教育出版社，2001.

存在物，是唯一的道德代理人，其道德地位优越于其他物种；人以外的存在物都没有内在价值而只有工具价值，只能存在于人类道德共同体范围之外；人只对人负有直接的道德义务，人对环境的义务只是对人的义务的外在表现；只要有利于实现人的内在价值，无论怎样对待自然界都是天然合理的[①]。人类中心主义伦理观的实质是把人看作凌驾于自然之上的主宰者，可以无限制地改造和开发大自然。

人类中心主义强调人的主观能动性，唤醒了人类的主体意识，这是人类由屈服顺从自然的原始形态进入文明状态的一次质的飞跃。但"人类中心主义"过分强调人类对自然界的支配，无视自然界对人类活动的承受能力和反噬能力，导致了对自然界的过度开发利用，造成了日益加剧的环境危机。在更加广泛的范围内，近代西方人类中心主义高扬人类主体性旗帜，在带来发达的科学技术和昌盛的物质文明的同时也造成了人类文明的危机，如人的价值迷失、精神家园的失落以及生态环境的破坏。这在根本上制造了主体世界与客体世界的两极对立：人处于所谓的统治者、主宰者的主体地位，自然界则成为被人类征服、利用、控制的对象。人类不断采用新技术带来的征服自然的辉煌胜利，使这一观念得到进一步强化。这样，人与自然、自然与社会之间的内在关联被彻底切断，自然界对人类的全面报复是这种哲学思维与伦理观招致的必然后果。

为摆脱危机，当代西方哲学家特别是人文主义哲学家对西方传统哲学和伦理观进行了深刻的反思，试图从根本上超越人类中心主义及人类主体性哲学，重新思考人与环境的关系以及人在宇宙中的位置，希冀为人类重新找到安身立命之本。哲学视野、哲学主题的这些重大转换，蕴涵着深切的价值关怀和人文追求。当代哲学对西方传统哲学的人类中心主义价值观的消解，为可持续发展观的确立奠定了基础。

二、可持续发展观的形成与发展

可持续发展观本身蕴涵着许多伦理性的原则[②]，其形成和发展过程反映了人们在不同时期、不同条件下对可持续发展伦理的认知。

[①] 刘福森. 发展合理性的追寻：发展伦理学的理论实质与价值[J]. 北京师范大学学报：社会科学版，2007（1）：34-39.

[②] 周海林. 传统的超越与反思：可持续发展普世伦理的构建[J]. 中国人口·资源与环境，2001（2）：10-13.

（一）可持续发展观的提出

人类从"二战"的噩梦中清醒过来之后，经过十余年的快速发展，又陷入了与自然的总体紧张关系和深度危机之中。源于这种危机感，西方学者提出了可持续发展的思想。1962年，美国生物学家蕾切尔·卡逊发表了被称为环境保护主义奠基石的《寂静的春天》。该书用生态学的原理分析了化学杀虫剂给生态系统带来的危害，指出人类用自己制造的毒药来提高农业产量无异于饮鸩止渴，惊呼人们将失去"阳光明媚的春天"。该书还揭示了工业文明所带来的诸多负面影响，提示人们认真思考人类社会的发展方向，呼吁人类应该走"另外的路"[①]。

罗马俱乐部（Club of Rome）关于"增长的极限"的讨论推动了可持续发展理论的演进。美国学者丹尼斯·梅多斯领导的研究小组受罗马俱乐部委托，以计算机模型为基础，运用系统动力学对人口、农业生产、自然资源、工业生产和污染五大变量进行了实证性研究，并在1972年提交了研究报告《增长的极限》。这项著名的研究得出了"零增长"下的"全球均衡"的悲观结论，即经济的不断增长会不可避免地导致全球性的环境退化和社会解体，促请人们注意地球的承载能力，由此引发了国际社会的普遍关注和广泛讨论。同年，联合国在瑞典斯德哥尔摩召开人类环境会议，发表了《人类环境宣言》，提出"为了在自然界取得自由，人类必须利用知识，在同自然界合作的情况下建设一个较好的环境。为了这一代和将来的世世代代，保护和改善环境已经成为人类一个紧迫的目标"。经过广泛讨论，越来越多的西方学者认为，经济发展可以不断地持续下去，但必须对发展理念与发展模式加以调整，即必须考虑发展对自然资源的最终依赖性。

（二）可持续发展观共识的达成

1980年3月，联合国大会首次使用了"可持续发展"概念。1981年美国学者莱斯特·布朗出版的《建设一个持续发展的社会》第一次系统论述了可持续发展理论。联合国在1983年正式成立了世界环境与发展委员会（WCED），目的是解决"关于人类环境和自然资源加速恶化而造成经济和社会发展的后果"，确认妥善应对环境问题是全球性的和坚定的，建立可持续发展政策是所有国家的共同利益。该委

---

① 刘芳. 绿色未来与新思维 [M]. 合肥：安徽文艺出版社，2012.

员会主席格罗·哈莱姆·布伦特兰于1987年在联合国大会上发表了著名的布伦特兰报告即《我们共同的未来》(*Our Common Future*)，呼吁国际合作，一体化解决生态和经济发展问题，实现人类的持久发展。

布伦特兰报告将可持续发展界定为"既满足当代人的需求、又不危及后代人满足其需求的发展模式"。这一定义具有较高的抽象性，综合地表达了可持续发展的内涵，尽管引起了一些讨论和争议，但仍被人们广泛使用，并获得多数学者的认可，成为可持续发展的经典定义。这标志着可持续发展思想共识的达成。

1991年，由世界自然保护联盟（IUCN）、联合国环境规划署（UNEP）和世界自然基金会（WWF）共同发表的《保护地球——可持续生存战略》，将可持续发展定义为"在生存于不超出维持生态系统涵容能力之情况下，改善人类的生活品质"，并提出了人类可持续生存的九条基本原则。同年11月，国际生态学联合会（IAE）和国际生物科学联合会（IUBS）联合举行了关于可持续发展问题的专题研讨会。该研讨会的成果发展并深化了可持续发展概念的自然属性，将可持续发展定义为"保护和加强环境系统的生产和更新能力"，即可持续发展是不超越环境系统更新能力的发展。

1992年，联合国在巴西里约热内卢召开环境与发展大会，这是人类环境与发展史上一次里程碑式的会议。会议通过并签署了《里约环境与发展宣言》和《21世纪议程》等5个重要文件，提出了"只有一个地球""明天和今天一样重要""新的全球伙伴关系"以及"可持续发展的战略"等观念，还提出"所有发展必须考虑环境保护问题，要把环境保护作为一个前提条件，作为一个重要内容来综合决策"[①]。各国代表普遍认可"要以公平的原则，通过全球伙伴关系促进全球可持续发展，以解决全球生态危机"这一核心原则。其主要含义是：发达国家必须改变目前不可持续发展的消费方式；发达国家必须通过经济与技术援助帮助发展中国家改善生态环境；发展中国家在有限解决满足人民基本需要的同时，积极把发展与改善环境和保护资源结合起来；积极帮助发展中国家取得经济贸易发展的公平性，等等。由此建立了以环境与发展为对话平台的新的国际关系，开辟了人类发展史上的可持续发展时代。

到了20世纪末，国际社会关于可持续发展的共识得到进一步落实，有100多

---

① 霍尔姆斯，罗尔斯顿. 环境伦理学：大自然价值及人对大自然的义务[M]. 杨通进，译. 北京：中国社会科学出版社，2000.

个国家和地区相继制定了本国和地方的 21 世纪议程或可持续发展战略，有 150 多个国家和地区建立了实施可持续发展战略的专门机构。

（三）全球可持续发展实践中的问题与阻碍

进入 21 世纪以来，尽管有关国际组织根据可持续发展原则调整了相关机构，制定了新的方针政策，取得了一定的进展，但是，全球可持续发展在落实过程中仍出现了一些问题。实施全球可持续发展战略面临的一个重大的现实问题是应对气候变暖，需要减少温室气体排放，但因涉及各方利益而出现分歧。作为全球温室气体排放量最大的美国，曾于 1998 年签署了《京都议定书》，但在 2001 年 3 月，布什政府以"减少温室气体排放将会影响美国经济发展"和"发展中国家也应该承担减排和限排温室气体的义务"为借口，宣布拒绝批准《京都议定书》。2011 年 12 月，加拿大宣布退出《京都议定书》。《联合国气候变化框架公约》的缔约国 2007 年在巴厘岛承诺，就加大应对气候变化措施的力度展开谈判，并于 2009 年 12 月在丹麦哥本哈根商讨《京都议定书》承诺到期后的后续方案，推动就未来应对气候变化的全球行动签署新的协议，但各方的分歧很大。争论的焦点是降低碳排放的承诺以及追溯碳排放历史责任，也就是各个国家应根据历史承担有区别的责任问题，此外还有技术和资金方面的问题。争论的实质是各个国家如何控制碳排放以及如何为碳排放买单的问题。《哥本哈根协议》草案最终未获通过。直到 2016 年 11 月正式生效的《巴黎协定》才有了世界公认的协定。2019 年 11 月美国正式通知联合国，退出《巴黎协定》。2021 年 11 月 13 日，联合国气候变化大会在英国格拉斯哥开会，经过两周的谈判，各缔约方最终完成了《巴黎协定》实施细则。

人类可持续发展虽然任重而道远，但仍在前行。这就如 WWF（世界自然基金会）全球气候行动项目负责人在哥本哈根会议后所讲的，各方应对气候变化的言辞和实际行动之间存在差距，政治意愿变成有法律约束力的协议需要时间，"经过多年的谈判，我们现在只得到了一个无力的意愿声明，这不能为我们的后代拥有更安全的未来提供任何保障""我们非常失望，但是仍然还有希望"。

总体而言，目前全球可持续发展的阻碍主要来自某些发达国家。发达国家利用地球资源的人均数量高出发展中国家几十倍，在几百年的发展中消耗了大量的地球资源，排放了大量的污染物。同时，发达国家还利用发展中国家发展经济的迫切需求，借援助开发和投资之名，将大量危害环境和人体健康的生产行业转移到发展中国家,更有甚者,还将大量危险废弃物直接输往发展中国家,直接转移生态环境有害物。应该看到,当今世界的重大环境问题多由发达国家酿成,发达国家理应承担环境保护的主要责任。事实上,多数发达国家非但没有积极履行自己的义务,反而回避和推卸责任,甚至利用环境保护来限制发展中国家的发展。某些发达国家往往出于自身经济、政治利益的考虑,常常采取双重标准:一方面以维护本国利益为借口,拒绝承担相应的生态责任;另一方面无端指责他国的生态环境政策,借保护环境与可持续发展之名,行干涉别国内政之实。例如,在二氧化碳联合减排问题上,一些发达国家就提出了种种阻碍发展中国家进行经济建设的所谓"绿色条件",其本质是实行"环境殖民主义""生态殖民主义"。这也是发达国家维护本国经济利益,继续推行不合理的国际政治、经济旧秩序的现实反映。这在事实上阻碍了全球可持续发展。

(四)中国当代可持续发展实践

自改革开放以来,作为负责任的大国,中国一直积极进行可持续发展实践。在1992年联合国环境与发展会议之后不久,中国政府就组织编制了《中国21世纪议程——中国21世纪人口、环境与发展白皮书》,首次把可持续发展战略纳入中国经济和社会发展的长远规划。

1995年9月,中共十四届五中全会通过的《中共中央关于制定国民经济和社会发展"九五"计划和2010年远景目标的建议》,将"可持续发展战略"写入其中,提出"必须把社会全面发展放在重要战略地位,实现经济与社会相互协调和可持续发展"。此后中央的许多重要会议都对可持续发展战略做出了进一步部署,使之成为中国长期坚持的重大发展战略。1997年,党的十五大把"可持续发展战略"确定为中国"现代化建设中必须实施"的战略。2000年10月十五届五中全会通过的《中共中央关于制定国民经济和社会发展第十个五年计划的建议》指出:"实施可持续发展战略,是关系中华民族生存和发展的长远大计。"2002年党的十六大把"可持续发展能力不断增强"作为全面建设小康社会的重要目标之一。2013年9月,国务院正式发布了《大气污染防治行动计划》,提出经过五年努力,使全国空气质量总体改善,重污染天气有较大幅度减少;力争再用五年或更长时间,逐步消除重污染天气,全国空气质量明显改善。这一计划已经得以实现。

2016年,中国推动了《巴黎协定》的达成、签署、生效和实施,做出了力争

2030年前实现碳达峰、2060年前实现碳中和的庄严承诺。2019年，首届可持续发展论坛在北京召开。2021年，中国成功举办《生物多样性公约》缔约方大会第十五次会议第一阶段会议，通过了《昆明宣言》。

尽管中国人口众多，人均资源相对不足，就业压力大，生态环境矛盾突出，但经过不懈努力，可持续发展取得了有目共睹的实效。2020年，中国煤炭占一次能源消费的比重降低到56.8%，清洁能源占比达24.3%，光伏、风能装机容量、发电量均居世界首位。新能源汽车销售量约占全球42%，是世界上保有量最多的国家，也是全球能耗强度降低最快的国家之一，基本扭转了二氧化碳排放快速增长的局面[1]，走出了一条人与自然和谐共生的中国式现代化发展之路[2]。

三、可持续发展伦理观的基本观点

可持续发展伦理观确立了一系列伦理规范，去调节人类的经济活动，促进人类之间以及人类与自然之间的和谐发展，以实现人类的可持续发展。它包括以下重要命题。

第一，全人类利益高于一切。当代科学技术和市场经济的发展，缩小了人们之间的距离。地球就像一个村庄（地球村），全人类在一条船上航行，每个人的不轨行为都可能影响到全人类的生存。因此，可持续发展伦理学要求个人利益、民族利益、国家利益这些局部利益要服从全人类利益，应当以全人类的生存利益为尺度，节制自己不正当的欲望。

第二，生存利益高于一切。自然生态环境系统是人类生命的支持系统，能否保持自然生态环境系统的稳定平衡，是关系到人类能否可持续生存的问题。因此，保持生态系统的稳定平衡，应该成为人类一切行为的绝对限度。人类对自然界的改造活动，应当限制在能够保持生态环境稳定平衡的限度以内；对可再生的生物资源的开发，应当限制在生物资源的自我繁殖和生长速率的限度以内；生产活动对环境的污染，也应保持在生态系统的自我修复能力的限度内。

---

[1] 根据《2023年政府工作报告》，2022年中国实现超低排放的煤电机组超过10.5亿千瓦，可再生能源装机规模增至12亿千瓦以上，清洁能源消费占比上升到25%以上；单位国内生产总值能耗下降8.1%，二氧化碳排放下降14.1%，地级及以上城市细颗粒物（PM2.5）平均浓度下降27.5%，重污染天数下降超过五成，全国地表水优良水体比例由67.9%上升到87.9%。

[2] 孙金龙. 深入学习贯彻习近平生态文明思想，加快构建人与自然和谐共生的现代化[J]. 中国生态文明，2022（1）：11-13.

第三，在满足当代人需要的同时，不能侵犯后代人的生存和发展权利。这是人类生存与发展的可持续性原则。我们的地球不仅是现代人的，而且是后代人的。任何人、任何群体不仅不应当侵犯当代其他人的权利，而且不应当侵犯后代人的权利。"当代人与后代人"是指全人类，一视同仁，机会均等。"满足当代人与后代人的需要"是指要整体上达到高度的物质文明和高度的精神文明，以满足人类的物质和精神需求，这就要处理好人与人的关系以及人与社会的关系。"对后代的需求不构成危害"是说，地球的资源和环境容量是有限的，人类只能在地球承载力许可的情况下进行生产和生活，不能以牺牲后代人的生存和发展权利为代价。因此，当代人必须保护资源与环境，抑制浪费和高消费，处理好人与自然的关系，为后代人留下充足的资源和良好的生存环境。

第四，发达国家对发展中国家的环境与发展负有责任。发达国家和发展中国家的关系处理需体现可持续发展的伦理原则。发展中国家环境与发展部长级会议《北京宣言》（1991年6月）指出："发达国家对全球环境的退化负有主要责任。工业革命以来，发达国家以不能持久的生产和消费方式过度消耗世界的自然资源，对全球环境造成损害，发展中国家受害更为严重。"因此，发达国家有责任和义务帮助发展中国家摆脱贫困和保护环境。

第五，环境公平原则。环境公平问题是在人类开发利用环境资源的过程中产生的，反映了人与人在环境利益分配、责任承担等方面的关系与现状。环境公平是指在环境资源的使用和保护上所有主体一律平等，享有同等的权利，负有同等的义务，从事对环境有影响的活动时，负有防止损害环境并尽力改善环境的同等责任；除有法定和约定的情形外，任何主体不能被强加环境费用和环境负担；任何主体的环境权利都要得到可靠保障，他们的环境权利受到侵害时应能得到及时有效的补偿，对任何主体违反环境义务的行为都能予以及时有效的纠正和处罚[①]。

环境公平有两个层面的含义：一是所有主体都应拥有平等享受清洁环境而不遭受资源限制和不利环境伤害的权利；二是环境享用权利或环境破坏的责任应与环境保护的义务相对称。

环境公平可分为两大类，一是生态范围内的公平，包括种际公平（不同物种之间在享用自然资源和分配生态环境方面的平等）和种间公平（同一物种内部之间在

---

① 文同爱，李寅铨. 环境公平、环境效率及其与可持续发展的关系[J]. 中国人口·资源与环境，2003（4）：13-17.

享用自然资源和分配生态环境方面的平等）；二是人类范围内的公正，包括代际公平和代内公平，前者指的是当代人与后代人之间在享用自然资源和分配生态环境方面的平等，是时间坐标上的平等；后者指的是不同地域、不同人群在享用自然资源和分配生态环境方面的平等，是空间坐标上的平等。

第二节 中国传统可持续发展伦理

中国博大精深的传统文化中包含着丰富的可持续伦理思想与实践。习近平指出："生态文明建设是关系中华民族永续发展的根本大计。中华民族向来尊重自然、热爱自然，绵延5000多年的中华文明孕育着丰富的生态文化。生态兴则文明兴，生态衰则文明衰。"[①] 当西方文明的发展引发严重威胁全人类生存的生态危机时，特别是在中国当前施行文化复兴战略的背景下，我们更应该重视本国传统文化特别是儒家、道家和佛家的传统可持续伦理思想，深入挖掘这些内容有利于我们理解并完善面向未来的可持续发展伦理。

一、儒家的可持续发展伦理思想

作为中国传统发展伦理主流的儒家可持续发展伦理观，具有民本主义倾向并注重道德教化，主张生态和经济发展要服务于人伦、社会和国家秩序，其内容至少包含以下五个方面。

（一）"天人合一"：中国传统可持续发展伦理的主线

中国古代思想家的"天人合一"思想，可谓是对"人与自然和谐共生"这一现代生态伦理学核心观点的最早表述。儒家继承了殷周以来的"以德配天""敬德保民"思想，主张天人感通、天人合一观念。孔子虽然没有明确的"天人合一"说法，但他的言论体现了这一思想。孔子说："大哉！尧之为君也。巍巍乎，唯天为大，唯尧则之。"（《论语·泰伯》）孔子肯定了天之"可则"，即认为人与自然可以和谐统一。孟子提出人要由"尽心""知性"而"知天"，以达到"上下与天地同流"

[①] 2018年5月习近平在全国生态环境保护大会尚的讲话。见：习近平在全国生态环境保护大会上强调坚决打好污染防治攻坚战推动生态文明建设迈向新台阶[N]. 人民日报，2018-5-20（1）.

《孟子·尽心上》。董仲舒明确提出了"天人合一""天人感应"思想:"天地人……三者相为手足,合以成体,不可一无也。""天亦有喜怒之气、哀乐之心,与人相副。以类合之,天人一也。"(《春秋繁露·阳明义》)儒家"天人合一"的哲学思想发展到宋代更趋成熟。宋代张载说,"性与天道合一存乎诚"(《正蒙·诚明》),他认为天道的"诚"就是天德,"儒者则因明致诚,因诚致明,故天人合一"(《正蒙·乾称》),即儒者需要通过"明"来达到对"诚"之天德的把握,以实现天人合一。

"天人合一"思想的本质是"主客合一",认为人不仅是天地自然的产物、是大自然和谐整体的一部分,而且认为天地运动直接与人有关,人与自然是密不可分的有机整体,两者存在唇齿相依、荣损与共的关系。从可持续发展伦理的视角看,"天人合一"从本体论的角度肯定了天与人、自然与人类社会具有统一性以及人与自然本质的相通性,并视这种统一性为人类应该追求的最高境界。这是贯穿中国传统生态文化与可持续发展伦理的主线,也是习近平生态文明思想中"人与自然是生命共同体"理念的重要源头[①]。

(二)"仁民爱物":人对自然万物的责任意识

"仁"是孔子思想的核心。孔子不仅主张以"仁"待人,也主张以"仁"待物,要求把"仁""爱人""义""礼"这些人际道德原则扩展到万事万物,以此来协调人与自然界的关系。孔子所讲的"启蛰不杀则顺人道,方长不折则恕仁也"(《孔子家语·弟子行》)反映出孔子对万物秉持同情、爱护、善待的态度。孔子指出:"断一树,杀一兽,不以其时,非孝也。"(《礼记·祭义》)孔子已经把人对待生物的态度归属于儒家所强调的孝道这一基本道德规范,这是由家庭伦理、社会伦理向生态伦理的延伸。

孟子继承和发展了孔子"仁爱万物"的思想,提出了"亲亲而仁民,仁民而爱物"的伦理思想,第一次明确提出并回答了生态道德与人际道德的关系问题。孟子主张世人对人、对物,都应该持有一份"不忍之心",要将人的道德情感倾注到天地万物,即要做到"天时、地利、人和"。仁政之德不仅在于施恩于黎民百姓,使他们安居乐业、和谐自得,而且还应该拥有更为博大宽广、泛爱万物的胸怀,"恩,足以及禽兽"(《孟子·梁惠王上》),使万物和悦共生、协调相处。董仲舒则直接把

---

① 石路,张慧."两个结合":阐述习近平生态文明思想的新视角[J]. 河南师范大学学报:哲学社会科学版,2022,49(3):9-16.

爱护鸟兽昆虫等当作"仁"的基本内容："质于爱民，以下至鸟兽昆虫莫不爱。不爱，奚足以谓仁？"（《春秋繁露·仁义法》）张载认为人类应该兼爱万物，他说："性者万物之一源，非我之得私也。惟大人为能尽其道，是故立必俱立，知必周知，爱必兼爱，成不独成。"（《正蒙·诚明》）在这一认识基础之上，张载提出了"民胞物与"的著名伦理命题，指出自然万物和人类是血肉相连的，人类要仁爱自然万物，对自然实行"人道主义"，而不是将其视为征服、掠夺的对象。

儒家的"仁义"着眼于和谐与稳定，诉诸于"爱人""爱物"，这是一种基于"此岸"的伦理与信仰，体现了一种基于情境的灵活性变通①。这种伦理观是对商业世界强调竞争因而可能损及生态环境的一种约束，对于可持续发展伦理具有现实的积极意义。

（三）"制天命而用之"：人对客观规律的尊重与运用

儒家认为，万物之间存在着内在的、必然的本质联系，万事万物都有其自身的秩序和规律。孔子说："天何言哉？四时行焉，百物生焉"（《论语·阳货》），认识到了四季更替、万物生长的客观规律性。孟子明确提出了"取物以时""不违农时"的思想，提出人类要尊重自然事物的生长规律，要爱惜、保护并促进其生长和发展。然而，"各学派中只有荀子能正确地说明人对自然界的关系"，而这"正是战国时期生产力显著发展的反映"②。《荀子·天论》指出："天有行常，不为尧存，不为桀亡。应之以治则吉，应之以乱则凶。"因此人类应该"明于天人之分"并"制天命而用之"。荀子不仅肯定了自然万物运行规律的客观性，而且强调人们只有在认识规律，严格按客观规律办事的情况下才能避"凶"趋"吉"，由"乱"致"治"。"制天命而用之"的著名论断说明，人在天（亦即大自然）面前绝不是被动的、无可奈何的，人可以发挥主观能动性，努力使自然为人类造福。荀子主张"山林泽梁，以时禁发"，做到"谨其时禁"，就是要根据自然规律，把自然资源的开发利用与保护紧密结合起来，这样才能"不夭其生，不绝其长也"，使百姓"有余食""有余用""有余材"。

儒家强调人类活动必须尊重客观规律，合理开发利用自然资源，这是儒家对可持续发展伦理的重要思想贡献。

---

① 吕力. 商业资本主义与《旧约》：义、契约和契约精神 [J]. 现代商业，2018（20）：152-153.
② 范文澜. 中国通史：第一册 [M]. 北京：人民出版社，2009.

(四)"取物有度":可持续资源开发伦理

据《论语》记载,孔子"钓而不纲,弋不射宿"。孔子只用鱼竿钓鱼,而不用大网来捕鱼;只用箭射飞鸟,但不捕杀归巢栖息的鸟。孔子此举体现了"取物有度"的伦理思想。儒家主张人类在开发和获取自然资源时,不能影响到自然资源的持续存在和永续利用,不能对其过度索取,而必须对自然界之物施以爱心,取予有度。这一可持续资源开发伦理主张至今仍然值得我们继承和发扬。这一伦理原则包括两个方面:一是取物有时。儒家很早就认识到万物依时生长发育的生态规律,因此要求人类要根据季节的变化来合理安排获取自然资源的活动。《礼记·月令》中说:"昆虫未蛰,不以火田,不麛,不卵,不杀,不杀胎,不夭夭,不覆巢"。《礼记·曲礼》说:"国君春田步围泽,大夫不掩群,士不取麛卵"。在动物生长孕育的春夏两季,为了不灭绝包括昆虫在内的动物物种,不要用火烧田,不要毁卵覆巢,不要杀胎斩幼。荀子在《荀子·王制》中说:"草木荣华滋硕之时,则斧斤不入山林,不夭其生,不绝其长也;鼋鼍鱼鳖鳅鳝孕别之时,网罟毒药不入泽,不夭其生,不绝其长也;春耕、夏耘、秋收、冬藏,四者不失时,故五谷不绝,而百姓有余食也;污池渊沼川泽,谨其时禁,故鱼鳖优多,而百姓有余用也;斩伐养长不失其时,故山林不童,而百姓有余材也"。荀子的这段话明确指出,为了资源的持续存在和永续利用(不夭其生,不绝其长),人类必须以"时"获取和保护山林资源,以"时"获取和保护动物资源,以"时"获取和保护农业资源。

二是取物不尽物。儒家认识到了自然资源的有限性,主张在利用自然资源时不能采取灭绝性的行为。《礼记·王制》载,古代天子狩猎时"不合围",诸侯狩猎时"不掩群",即不把一群动物都杀死。据说商汤"网开三面,德及禽兽"(《吕氏春秋·孟冬纪·异用篇》),即便在捕猎时,也不能"一网打尽",不能斩尽杀绝,要给野兽留下一条生路。孟子在《孟子·梁惠王上》中讲:"数罟不入洿池,鱼鳖不可胜食也"。意思是,如果不用密孔的渔网捕鱼,那么鱼鳖水产就吃不完。为了动物种群的持续存在和永续利用,不能采用灭绝动物的工具。只有爱护、珍惜大自然,使各种生物各得其所,生物界才会生机勃勃。这种伦理观要求人类对自然资源在爱护和珍惜的前提下进行适度开采使用,只有这样才能保持自然资源的持续存在、永续利用。

（五）"用之有节"：可持续消费伦理

儒家不但主张"取物有度"，还主张"用之有节"，崇尚勤俭节约，反对暴殄天物。对物质享受予以主动节制，这是儒家的可持续性伦理的主张，也是中国重要的传统道德规范。

孔子提倡"节用而爱人"。儒家在人的生活态度上并不反对求富，但认为人应该遵从一种"合于义"的节俭的生活方式。孔子强调，"奢则不逊，俭则固。与其不逊也，宁固"（《论语·述而》）。孔子重视礼，但并不看重礼的外在形式，他不主张使用高贵华美的礼器，穿戴制作复杂而且过于讲究的服饰，他说"礼，与其奢也，宁俭；丧，与其易也，宁戚"（《论语·八佾》）。荀子也认为，节俭顺应了天地的自然规律，而且可以抵制自然所带来的灾害，他说："强本而节用，则天不能贫……本荒而用侈，则天不能使之富。"（《荀子·天论》）唐代名相陆贽说："地力之生物有大数，人力之成物有大限，取之有度，用之有节，则常足；取之无度，用之无节，则常不足。生物之丰败由天，用物之多少由人，是以圣王立程，量入为出。"清代朱用纯在《朱子家训》提出："一粥一饭，当思来处不易；半丝半缕，恒念物力维艰。"尚节用、奉俭约的伦理原则要求人们在开发和利用物质资源时，要珍惜节约为人类提供衣食之源的自然资源，在消费时不要铺张浪费。这一思想已经成为中华民族的一项传统美德，而且这一美德早已超出了生态意义，对于修身、齐家、治国、平天下都有重要价值。诸葛亮在《诫子书》中说"俭以养德"，唐代诗人李商隐在《咏史》中讲："历览前贤国与家，成由勤俭败由奢。"据《史记》记载，齐景公向孔子问政，孔子指出"政在节财"。这就要求人们要节制自己的行为，克制自己贪得无厌的欲望，把节约人、财、物的伦理观上升到涵养德性与治国理政的高度[1]。

二、道家的可持续发展伦理思想

道家尊崇自然，其可持续发展伦理观呈现出强烈的自然主义色彩[2]，主要体现在以下四方面。

---

[1] 曲爱香. 中国传统文化中的生态伦理与可持续发展 [J]. 社会科学家，2008（5）：12-14.
[2] 殷有敢，宋绍柱. 自然信仰与中国儒家道家可持续发展伦理思想 [J]. 玉溪师范学院学报，2007（5）：38-43.

(一)"遵道贵德"：对人与万物最高价值的规定

"道"是中国传统哲学和中国传统文化的最高范畴，道家建构起以道为核心的自然信仰体系。道是万物的本源，如《道德经》第四十二章所言："道生一，一生二，二生三，三生万物"。道又是万物所遵循的、普遍的且根本性的客观规律，如《道德经》第二十五章所言："有物混成，先天地生。寂兮寥兮，独立不改，周行而不殆，可以为天下母。吾不知其名，字之曰道，强为之名曰大。"

老子主张人要"知和""知常"，因为"知和曰常，知常曰明"（《道德经》第五十五章）。"常"即恒常大道。体悟"常道"的人生才是明白、明智的人生，是真正的、最高的理性。老子强调，"不知常，妄作，凶"，人类对自然万物的开发利用以及社会的发展都应当尊重自然大"道"的必然规律性，否则就会为了一己之私而妄为，最终自取其辱。因此，在道家视域中，一个明智而理性的人必然会将道视为善加修习和遵守的生命法则，也是自己的最高价值追求。《道德经》说："万物莫不尊道而贵德。道之尊，德之贵，夫莫之命而常自然"，因此，"上士闻道，勤而行之""我独异于人，而贵食母。"母，指根本大道。不够明智、不够理性的人不重视道的价值，"中士闻道，若存若亡；下士闻道，大笑之。不笑不足以为道"。

道家认为，以道为终极价值追求的人，必然会放弃自私自利、唯我独尊的物欲崇拜和自我中心主义，而这正是可持续发展伦理的坚实基础。在现实世界中，道并不是虚无缥缈的玄学概念，现代学者关于道学的研究重点不局限于抽象的"道"的概念即"道本"，还强调"道之用"，所谓"实道崇用论"强调"用"的重要性，着眼于改造世界（不是改造自然）。这种实用主义道学可视为一种新商业文明[①]，这就将"道""德"这种对人与万物最高价值的规定拉向了人间。

(二)"自然无为"：对自然规律的尊崇与遵循

在人与自然的关系上，道家认为人及人类社会来自自然，人类的活动理应遵循自然规律，与大自然融合共存，这是道家"天人合一"思想的核心。老子说："人法地，地法天，天法道，道法自然。"《庄子》进一步强调人应"与天一""不以心捐

---

① 吕力. 实用主义道学、新玄学与商业文明[J]. 现代商业，2018（35）：183-184.

道""无以人灭天"。在道家看来，如何理解人和自然的关系，并不是一个纯粹抽象的哲学命题，而是一种提高生命质量的生存之道。因此，人与大自然的融合共存，不仅是后天的必要，更是先天的决定。这种"道法自然"的思想既反映了对客观规律的尊崇，也包含了对自然万物的热爱。

道家认为人道应遵从天道，人应顺应自然，其现实的实践模式就是"无为"。无为，并不是无所作为，而是顺应自然规律而为，即"辅万物之自然而不敢为"（《道德经》第六十四章）。《太平经》说："天地之性，万物各有其宜。当任其所长，所能为，所不能为者，而不可强求。"在道家看来，所谓"万物之性"，就是指客观世界的自然规律；所谓顺应自然之性，就是人应以自然无为的态度遵循自然万物生长、发展的规律，采取符合生态规律的行为，不应该因自己的需要而人为地干预万物的自然化育，否则会招致灾祸，即"不知常，妄作凶"（《道德经》第十六章）。如果人类能践行"自然""无为"之道，就能保持良好的生态环境，获得持久发展的生存空间，实现生命真正的价值。

显然，道家通过提倡自然无为、顺应万物之性来体现对自然的尊重，形成了一个系统的有生态伦理学意义的生命观，其价值已为近现代因片面追求征服自然所造成的前所未有的生态危机所证实。

（三）"善利万物"：对人与万物关系的能动思考

道家认为，人出于"道"，只是天地万物的一部分。庄子站在宇宙观的高度，从总体上揭示了天、地、万物与人类的统一性、相互依存性，"天地与我并生，而万物与我为一"（《庄子·齐物论》）。人之所以应该而且能够"齐物"，是因为人本是一物，本与物齐。既然人与万物同构而互动，同为宇宙整体的有机组成部分，人类就不应该暴殄万物，破坏人天共有的环境。因此，道家不仅持有珍惜自身生命价值的贵生思想，还强调坚持保护物种的主张，这在道家典籍中多有记载。如"举步常看虫蚁，禁火莫烧山林。勿登山而网禽鸟，勿临水而毒鱼虾"（《文昌帝君阴骘文》）；反对"射飞逐走，发蛰惊栖，填穴覆巢，伤胎破卵""用药杀树""无故杀龟打蛇"（《太上感应篇》）。不仅如此，道家还重视人类对万物的主观能动作用，要求人类自觉承担保护自然万物的责任主体作用，使万物得以生存，使生命得以保护，使人类的生存环境更加美好，就像《道德经》所讲的："上善若水，水善利万物而不争""衣养万物而不为主"。以道家思想为主的《吕氏春秋》也说："水泉深则鱼鳖归之，树木盛则飞鸟归之，庶草茂则禽兽归之"(《吕氏春秋·功名》)。

由老子肇始、庄子构建并由道教所承袭的这种天人并生、物我为一、善利万物的生态观念，与现代的人与自然协同发展、保护生态的思想有异曲同工之处[①]，这是道教对于维护生态平衡、保护环境的一大思想贡献。

（四）"知足知止"：对物质欲望的警惕和控制

老子深刻地认识到人无节制的欲望膨胀会对自然造成压力和破坏，同时也会使人身心失衡、人性异化，于是提出了"知止知足"的伦理理念。《老子·十二章》讲："五色令人目盲，五音令人耳聋，驰骋畋猎令人心发狂，难得之货令人行妨。是以圣人为腹不为目。"老子认为，人自身的存在、人本性的保持，比身外的诸如财富、名誉等更为重要。"名与身孰亲，身与货孰多，得与亡孰病？甚爱必大费，多藏必厚亡。知足不辱，知止不殆，可以长久。"(《老子·四十四章》)。老子一再提醒世人"祸莫大于不知足，咎莫大于欲得""故知足之足常足矣"(《老子·四十六章》)。人的生命是最宝贵的，不应当为追逐金钱、官位和功名而失去人的灵魂。人们应当积极追求人自身的身心平衡发展，停止一味追求感官享受和经济利益，以免破坏人自身纯朴、宁静的精神状态和心灵境界。

因此，人在生产、生活中应当"见素抱朴，少私寡欲"(《老子·十九章》)。这种生活态度叫"啬"。老子说："治人、事天，莫若啬。夫唯啬，是谓早服。"(《老子·五十九章》)"啬"就是俭，要求将人的发展欲望控制在"自然"的范围内，不能因其无节制地膨胀而使"道"有所亏损。老子主张对所有过分、极端、奢侈的行为都应当加以制止甚至禁止。只有这样，人、社会与自然才能得到长久、稳定的可持续发展。

三、佛家的可持续发展伦理思想

佛教虽然源自古印度，但在传入中国之后获得了发展和创新，已经成为中国传统文化中的重要组成部分。中国佛教与儒家和道家的思想传统一样，蕴含着独特而丰富的生态伦理思想。

[①] 卢世菊. 道教生态伦理思想与旅游业的可持续发展 [J]. 中南民族大学学报：人文社会科学版，2003（6）：138-140.

(一)"缘起论"：佛教生态伦理的哲学基础

佛教关于人与自然关系的理论是建立在缘起论基础上的。缘起论是佛教生态伦理的哲学基础，如《楞严经疏》所说："圣教自浅至深，说一切法，不出因缘二字。"缘起论认为，万法（即现象界的一切存在）都是由因缘结合而形成的，不是孤立的存在。"因"是事物产生的主要条件，"缘"是事物产生的辅助条件，二者结合才能使事物产生与存在。缘起论认为万物之间互相含摄、互相渗透，互为存在和发展的条件，整个世界是相互联系、不能分割的，是一个因缘和合的聚合体。人们如果割裂了事物间的关系，就不可能了解事物的本质；只有将事物置于整体之中，在众多条件的规定下，才能确定其存在。

缘起论中的"依正不二"思想阐释了人和自然的关系。"正"是正报，即生命主体，是由于前世之业因而感得的有情之身心生命；"依"是依报，即生命主体依存的环境，包括国土世间等无情众生。"依正不二"指的是生命主体和生存环境这两个截然不同的事物在本质上是密切相关的、不可分割的统一体。佛教认为，"依报"的好坏是由有情众生来决定的。如果有情众生都心存善念、勤行善业，则"依报"就会变得美好；如果有情众生不勤行善业，就可能招致灾祸。这一思想说明了生命主体和生存环境是一种相互依存、相互决定的关系，这也是佛教关于主观世界与客观世界关系、人与自然关系的基本立场。

(二)"众生平等"：佛教生态伦理的核心价值

佛教生态伦理的核心是众生平等观。佛教把众生分为有情众生与无情众生两种类型。人与动物等六道中的生命体属于有情众生，植物乃至山河大地属于无情众生。佛教虽然肯定人在六道中的特殊性，认为只有人类才能听闻、修持佛法进而成佛，但并未持有"唯人独尊"、其他万物都必须无条件为人类服务的观念。佛教认为，不同众生虽有差别，但众生的生命本质是平等的。

众生平等的原因，一是一切有情众生都具有内在的佛性[①]，"以佛性故，等视众生无有差别"（《涅槃经》）。基于这种佛性基础上的众生平等观，人类不是任何生物的支配者，人类没有权利为了自身的私欲而损害有情众生，即使对于无情众生也尽

[①] 佛性是六道中众生的最高品质和价值，又称为心性、法性、如来藏、真如等，不同的佛教宗派有不同的称呼，但都指向众生成佛的可能性。

量加以保护。众生平等的另一个原因是众生均受因果律的支配。众生在受因果律的永恒支配方面是平等的、没有例外的。在因果律作用之下的六道轮回过程中，有情众生都能感受到来自身心的痛苦和快乐，而且感受能力没有差别。这与西方动物感知观相似。彼得·辛格（Peter Singer）等将动物具有感知能力作为论述动物是道德存在物的唯一标准，其哲学基础是边沁的功利主义。辛格认为："只要某个生物感知痛苦，便没有道德上的理由拒绝把该痛苦的感受列入考虑。无论该一生物具有什么性质，平等地原则要求把他的痛苦与任何其他生物的类似痛苦——只要其间可以做大概的比较——做平等地看待。"[1] 佛教动物感知论的哲学基础是缘起论中的六道轮回学说和业报因果学说，但没有功利主义色彩。

基于此，人类在进行资源、环境的"开发利用"时，要认识到自己的动机和行为就是"因"，不善的因必然导致相应的果报最终会反作用到自己身上。因此，人类在面对日趋恶化的环境时，不能只是畏"果"和被动承受，而应该积极地反省和行动，如果人们都能相信并遵守因果律，都能畏"因"，那么，也许生态环境就不会持续恶化[2]。

（三）"同体大悲"：绝对利他的生态伦理原则

佛教讲求"慈悲为怀"，尤其是大乘佛教更加强调无条件的利他精神。"慈"是使众生快乐，给他们幸福；"悲"是使众生摆脱痛苦。即如《大智度论》所讲的："大慈与一切众生乐，大悲拔一切众生苦。"佛教的慈悲不仅包括要对自己之外的他人怀有慈悲之心，也包括要对一切有生命的事物进行慈悲关照。这就意味着佛教徒必须突破常人自我、小我的局限，将利他无条件地推广至一切众生。所谓"无缘大慈"和"同体大悲"，就是视一切众生犹如己身，视众生的苦难为自身的苦难，众生病即是自身病，这体现了广大的慈悲救济之心。《大乘入楞伽经》说："菩萨慈念一切众生犹如己身。"《普贤金刚萨埵略瑜伽念诵仪轨》也说："观一切有情，自他无别，同体大悲。"这里的一切有情包含人类和动物等一切生命体。

僧肇借用中国传统哲学语言解释了物我同体之理："然则玄道在于妙悟。妙悟在于即真。即真即有无齐观。齐观即彼已莫二。所以天地与我同根，万物与我一体。同我则非复有无，异我则乖于会通。所以不出不在，而道存乎其间矣。"（《肇论》）

---

[1] 彼得·辛格. 动物解放 [M]. 孟祥森，钱永祥，译. 北京：光明日报出版社，1999.
[2] 周阔. 佛教教义中的生态伦理思想研究 [D]. 广州：广州中医药大学，2013.

永寿禅师在《宗镜录》自序里也说:"由自利故,发智德之原;由利他故,立恩德之事。成智德故,则慈起无缘之化;成恩德故,则悲含同体之心。"大乘佛教认为,人要真正成佛,就一定要慈悲利他。慈悲利他不仅是成佛的途径或手段,也是佛教徒的人生目的,这里的目的和手段是一体的。佛教强调慈悲利他,把个人的真正解脱与"世间"的改变联系起来,从而激发大量的佛教徒在世间利乐有情,造福众生。

大乘佛教这种独特的认识世界的方式,超越了人与自然主客二元对立的思维模式,体现出无限的慈善,将个体心灵的至善扩展到对待一切有情。这就超越了狭隘的利己主义、功利主义和人类中心主义,赋予所有生命以道德价值,为生态保护提供了极高的道德依据。

(四)"戒杀护生":尊重生命环境的生态伦理规范

从众生平等观出发,佛教坚决反对杀生,把尊重生命、珍惜生命作为支配其一切行为的根本观念。人类与生物相互依存,杀害其他生命必会造成自己被杀与堕入恶道的恶报。《央掘摩罗经》说:"一切众生无始生死、生生轮转,无非父母兄弟姊妹,犹如伎儿变易无常;自肉他肉则是一肉,是故诸佛悉不食肉。""世间杀生如人自杀。"《梵网经》说:"一切男子是我父,一切女人是我母,我生生无不从之受生,故六道众生皆是我父母,而杀而食者即杀我父母,亦杀我故身。"《大智度论》卷十三说:"诸罪当中,杀罪最重;诸功德中,不杀第一。"因此,"不杀生"成为大乘佛教第一大戒。佛教徒在一定的时期和部分宗派中还有食"三净肉"的方便善巧,而中国汉地的佛教徒自梁武帝起实行素食,将慈悲观、众生平等观和不杀生戒落实到日常生活之中,目的是从生活中培育人的慈悲佛性种子,这对于保护动物具有直接的积极作用。

中国佛教徒戒杀护生的主张和身体力行,体现了一种尤为高尚的生态伦理,受到了当代环境伦理学家的重视和赞赏。辛格在其名作《动物解放》的中文版序言中指出:"使人类的关怀及于动物,这对于中国读者来说并不陌生。毕竟影响了中国许多世纪的佛教传统的一个中心理念是众生平等,甚至要求信徒不杀生;这与西方把人与动物截然分开,强调只有人才是上帝的刻意创作,因而天赋统治其他动物之权的观点大异其趣。"[①]

---

① 彼得·辛格. 动物解放 [M]. 孟祥森,钱永祥,译. 北京:光明日报出版社,1999.

佛教将道德关怀对象扩大至动物、所有生命甚至自然界。在这个一切伦理学都在寻求一种对生命的恰当尊重的时代[①]，佛教尊重一切生命、爱护一切生命的伦理思想虽然在现实中很难被人们普遍接受，但是能够给中西方生态伦理学和可持续发展伦理观提供一个新的结合点和参考坐标[②]。

第三节　中西可持续发展伦理的融合与本土重构

中西方关于可持续发展伦理的研究与实践可谓蔚为大观，各种观点和理论层出不穷。总体而言，可持续伦理观要处理"人与人""人与自然"这两大关系。实现这两大关系的有机统一，需要对既有的理论和实践进行总结，尤其是要站在本土立场上，"更多地借鉴与利用中国本土理念"[③]，对中西可持续发展伦理进行融合，重构可持续发展伦理。本土立场也是中国立场，这一立场要求我们秉持公正、负责任和开放的态度，以习近平生态文明思想为指导，将西方可持续发展伦理、中国传统发展观进行融合。以习近平为主要代表的中国共产党人结合中国生态文明建设，对马克思主义自然观进行继承与发展，对中华优秀传统生态文化进行内化与创生[④]，同时也吸收了世界上生态伦理和可持续发展的文明成果[⑤]，形成了内涵丰富的习近平生态文明思想，这是我们对可持续发展伦理进行本土重构的主要依据。

一、可持续发展伦理的分析框架

对于可持续发展伦理，学界通常用两维度框架进行分析。这一框架将可持续发展伦理分为两个维度：一是调节人与人之间的伦理关系，包括个体与个体、个体与群体、群体与群体之间的代内及代际关系的人际伦理；二是调节人与自然关系的生

[①] H. 罗尔斯顿, 初晓. 尊重生命：禅宗能帮助我们建立一门环境伦理学吗 [J]. 世界哲学, 1994（5）：11-18.
[②] 金婷, 刘中亮. 佛教中的动物生态伦理思想 [J]. 南京林业大学学报：人文社会科学版, 2018（2）：42-48.
[③] 吕力. 多学科视角下的中西企业社会责任理念 [J]. 合作经济与科技, 2018（13）：74-76.
[④] 石路, 张慧. "两个结合"：阐述习近平生态文明思想的新视角 [J]. 河南师范大学学报：哲学社会科学版, 2022, 49（3）：9-16.
[⑤] 邵发军, 冯哲. "生命共同体"视阈下习近平生态文明思想研究 [J]. 河南理工大学学报：社会科学版, 2022, 23（4）：28-34.

态伦理[1]。朱步楼综合了可持续发展伦理的多维视角，对现代人类中心主义和非人类中心主义进行了整合，建立了可持续发展伦理观的三维分析框架：一是"自然维度"，考察的重点是人与自然的伦理关系，即人与自然关系的协调性，解决的是人类自身发展、经济发展与自然资源和自然环境承载能力之间的矛盾；二是"代际维度"，考察的重点是人类经济社会发展的可持续性，即当代人与后代人之间的伦理关系问题；三是"域际维度"，考察的重点是不同区域主体之间在利益关系上的协调问题，即当代人群间、地区间、国际间在资源开发与利用、环境保护与享用等方面互相协作、公平负担与共同享受等。

综合现有的可持续发展伦理研究文献，在习近平生态文明思想的指引下，综合中国传统伦理思想和现代可持续发展伦理理论及实践，构建了包含生态可持续发展伦理、人际可持续发展伦理、域际可持续发展伦理和个体可持续发展伦理四个维度的可持续发展伦理框架。

生态可持续发展伦理是调整人与自然关系的可持续发展伦理规范，这一维度构成了生态伦理学的主要任务，并已建立了相对完备的理论体系。人类中心主义和非人类中心主义是既有生态伦理的两种基本观点。习近平提出的"人与自然生命共同体"思想为超越人类中心主义和非人类中心主义并建立新的生态伦理提供了坚实的基础。

人际可持续发展伦理是调整人与人关系的可持续发展伦理规范，包括"代内伦理"和"代际伦理"，相关研究也很深入。习近平提出的"人类命运共同体"思想对融合中西人际伦理具有重要指导意义。

域际可持续发展伦理是调节区域主体特别是发达国家与发展中国家之间关系的伦理规范。现实表明，解决人与自然、当代人与后代人之间伦理冲突，在很大程度上取决于当代人之间冲突的解决，即要靠建立不同利益群体——通常表现为区域主体特别是发达国家与发展中国家之间平等、尊重、合作的伦理关系才能得以实现。习近平提出的"地球命运共同体"思想是建构新的域际伦理的基础。

相对而言，理论界对可持续发展的个体伦理或自我伦理的研究还有待深入。马克思主义认为，共同体是现实的个人的共同联合，人是通过共同体而生存和发展的。共同体与个人之间是相互塑造、相互依赖的关系，人与人因共同的利益、共同

---

[1] 王荣斌，张小华. 可持续发展伦理观的演变 [J]. 经济研究导刊，2008，20（1）：15-17.

的价值追求而交往形成的关系促进了共同体的形成和发展。可见，构建"人与自然生命共同体""人类命运共同体"和"地球生命共同体"，在很大程度上有赖于人的主体性的成熟与完善，因而面向可持续发展的伦理观须以个体可持续伦理为基础。

二、生态可持续发展伦理

恩格斯在《自然辩证法》中曾指出，"我们连同我们的肉、血和头脑都是属于自然界，存在于自然界的""人直接地是自然存在物"[1]。中国传统的"天人合一"生态思想也认为，人是自然界的一部分，人与自然界是不可分割的统一体。习近平指出，"山水林田湖草是一个生命共同体""人与自然是生命共同体""共同构建人与自然生命共同体"。习近平生态文明思想在处理人和自然的关系时彰显着"生命共同体"责任意识，这是处理人与自然关系的根本伦理原则，由此形成了可持续发展伦理的生态维度。

（一）敬畏自然：处理人与自然关系的基本伦理

中国传统文化主张"敬天""则天""畏天命""人法地，地法天，天法道，道法自然"，因此，尊重、敬畏自然规律，遵循自然规律做事，是处理人与自然关系的基本伦理，也是实现组织和事业可持续发展的基本保障。人既不在自然界之上，也不在自然界之外，而是天然地存在于自然界之中，因此，自然界是人类生命的保障和价值源泉，人类必须学会尊重自然、敬畏自然、善待自然。敬畏自然是中国化的表述，类似的提法是敬畏生态[2]，这是中国对可持续发展伦理的一种本土贡献。

敬畏自然，就是对自然界和自然规律深怀敬畏之心，既要谨慎而又明智地利用自然资源，又要关注和尊重地球生态过程，认识和遵循生态规律，控制使用对生物圈的物质大循环和小循环有破坏作用的物质元素及其排放。要按照生态学和环境科学所揭示的生态系统的基本规律和内在关系，使人类生态系统同生物圈的其他系统相平衡的道德行为。

敬畏自然，要强调尊重自然的限度。对自然限度的认识，是建立开发自然资源道德、规范的前提。生态系统的承载能力是有限度的，人类必须在地球承载能力范围内

---

[1] 马克思，恩格斯. 马克思恩格斯全集：第一卷[M]. 北京：人民出版社，1983.
[2] 孙金龙. 深入学习贯彻习近平生态文明思想，加快构建人与自然和谐共生的现代化[J]. 中国生态文明，2022（1）：11-13.

生产生活。自然资源是有限的，而人类对资源的需求量却越来越大，高消耗使资源趋于枯竭。如果人类活动符合生态规律，把向地球自然资源的索取和废物的排放这两个方面都限制在生态许可的限度内，那么就可以避免人类活动对自然界造成破坏。

（二）保护环境：公民与政府的生态责任

中国文化传统强调人对自然万物的责任意识。保护环境已成为人类社会最重要的普世道德之一。在人与自然之间，人是积极、主动的因素，因此调节人与自然之间的关系，关键就在于调节人的行为——包括人的个体行为和群体行为，因而建立以保护环境为根本要求的环境道德规范逐渐成为国际社会的普遍要求和共识。在1972年联合国人类环境会议上，参会各国以人类环境宣言的形式，明确地把保护环境作为全世界各国人民应当共同遵守的道德准则。在这以后的一系列国际性重要会议所制定的宣言、公约、法规及国际性生态环保组织的纲领中，都将保护环境作为具有普遍价值的道德规范加以倡导。

保护环境不仅是公民道德的要素，各国政府和地方政府对此也应承担尽可能大的道德责任。政府对环境可能发挥重大的积极作用，也可能产生巨大的、难以估计的负面影响。政府应认识到环境安全是最基本的安全，要本着对本国、对全球负责的态度，用法律、经济等形式落实保护生态环境与减少环境污染的政策，加强生态保护伦理和政策的宣传教育，强化政府监督职能，促进企业建立无害经济体系，在保护环境方面确定地区间的不同分工，走可持续发展道路。

（三）清洁生产：企业的生态责任

清洁生产是可持续伦理中处理人与自然关系的必然现实选择。提倡清洁生产即要求企业在生产过程中降低能耗，不要对环境造成污染或把污染控制在最低水平。要做到清洁生产，不仅需要技术手段的介入，更需要树立一种新的价值观念。

企业要改变自我利益最大化的价值取向。伦理总是通过协调利益关系来发挥其约束或导向作用的。西方经济学将利润最大化作为厂商（企业）的目标，企业往往把自己的利益凌驾于公众或其他组织之上，企业伦理行为实践存在"企业利益相关者的差序性问题"[①]。随着人类文明程度的迅速提升，企业要在保障社会利益和生态

---

① 吕力. 利益相关者差序性与企业差序伦理[J]. 合作经济与科技，2018（24）：146-147.

利益的前提下实现自身利益，成为保护生态环境的重要责任主体即"社会企业"。社会企业放弃传统的利润最大化目标，将社会目标与利润目标统一起来，尽量避免市场的短视与无序，但仍保留市场竞争优胜劣汰的特性，因而这是一种更优的资源配置方式[①]。

清洁生产是企业具有更高的可持续发展伦理水准的体现。首先，企业必须承担治理环境的责任，即按照"谁污染谁治理"的原则，主动治理环境污染，不能放纵转嫁生态危机的不道德行为。其次，提高企业管理者和员工的生态意识水平，增强个人承担环境责任的自觉意识，建设生态型企业文化，使每一个企业都成为生态文明建设的重要基地。再次，推广运用环保技术，"利用生态系统的物质循环和能量流动原理，以闭路循环的形式，在生产过程中实现资源合理而充分的利用，使整个生产过程保持高度的生态效率和环境的零污染"[②]。最后，在生产环节中，要贯彻污染防治与废弃物最小化的理念，主动减少对环境的负面影响，预先考虑环境要求。另外，企业在经营中要以研制和开发绿色产品为主导方向。绿色产品的特点是，在生产、使用及回收的过程中不会（或减轻）对环境造成污染破坏。企业生产绿色产品既体现出企业对社会的责任感，推动"绿色市场"的发育，同时也有助于推动环保宣传教育，提高整个社会的生态意识。

（四）适度消费：消费者的生态道德

消费影响着人与自然环境的关系。消费过程所产生的各种废弃物，对人类赖以生存的生态环境产生显著影响。资本主义的消费观所带来的过度消费在很大程度上导致过度生产、生态危机与精神危机[③]。人们要认识到，过度消费是有悖于伦理道德的畸形行为。过度消费即无节制的高消费，以享乐、挥霍为特征，造成了巨大的资源浪费，产生了大量的废弃物，给环境造成了严重的污染。建立在不合理的国际经济秩序基础上的高消费、高浪费，严重地损害着世界的全面可持续发展以及全人类的正义和公道。因此，人类必须坚决反对和抛弃过度消费的观念与行为。

可持续发展伦理倡行适度消费、文明消费与绿色消费，这是经济社会健康持续发展的必然要求，也是环境道德的一项重要内容。适度消费意味着既要满足人类物

---

① 吕力. 社会企业：一种新的资源配置方式 [J]. 合作经济与科技, 2017（18）：20-21.
② 齐振海. 未竟的浪潮 [M]. 北京：北京师范大学出版社, 1996.
③ 田芯. 中国社会可持续发展的消费伦理研究 [M]. 大连：东北财经大学出版社, 2016.

质生活需要，又要有利于人类的持续生存与发展，它要求人们在消费活动中首先考虑能否带来物质上的富裕和精神上的充实，低度消耗资源，节约使用能源。文明消费要求调整人们的物质需求，在简朴生活中培养深层的、非物质性的满足。简朴生活既反对纵欲的奢靡消费，也反对禁欲的自我克制，是一种有着明确幸福观念的、把消费当成手段而非目的的积极生活。绿色消费是一种无害于环境和人类自身的高层次的理性消费，它既不同于享乐主义的过度挥霍性消费，又区别于苦行僧或禁欲式的消费不足，具有深刻的生态伦理意蕴。

三、人际可持续发展伦理

如何正确对待利益问题是一切伦理思维的出发点。可持续发展的人际伦理维度调整的是当代人与后代人、当代人与当代人之间的利益关系，包括代际伦理和代内伦理。中华优秀传统文化不仅强调天下人的共同利益，而且注重维护子孙后代的利益，为万世开太平，对于规范代际与代内利益关系有着重要启示。构建人类命运共同体，符合中国人自古以来所秉持的天下观，占据了国际道义的制高点，对于调节和规范人类的代际利益与代内利益关系具有现实指导意义。从可持续发展伦理角度看，人类命运共同体包括代内命运共同体和代际命运共同体，前者调节代内利益关系，是一种更加高级的代内可持续发展伦理；后者调节代际利益关系，是一种更加高级的代际可持续发展伦理。

（一）确立代内命运共同体伦理，通过代内公平解决代际公平问题

代内公平要求当代人在利用资源满足自身利益的过程中要体现机会平等、责任共担、合理补偿的原则，即强调公平地享有地球资源，把大自然看成是当代人共有的家园，共同承担起保护的责任和义务。当前，实现代内公平所面临最大的问题是贫富差距问题（又称"南北问题"），也就是说尽快消除贫富差距是实现代内公平的前提条件。这些原则体现了联合国宪章的平等、公平精神，反映了人类对可持续发展的渴求。

代际公平与代内公平，就现实性而言，后者比前者更加重要，因为不论在国际范围内，还是在不同地区之间，人们往往首先考虑代内公平，如果没有代内公平就不可能有代际公平，只有努力实现代内公平才能切实促进代际公平。很难想象，对同代人之间的公正、平等漠不关心的人能公正、平等地对待后人，他们至多关心自

己的后代而不关心其他人的后代。代内公平主张地球是人类共有的家园，同代人都有平等地满足基本需求的权利，任何国家和地区的发展都不能以损害其他国家和地区的发展为代价，特别是要注意发展中国家和地区的现实需求，贫困者的生存需要应当优先于富有者的奢侈需求，以实现各国、各地区的共同发展和共同富裕[①]。迄今为止，代内公平仍然是一个尚未解决的重大问题，而且这个问题仍在不同国家之间、不同地区之间、不同群体之间不断地加重。

代际伦理应该先以传统人际伦理的公平观念即代内公平观念为前提和基础，再将伦理思考和伦理关怀的范围作纵向延伸。也就是说，应以人类社会的现实公平与代内公平观念为前提和基础，将人类社会的现实公平与长远公平结合起来考虑。因为没有当代人之间的现实公平，就难言当代人与后代人之间的长远公平，也就难以真正实现可持续发展[②]。一切有关代际公平的问题都应该放在同代人内部的实践中加以解决。

（二）破除当代人利己主义，树立代际命运共同体伦理观

自工业革命以来，人类中心主义长期占据统治地位，导致了当代人利己主义。当代人利己主义发展观将当代人的利益、权利视为最高利益和权利，使人们致力于功利地实现自身利益最大化，而将后代的利益和权力摒除在视野之外。在一个奉行当代人利己主义的社会里，代际公平是不可能实现的。当代人甚至都不会意识到代际公平的存在，更谈不上代际问题的解决了。因此，若想实现代际公平的代际伦理，必须首先破除当代人利己主义，对自然资源实行"保存选择"原则。保存选择原则即每代人应为后代人保存自然资源和文化资源的多样性，以避免不适当地限制后代人在解决他们的问题和满足他们的需要时可得到的各种选择[③]。也就是说，自然资源的存量至少应维持在某一水平上，以使未来世代至少能保持与当代人同样的产出。

代际伦理要求当代人自觉地充当后代人的道德代言人。当代人不能因为后代人不在场或没有制度制定权和发言权，也无法对当代人的破坏和掠夺行为进行直接报复，于是便疯狂破坏环境、过度消费、大肆浪费，甚至成为"我死后，管他洪水滔

---

① 唐建生. 关于可持续发展观的伦理思考 [J]. 安徽教育学院学报，2003（3）：54-57.
② 王光文. 论可持续发展的伦理基础 [J]. 前沿，2002（11）：127-129.
③ 王曦. 论国际环境法的可持续发展原则 [J]. 法学评论，1998，81（3）：69-74.

天"的极端当代人中心主义者。

中国文化传统重视后代子孙的福祉，当代人最怕的是被后代子孙唾骂，绝不做遗臭万年之事是中国人道德观的基本诉求。中国人传统上会纪念自己的祖先，感恩并敬重那些荫护后世的民族英雄与圣贤，同时也会希望后代人能够怀念自己，"念自己的好"，这是一种将古人、今人、后人作为一体化关照的代际命运共同体理念。因此，超过五千年的中华文明内在地承认并维护后代人的利益和权利。基于中国传统伦理观的可持续伦理要求当代人树立牢固的代际公平与代际继承原则，使地球上的资源以及生态环境能够得到高效合理的利用，协调人与自然、人与人之间的关系，以便既能满足当代人的需求，又能使后代人拥有他们生存发展所必需的条件。

（三）确立人类命运共同体伦理，提高人的道德素养

确立人类命运共同体伦理，首先需要在法律法规层面予以规范。建立健全环境保护管理法规，在立法中具体规定公民环境监督权的内容，以充分调动广大人民群众保护环境的积极性，提高全体公民的环保意识，并通过全体人民的共同努力来实现人与自然共存共荣的目的[①]。同时，通过法律法规和各项管理制度，规范国家环境保护主管机关和监督管理机关在环境保护活动中的职责、权利和义务，规范企业单位保护环境资源、防治污染和其他公害的行为，规定公民、国家有关机关、团体及非企业单位在环境保护活动、防治污染和其他公害活动中的权利及监督义务。这类法规的制定和实施将会有效地促进主体环境权利义务的实现。

要实现由非理性的盲目发展向理性的可持续发展的转变，除了制定相应的代际伦理规范，还必须提高人的道德素养。道德是可持续发展的"自律"驱动力，因而有必要加强公民的生态道德意识的培育，使人的道德素质得以提高和完善。

四、域际可持续发展伦理

可持续发展伦理当前所面对的问题不仅反映着人与自然关系的失调，而且越来越反映出人与人之间社会关系的失调。目前，人与人之间社会关系的失调已经成为破坏可持续发展伦理的重要原因，因此建立各区域间的可持续发展伦理显得更为必要和迫切。此外，儒家主张和谐共处，协和万邦，提倡王道，反对霸道；老子主张

---

① 田其云. 我国环境权立法研究综述 [J]. 学术研究, 2004（8）: 88-93.

"大国者下流""两者各得所欲，大者宜为下"，大国不能总想着当世界霸主，只有能主动放下妄念和身段并与各国和谐相处，才能保有尊严和现实利益[①]。显然，这些中国古老的域际伦理思想具有现代价值。

（一）域际可持续发展伦理的概念

域际可持续发展伦理反映了区域和区域之间（也包括组织与组织、团体与团体之间）的深层次关系，是指认识、厘清与重构区域之间和谐相处与共同发展关系的应然状态。域际可持续发展伦理是制约和规范各区域主体面向可持续发展的相互关系与外部行为的共同道义准则的总和。这里的区域指不同的国家、地区，也可以指超越地域的组织、团体或观念群体，如处于不同地域的具有相同文化背景的人群（民族）等。因此域际可持续发展伦理包括国家间、地域间或组织间的可持续发展伦理。

一切伦理的产生都是基于一定的利益驱动，伦理是对人们现实生活利益冲突的一种规范和调节。域际可持续发展伦理产生的基础是区域利益，由于区域间利益冲突是客观现实的，因而域际可持续发展伦理对区域间矛盾和冲突的解决具有建设性。

（二）公平合理，合作共赢：国际环境公平与可持续发展伦理

在可持续发展实践中，一些发达国家以环境保护为借口，实行"环境殖民主义""生态殖民主义"，这是不合理的国际政治、经济旧秩序的现实反映。国际环境公平问题的凸显，呼唤着符合环境公平原则的国际可持续发展伦理新准则。

其一，尊重国家主权，反对环境霸权主义和生态帝国主义。尊重国家主权特别是发展中国家主权是国际环境公平的前提和基础。必须坚决反对环境掠夺和环境殖民行为，巩固和尊重世界各国特别是发展中国家的自然资源主权；同时，应树立保护环境、维护生态的可持续发展观念，以主人翁的热情及合作的态度去处理各种环境问题。

其二，确立共同承担与区别责任相统一原则。各国承担责任的大小应与其历史上造成环境破坏、气候变化的程度成正比；应与其实际能力、发展要求相适应。发

---

① 曹振杰，王茁，徐彦伟.《道德经》管理思想导读[M]. 北京：经济管理出版社，2021.

达国家在其长期的工业化过程中过度消耗自然资源、大量排放污染物及追求高消费等是导致今天严重环境问题的主要原因，因此发达国家在全球环境治理上要付出比发展中国家更多的努力，承担更多的责任和义务。

其三，确立破坏者承担责任原则。各国在治理环境、处理环境问题时应该维持公道和正义，实行谁破坏谁治理、谁污染谁补偿的原则，使造成或可能造成环境损害的破坏者承担预防、控制和治理环境污染的责任。实际上，发展中国家往往是国际环境问题的受害者，他们理应得到补偿；发达国家作为受益者及环境破坏者理应向发展中国家无偿提供解决环境问题所需要的资金和技术，帮助发展中国家提高环境保护的能力。

（三）互助合作，协调发展：国内域际可持续发展伦理

国内域际环境公平指的是一个国家不同地区之间的环境公平。这一区域层次上的环境公平问题有各种表现，归纳而言，一是发达地区与欠发达地区在获取资源利益与承担环保责任上存在不协调；二是城市与农村在生态环境利用和保护上存在不公平[①]。互助合作、协调发展应该是更为合理、和谐的区域间共同进步的域际可持续发展伦理，这一域际伦理是"地球生命共同体"伦理的基础。

一是坚持政治伦理的公平性原则，促进区域可持续协调发展。国家与区域主体应着眼于长远的、全局的可持续发展，在制定具体国家政策时，应公平考虑各个地区的发展要求及环境状况，不应一刀切地平摊环保责任，要对欠发达地区和广大农村有所倾斜、有所照顾；要有政治意识、大局意识、核心意识和看齐意识，不能各行其是；不允许以邻为壑、损人利己，更不允许上有政策、下有对策，要通过各区域主体的共同努力，使整体的环境问题得到合理的解决。

二是维护区域资源利用的公平性原则，奉行区域间环境公平的道德准则。每个地区都有平等地选择发展道路的权利，包括合法使用环境资源的权利，同时，不能也不应该破坏环境，不能将环境破坏的后果转嫁到其他地区，即不能直接或间接的以破坏其他地区的发展权为代价。

三是遵循经济伦理的公平性原则，构建区域间环境伦理的补偿与互助机制。环境公平补偿是指人们在治理环境、处理环境问题时应该维持公道和正义，实行谁破

---

① 洪大用. 当代中国环境公平问题的三种表现[J]. 江苏社会科学，2001（3）：39-43.

坏谁治理、谁污染谁补偿的原则。环境合作互助是指一国内部的各个地区及其人民在环境保护和治理方面应同舟共济、通力合作，共同解决本国所面临的跨区域性环境问题。

五、个体可持续发展伦理

根据马克思主义的基本观点，共同体是现实的个人的共同联合，而个人是通过共同体生存和发展的；同时，个人的意识与行为也影响着共同体的质量。因此，共同体与个体之间是相互塑造、相互依赖的关系，个体伦理在很大程度上决定着共同体伦理的质量。目前，全球可持续发展受到某些国家和群体的阻碍，很大程度上是受到这些共同体中的个人特别是领导者不成熟的、狭隘的个体伦理的影响。因此，构建人与自然生命共同体、人类命运共同体和地球生命共同体，在很大程度上是有赖于人的主体性的成熟与完善，面向可持续发展的伦理观须以个人的自我可持续伦理为基础。

中国传统伦理始终突出个人的心性修养问题。《大学》有言："古之欲明明德于天下者，先治其国；欲治其国者，先齐其家；欲齐其家者，先修其身；欲修其身者，先正其心；欲正其心者，先诚其意；欲诚其意者，先致其知；致知在格物。""自天子以至于庶人，壹是皆以修身为本。"所谓"格物致知""诚意正心"，乃是对物欲、贪心、恶念、私心进行涤除的过程，这是修德正己的心性修养功夫，体现了中国式个体伦理或自我伦理思想。个体可持续发展伦理的核心要求，包括以下内容。

（一）自我节制

与个体伦理相近并构成个体伦理关键内容的是自我伦理。自我伦理是对个人行为的价值秩序化，为个人和自我的生活安排出一套合乎理性的秩序，也就是为个人行动找到意义[1]。根据福柯的观点，自我伦理的基本原则是：人们施加到自己身上的权力也制约着他们施加到他人身上的权力。所以，只有正确地关注自我，才能避免向他人滥用权力[2]。自我伦理具有自主性、自律性和超越性等特征，它是一种客观的

---

[1] 朱雯琤. 现代性下的自我治理：论韦伯与福柯在伦理实践的相遇 [D]. 杭州：浙江大学博士论文，2018.
[2] 林钊. 启蒙批判与自我伦理：从施蒂纳到福柯 [J]. 哲学研究，2020（10）：41-49.

自我掌控力量，通过个体自身的各种道德观念和行为方式表现出来[1]。自我伦理的目的是自我实现与自我幸福，而实现这一目的的关键在于对自身欲望的把握。对于自身欲望的放纵、压抑（禁欲）都不利于自我幸福，而自我节制（即"有所为而有所不为"）不仅将自身欲望控制在一定的范围之内，以免危害他人利益，还要在正确认知欲望的基础上，培养合理的欲望，满足自己的需要。

中国传统可持续发展伦理尽管有"存天理，灭人欲"等主张，总体上对欲望的把控还是秉持中道原则，即主张自我节制。现实中，对于绝大多数人而言，对自身欲望进行放纵或压抑（禁欲）的自我伦理都是不可持续的，因而自我节制是自我净化的起点，也是自我可持续发展伦理的基本特征。自我可持续发展伦理是这样一种道德规范，它以自我节制为内涵、以自我幸福为目标，对个体超出必要界限的欲望做出自愿的限制与放弃，并培养自己的合理欲望，从而达成自我实现与自我幸福。

（二）道德敬畏

党的十九大报告指出，"让党员干部知敬畏，存戒惧，守底线"。每个人特别是某些国家的领导人的个体可持续发展伦理要纳入道德敬畏元素。

道德敬畏是一种道德情感，是社会个体基于对道德的崇敬和畏怯，面对社会生活中形成的道德规范和伦理标准而建立的心理秩序。道德敬畏作为一种特殊的道德情感，其价值目标是对善的终极追求[2]。道德敬畏影响着个体的人生观与价值观，规范并引导着个体生命的展开以及社会生活的实践。

个体可持续发展伦理要求人们要敬畏并尊重生命，要敬畏并爱护自然，要敬畏并顺应因果规律，这种敬畏是自我净化的动机性因素。各国、各区域、各群体的领导者，应敬畏人类社会关于可持续发展的基本共识和制度规范，践履可持续发展伦理的道德敬畏言行，敬畏权力并谨慎行使权力，以维护、推进人类可持续发展。

（三）身心和谐

人类中心主义主导的传统发展模式将人类卷入一场空前的、人与自身极度分裂的自我伦理危机[3]，这种人自身的危机又进一步加剧了人与自然、人与人及域际的分

---

[1] 罗丹. 网络中自我伦理危机及其消解 [D]. 南京：南京信息技术工程大学硕士论文，2012.
[2] 汪荣有. 论道德敬畏 [J]. 齐鲁学刊，2016（1）：80-84.
[3] 王涛，齐小军. 自我的伦理危机与自我伦理 [J]. 经济研究导刊，2010，77（3）：234-235.

裂与发展的不可持续性。恩格斯在《国民经济学批判大纲》中提出"人类与自然的和解以及人类本身的和解"[①]，习近平的生态文明思想以人的全面发展为关切点和价值逻辑起点[②]，可见，生态危机的解决必须与人的解放联系在一起[③]。在中国文化传统中，身心和谐使人得以发展，进而实现人的解放，身心和谐成为个体可持续发展伦理的基本内容，也是"自我净化"的结果。

身心和谐即恩格斯所讲的人本身的和解，是心灵质量、道德人格和现实利益在个体层面的和谐统一。只有一个人身心和谐，才能够外化为正面的生态伦理、人际伦理和域际伦理；如果个体心灵不和谐，充满了贪欲、烦恼、嗔恨、对立等负面思维和情绪，就不可能认同、践行生态伦理、人际伦理和域际伦理。

身心和谐在个体可持续伦理中体现为利他与利己相统一、主体与客体相统一、自律与自由相统一、权利与责任相统一、仁慈与智慧相结合，还会表现出尊重、诚实、信义、勤奋、礼敬、廉洁、知耻等伦理素养。

个体可持续发展伦理主要取决于个人的心性修养，它属于个体心性伦理的范畴。个体心性伦理尽管具有重要作用，但是个体的道德理性、意志和能力是有限度的，因此个体可持续发展伦理与集体伦理、制度伦理必须相互配合、相互支撑，才能构成较为完整的可持续发展伦理。

本章要点

可持续发展伦理是西方工业化进程中经济发展与生态环境产生矛盾、西方传统经济学与哲学出现严重危机的产物。1987年发表的布伦特兰报告将可持续发展界定为"既满足当代人的需求又不危及后代人满足其需求的发展模式"。这一经典定义标志着可持续发展思想共识的达成。

可持续发展伦理观确立了一系列伦理规范，调节人类的经济活动，促进人类之间以及人类与自然之间的和谐，以实现人类的可持续发展。它包括：全人类利益高于一切；生存利益高于一切；在满足当代人需要的同时，不能侵犯后代人的生存和发展权利；发达国家对发展中国家的环境与发展负有责任；环境公平原则。

---

① 马克思, 恩格斯. 马克思恩格斯文集：第1卷[M]. 北京：人民出版社，2009.
② 卢斯嫒, 钟志凌. 习近平"共同体"重要论述的三重逻辑[J]. 理论导刊，2019（8）：59-65.
③ 石路, 张慧. "两个结合"：阐述习近平生态文明思想的新视角[J]. 河南师范大学学报：哲学社会科学版，2022，49（3）：9-16.

在中华民族复兴与文化复兴战略的背景下，我们应重视本国传统文化特别是儒家、道家和佛家的传统可持续发展伦理思想。儒家的可持续发展伦理观具有民本主义倾向，注重道德教化，主张生态和经济发展要服务于人伦、社会和国家秩序；道家的可持续发展伦理观呈现出强烈的自然主义倾向；佛教也有着独特而丰富的生态伦理思想。

依据习近平生态文明思想，对中西可持续发展伦理进行融合与本土重构，可建立四维度的可持续发展伦理框架：生态可持续发展伦理，这是人与自然关系的伦理规范；人际可持续发展伦理，包括"代内伦理"和"代际伦理"；思想的域际可持续发展伦理；个体可持续发展伦理。

本章思考题

1. 可持续发展观与可持续发展伦理的形成有怎样的背景？
2. 请阐述可持续发展伦理观的基本内容，并进行评价。
3. 请阐述中国传统文化中的可持续发展伦理，并进行评价。
4. 怎样融合中西方可持续发展伦理并进行本土重构？请提出您的可持续发展伦理框架。

第六章

商以载道：创新发展与中国企业家精神

第一节 西方企业家精神

"企业家"（Entrepreneur）一词源于法语 Entreprendre，意思是中间人或中介。到了中世纪，"企业家"指的是演员和负责大规模生产项目的人。到了17世纪，"企业家"指的是与政府签订固定价格合同，承担盈利（亏损）风险的人。最早论述这一概念的是法国经济学家里夏尔·坎提隆（Richard Cantillon，1680—1734年）。在他的论述中，"企业家"就是在市场中充分利用未被他人认识的获利机会并成就一番事业的人。坎提隆在其著作《商业概论》中认为，企业家的职能是冒着风险从事市场交换，即在某一既定价格下买进商品，在另一不确定的价格下出卖商品。企业家所获得的是不确定收益。

在坎提隆之后，另一位法国经济学家让·巴蒂斯特·萨伊（Jean Baptiste Say，1767—1832年）将"企业家"一词推广使用。萨伊在1800年时曾经这样说过，企业家"将资源从生产力和产出较低的领域转移到生产力和产出较高的领域"。在这里，我们看到萨伊不仅把"企业家"与所有权分离开来，而且，他将提高生产力和产出的职责赋予了企业家。

最早将企业家作为独立的生产要素提出并进行研究的是英国经济学家阿尔弗雷德·马歇尔（Alfred Marshall，1842—1924年）。马歇尔在其著名的《经济学原理》（1890年）中系统论述了企业家的作用。他认为，一般商品交换过程中，由于买卖双方都不能准确预测市场的供求情况，因而造成市场发展的不均衡性，而企业家则是消除这种不均衡性的特殊力量。企业家是不同于一般职业阶层的特殊阶层，他们的特殊性是敢于冒险和承担风险。

美籍奥地利经济学家约瑟夫·熊彼特（Joseph A. Schumpeter，1883—1950 年）发展了马歇尔的理论，他在 1912 年出版的《经济发展理论》一书中指出，企业家就是"经济发展的带头人"，也是能够"实现生产要素的重新组合"的创新者。熊彼特将企业家视为创新的主体，其作用在于创造性地破坏市场的均衡（他称之为"创造性破坏"）。他认为，动态失衡是健康经济的"常态"（而非古典经济学家所主张的均衡和资源的最佳配置），而企业家正是这一创新过程的组织者。通过创造性地打破市场均衡，才会出现企业家获取超额利润的机会。熊彼特首次突出企业家的创新性，但是他认定企业家是一种很不稳定的状态。他认为，一个人由于"实现新的组合"而成为企业家，"而当他一旦建立起企业，并像其他人一样开始经营这个企业时，这一特征就马上消失"。因此，企业家是一种稍纵即逝的状态。按照他的定义，一个人在他几十年的活动生涯中不可能总是企业家，除非他不断"实现新的组合"，即不断创新。简言之，创新是判断企业家的唯一标准。

在美国管理学家彼得·德鲁克看来，"企业家"（或"企业家精神"）就是：①大幅度提高资源的产出；②创造出新颖而与众不同的东西，改变价值；③开创了新市场和新顾客群；④视变化为常态，他们总是寻找变化，对它做出反应，并将它视为机遇而加以利用。综上所述，在德鲁克眼中，"企业家"（或"企业家精神"）的本质就是有目的、有组织地系统创新。创新是改变资源的产出；是通过改变产品和服务，为客户提供价值和满意度。所以，仅仅创办企业是不够的。比如一个人开了一家餐馆，虽然他冒了一点风险，却不能算是企业家，因为他既没有创造出一种新的满足，也没有创造出新的消费需求。但同样在餐饮业，麦当劳的创始人雷·克罗克却是杰出的企业家，因为他让汉堡包这一在西方很普遍的产品通过连锁的方式进行标准化生产，大大提高了资源的产出，增加了新的消费需求，影响了人们的生活。

因此，"创新"是一个经济或社会术语，而非科技术语。创新具有以下重要特点[①]。

第一，从新的科学发现到实际的创新所需时间可能很长。

从新知识的出现到它成为可应用的技术之间，时间跨度可能相当长。从新技术转变为上市的产品、程序或服务又可能需要很长一段时间。1907—1910 年之间，德国生化学家保罗·埃利希（Paul Ehrlich）创建了化学疗法理论，也就是使

---

① 彼得·德鲁克. 创新与企业家精神[M]. 朱燕斌，译. 北京：机械工业出版社，2018.

用化学合成物来控制细菌和微生物。他本人还研发了第一种抗菌药：阿斯凡纳明（Salvarsan），用于治疗梅毒。直到25年后，也就是1936年，应用埃利希的化学疗法来控制多种细菌性疾病的磺胺药剂才投放到市场。

第二，创新需要对各种技术进行组合以适应市场需求。

创新几乎从不基于单一要素，相反，它们是多种不同领域知识的融合，而且这些知识并不局限于科学或技术知识。莱特兄弟发明的飞机基于两种知识：一种是19世纪80年代中期设计出来的、用于奔驰和戴姆勒所产汽车的汽油发动机知识；另一种是与数学有关的空气动力学知识，主要是从滑翔机的实验中发展而来。这两种知识都是完全独立发展起来的，但只有将两者融合在一起，才使飞机制造成为可能。计算机的发明需要至少五种不同的知识：一项科学发明——三极管；一项重大的数学发现——二进制理论；一种新的逻辑；打孔卡设计概念；程序和反馈的概念。这些知识缺一不可，否则计算机不可能诞生。1852年，皮埃尔兄弟建立了第一个投资银行，但在几年之内就告失败。其原因是投资银行需要两种知识，而他们只有一种知识。他们拥有一套创造性融资理论，这使他们成为杰出的风险资本家。但是，他们缺乏系统的银行业务知识。皮埃尔兄弟19世纪60年代初惨遭失败后，有三位年轻人分别在皮埃尔兄弟失败的地方重整旗鼓，并在风险资本概念的基础上增加了银行业务知识，进而获得了成功。第一位是美国人摩根，1865年，他在纽约创建了19世纪最成功的企业家银行。第二位是德国人西门子，他创建了"世界银行"（Universal Bank）。他使用这个名字的意思是，它既是英国模式的储蓄银行，又是法国皮埃尔模式的企业家银行。第三位是日本人涩泽荣一，他建立了日本模式的"世界银行"，成为现代日本经济的缔造者之一。

第三，创新与用户密切相关。

美国人戈登·贝纳特（James Gordon Bennett）是正视现代报纸所存在问题的第一人。他创办了《纽约先驱报》（New York Herald）。贝纳特对报纸面临的问题了如指掌：一份报纸必须要有足够的收入才能在编辑上保持独立；与此同时，报纸必须相当便宜，才能确保发行量。早期的报纸或者为了获取收入而出卖自己的独立性，沦为某一政治派系的喉舌；或者价钱非常昂贵，只有少数精英分子才能买得起。贝纳特聪明地利用了报纸需要的两大科技知识基础：电报和快速印刷。

但是，报业发展所需要的另外两项非科学知识基础与用户密切相关——一项是大众读写能力普及，另一项是报业需要大量的广告客户作为支撑：将大众广告作为收入的来源，才能使报纸在编辑上拥有独立性。这两个目标是在20年后，也就是1890年左右，由三位懂得利用广告的年轻人实现的：约瑟夫·普利策（Joseph Pulitzer）和阿道夫·奥克斯（Adolph Ochs），他们接管了濒临破产的《纽约时报》，并使它成为美国报业领袖；赫斯特（William Randolph Hearst），他发明了现代报纸连锁事业。

第四，创新与市场时机相关。

巴克敏斯特·富勒（Buckminster Fuller）既是数学家又是哲学家。他将数学中的拓扑学运用到他称之为"戴麦克辛房屋"（Dymaxion House）的设计中。戴麦克辛房屋以尽可能小的表面积创造尽可能大的居住空间，因此具有最好的隔音、取暖和制冷效果及一流的音响效果，还可以用轻型材料建筑，不需要地基，只需要一点支撑物，但能够经受住地震或最猛烈的风暴。1940年左右，富勒在新英格兰一所规模很小的学院校园里，建造了一栋戴麦克辛房屋，但是当时很少有人跟着盖这种房子。然而1965年左右，这种房子开始在南北极出现，因为传统建筑在那里既不实用又很昂贵，而且很难修建。后来，戴麦克辛结构越来越广泛地应用于礼堂、音乐厅、运动场等大型建筑中。

只有重大的外部危机才可缩短创新间隔时间。李·德福雷斯特1906年发明的三极管可以用于制造收音机。但是，如果不是第一次世界大战迫使各国政府、特别是美国政府推动无线电声音传输技术的发展，那么收音机问世的时间会延迟。由于战场中的有线电话太不可靠，而无线电报又限于点线之间，因此，20世纪20年代早期，市场上就出现了收音机，这比它所依赖的知识出现的时间仅仅晚了15年。

同样，如果不是第二次世界大战，青霉素可能要到20世纪50年代才会研制出来。弗莱明（Alexander Fleming）于20世纪20年代中期就发现了可以杀死细菌的青霉菌。10年后，英国生化学家霍华德·弗洛里（Howard Florey）开始对它进行研究。但是，第二次世界大战的爆发迫使青霉素提前问世。由于英国政府急需一种治疗传染病的药物，所以全力支持弗洛里的研究。于是，无论在何处作战，英国士兵都是他的试验对象。同样，如果不是第二次世界大战促使美国政府投入大量人力和财力推动计算机研究，那么计算机可能要等到贝尔实验室的科学家发明晶体管（1947年）以后，才有可能诞生。

在所有必需的知识齐备之前，从事以知识为基础的创新时机尚未成熟，如果过早进行创新，势必遭遇失败。在大多数情况下，只有当各种要素都已经广为人知，同时可以获得，而且在某些地方已经被先行使用时，创新才会产生。

第五，因为文化的不同，创新呈现出差异化。

日本人并非创新者，而是模仿者（不仅西方人这样认为，日本人自己也这样认为）。因为就整体而言，日本人并没有产生令人瞩目的技术或科学创新，他们的成功源于社会创新。100 年以前，日本人经过慎重考虑，决定将他们的资源投注于社会创新，而对技术创新加以模仿、引进并改造，结果他们取得了举世瞩目的成功。尽管人们有时半开玩笑地称其为"创造性模仿"，但这往往是非常奏效的企业家战略。

一、企业家意志

熊彼特认为，企业家从事"创新性破坏（Creative Destruction）"工作的动机固然是以挖掘潜在利润为直接目的，但不一定出自个人发财致富的欲望。他指出，企业家与只想赚钱的普通商人或投机者不同，个人致富充其量仅是企业家的部分目的，而最突出的动机来自"个人实现"的心理，这就是熊彼特认为的"企业家精神"，也即"经济首创精神"，这种精神需要正是实现"新组合"的原动力。这种创新精神是驱动和激发企业家经营创新能力以及其他能力的内在心理及意识的精神要素。张军指出："创业型的企业家精神从某种意义上讲是某些人的一种禀赋，它与人的个性特征和特殊的环境条件等有很大的关系……这种企业家精神是一种敢于创业和创新的冒险精神。"[1]

熊彼特等认为"企业家精神"包括以下几个方面[2]。

（一）承担风险

从宏观市场的角度看，基于不确定性和信息不对称的经济环境，企业家的创新行为必然面临风险问题。从微观角度看，企业家个人本身应具备风险偏好的特质。马歇尔认为，企业家的重要作用就是承担风险，彭罗斯更是认为企业家特质是主动地承担风险。不承担风险，不能称为企业家，承担风险是企业家与理论家、艺术创作人员、科学发明家和技术研发人员等的根本区别。

---

[1] 张军. 经济学家眼中的企业家精神 [EB/OL]. [2007-05-01]. http://junzhangecon.weebly.com/
[2] 约瑟夫·熊彼特. 经济发展理论：对于利润、资本、信贷、利息和经济周期的考察 [M]. 何畏，等译. 北京：商务印书馆，1990.

在某种意义上，甚至可以说，企业家基本上是一样的："赌徒（利润驱动）加工程师"[1]。一方面，企业家一定是个赌徒，没有赌性，他不会去做企业家；另一方面，企业家一定要会算计。一个好的企业家，无非是在两者之间找到均衡。

格鲁夫说："当你成功的时候，针对你而来的力量也在聚集，能使你的成功被逆转的新技术也在出现。所以，你越成功，跑得就要越快。你跑得越快，就越要注意地平线上有没有出现危险的迹象。我所说的要有强烈的危机感才能继续成功，就是这个道理。"[2] 企业家是风险承担者。企业家与其他人的不同点就在于偏执，偏执包括执着，也包括"别人认为不可以他却认为可以"。

在格鲁夫博士这种深刻而永不懈怠的忧患意识影响下，英特尔采用了一种基于人力资本的管理模式，其基本思想是：没有制度可以保证企业及决策者不犯错误，但肯于倾听员工的建议和呼声，有足够的睿智激发员工的创造性，至少可以少犯错误。

（二）目标远大、价值观崇高

作为一个经营者，最重要的是能够经常保持预测企业长远发展方向的想象力、预见性、理解力、直觉和明确的大局观。企业发展的秘诀在于具备和坚持始终一致的目标和信念，并保持一种百折不挠、不达目的誓不罢休的执着信念。企业家同时兼备经营思想、经营哲学和历史观。

企业家的智慧首先源于价值观。美国学者奥曼（Robert J.Aumann）把崇高的价值观称为远见。他说："根据我对高级主管所做的研究，我发现一个理性因素难以解释的奥秘。这些人有他们自己隐藏的远见和神秘的使命，凌驾在公司的经营之上。他们的使命有时是疯狂的，通常都与高级主管的童年密切关联，并且是情绪的、直觉的、超乎理性的，在内心有一种信仰支持他们。"崇高的价值观为公司带来优异的成长性。

（三）对胜利的长期热情并激发员工对胜利的热情

企业家"存在征服的意志、战斗的冲动和证明自己比别人优越的冲动，他求得成功不仅是为了成功的果实，而且是为了成功本身"。利润和金钱是次要的考虑，

---

[1] 吴晓波. 企业家永远是赌徒加工程师 [N]. 第一财经日报, 2008-01-23（1）.
[2] 安迪·格鲁夫. 格鲁夫给经理人的第一课 [M]. 巫宗融, 译. 北京：中信出版社, 2007.

而是"作为成功的指标和胜利的象征才受到重视"。

由于企业家所从事的工作带有冒险性，失败总是难以完全避免的，而且，有时为了成就更大的事业，必须冒着失败的风险，正所谓"不入虎穴，焉得虎子"。

经理人局限于短期承诺，企业家则需要长期承诺。企业家注重的是长期利益而非急功近利；要勇于舍弃短期利益、眼前利益、身边利益、表面利益甚至直接利益。优秀的领导者一定是长期目标导向的，所谓"争千秋不争一时""不以短期结果为导向"。《领导者》(*Leaders*)一书的作者贝尼斯（Warren Bennis）说过，"领导人唯一的界定品质在于，他或她能否创造并实现远景。"瑞士马利克管理中心董事会主席兼 CEO 弗雷德蒙德·马利克（Fredmund Malik）强烈建议企业家："你要问自己，我今天必须做出怎样的决策，才能在直到永远的时间长河中始终正确？"这样的提问将给企业家带来完全不同的视野。

真正的企业家做决策是基于长期的战略考量，致力于挖掘市场的长期潜力，并且朝着确立的方向全力以赴。同时，他善于运用自身真正的比较优势，深刻洞察自己所从事的业务，然后持之以恒。如果既定的战略可以坚守 15 年或者 20 年，就能建立强大的优势。

（四）改变生活、创造未来、突破疆域

一个伟大的企业或企业家的标志，是成功改变或促进了人们的生活，甚至影响了时代。企业家的价值不亚于政治家或者科学家。飞机、冰箱、空调、电视、计算机、手机等改变现代生活方式、提升生活品质的产品，没有企业家冒险投资并适时投入市场就不可能如今日之普及；许多其他产品，甚至是企业家根据市场的需要投入巨资研发后才得以发明、创造和生产的。美国《商业周刊》网站 2007 年评出了"史上最伟大的 30 名企业家"，其标准是：如果一名企业家创建了一个新市场，或者让一个每况愈下的市场复兴，或者改变了人们生活的方式，他就有资格成为史上最伟大企业家的候选人。

乔布斯说："领袖与跟风者的区别在于创新"。乔布斯革新了七项产业：个人电脑、动画、电话、音乐、平板电脑、数字出版与零售商店。他站在科学与人文的交叉路口，以无边的想象与工程技艺、结合创意与科技，创造出消费者没想到的新产品，并改变了世界。乔布斯改变了我们的生活，改变了行业，并成就了人类历史上珍贵的伟绩：他改变了人们看待世界的方式。

（五）坚强的意志与承受痛苦

一项对北京、上海、广州、深圳四地经理人痛苦指数的调查显示，经理人在工作环境方面的痛苦主要集中在预定工作目标过高、公司发展不明朗、人才流失严重以及付出与收入比例失调等方面。大约32%的经理人普遍感觉工作超负荷运作，收入也不是非常满意。由于体力和精神的双重透支，部分经理人已经苦不堪言，但如果有机会，他们还是会选择寻求新的发展。

但是，企业家承受痛苦的感受却不一样：一个人彻悟的程度恰等于他所受痛苦的深度。世界一流的企业家都有一种根深蒂固的危机意识：比尔·盖茨宣布"微软离破产永远只有18个月"；李健熙告诫公司上下"三星离破产永远只有一步之遥"；松下幸之助干脆把松下的经营命名为"危机经营"；安德鲁·格鲁夫更是坚持做企业的不二法门是"惧者生存"。

二、企业家思维

（一）预见未来的利润、具有远见

赚不赚钱、赚多少钱是衡量一个企业家成功与否的重要尺度，对潜在利润机会的敏感性显然是一个恰当的出发点。奥地利学派所阐释的企业家精神的两项要素——利润和敏感性，利润是外因，没有利润就没有企业家行为，企业家正是通过发掘和把握了潜在的营利机会，才实现了创新和发展的社会目标，在提升效率的同时，企业家赚取了利润。

预见未来指的主要是对未来利润的把握。未来的利润现在还没有形成，但是已见端倪，企业家对此应该有所预感。对未来的市场趋势具有超前的预见性，这一点对企业家尤其重要。冰球传奇人物格雷斯基（Wayne Gretzky）曾说过："一个好的冰球运动员知道冰球在哪里，而一个伟大的冰球运动员能知道冰球将往哪里去。"伟大的企业领导者同样具备这种远见。

总体来说，人类正处在高新技术的迅速发展阶段，材料工程、生物工程、信息科学、生命科学等每一个领域都会在未来的10年、20年内出现很多新产品，而每个新产品都可能获得几亿、几十亿、几百亿、几千亿美元的利润。许多领域在我们还没有看见商机的时候，一些非常敏锐的企业家已经开始注意到了，所以，具有远见、预见未来的利润是企业家创新的一个非常重要因素。

远见使管理者敢于冒险、敢于去做自己认为对的事，而不是采取权宜之计。正是由于这种信念，他们才能忍受短期的牺牲、损失甚至屈辱。他们所有重大的决策都是从长远的角度加以判断与决定。他们的所作所为前后一致，下属不会无所适从，都会为了企业的使命而献身。

企业家应该深思熟虑、充满智慧，以先见之明而自豪，以长远的观点判断和思考经营问题——以 10 年、30 年甚至 100 年为时间尺度。在信息时代，企业家更应该充满自觉性和自主性，保持不懈的精神和热情，以科学的态度、普通人的立场，勇敢地、创造性地观察时代的本质，洞察事物变化的现象及其本质，经常考虑"为了我们企业的明天，应该干些什么"这一问题。在未来精神的主导下，在每一个企业家心中，都应该有一个属于自己的梦想。梦想是一面成功的旗帜，敢于梦想未来并把梦想变成现实是企业家的天职。

乔布斯希望苹果是一家伟大的公司，他把苹果的筹码都压在了"互联网和移动媒体"上，他认为这是"冰球"将来的方向。苹果 iPod 虽然不是第一款 MP3 播放器，但却是最称心如意的产品。其他竞争对手把能想到的特性全都往自己的产品上添加，而苹果只是让自己的产品保持简洁秀丽。虽然 iPod 的工业设计称不上革命，但它与 iTunes 完美整合，iTunes Music Store 又能提供无与伦比的体验，市场营销和产品包装的因素也会让消费者觉得物超所值。其他公司生产的是小玩意，而苹果生产的则是人们渴望之物——这些都是苹果公司的"远见"。

进一步看，企业家领导力的真正内涵是正确决策和准确判断的才智，以及征服部下心智的能力：不但要求领导者具有商业直觉与理性分析的平衡能力，而且还包括领导者心态开放、胸襟广阔的人格魅力，使部下愿意追随领导者不断努力，从而逐步接近或实现企业的目标。

（二）善于谋划

1. 具有直面现实的经济价值观

爱德华·斯普朗格尔（Edward Spranger）指出，价值观可以分为六种，分别是理论价值观、经济价值观、艺术价值观、社交价值观、政治价值观和宗教价值观。具有理论价值观的人最大的兴趣在于发现真理。具有经济价值观的人对效用感兴趣，他们关心的是如何生产商品、提供服务和积累财富。他们是彻底的实用主义者。

2. 明势与明事[①]

创业的人一定要跟对形势,要研究政策,这是大势。对一个创业者来说,大到国家领导人的更迭,小到乡镇官员的去留,都可能会对自己有影响。在政策方面,国家鼓励发展什么,限制发展什么,这对创业成败至关重要,顺势而作方为顺水行舟。企业家还需要明事,一个创业者要懂得人情事理,正如古话说:"世事洞明皆学问,人情练达即文章。"创业是一个在夹缝里求生存的挑战,尤其是处于社会转轨时期。

(三)独立思考、全局视野

企业家常常做出与众不同的判断,起初令大多数人无法理解。史蒂夫·乔布斯在1970年就认为个人计算机市场前途无量,将来人人都要使用微机。这在当时无异于天方夜谭,那些大公司没人相信不久的将来计算机会出现在每个人的办公桌上。乔布斯却相信,他不但自己相信,还说服了当时任职于惠普公司的史蒂夫·沃兹尼亚克辞职来和他一起搞微机,他们成功了,而且改变了世界。

每一批富翁都是这样造就的:当别人不明白他在做什么时,他明白自己在做什么;当别人不理解他在做什么时,他理解自己在做什么。当别人明白了,他富有了;当别人理解了,他成功了。

对企业家来说,治理企业是全局性的问题,因此,要有运筹思想,从全局出发,从长远看问题,注重整体效益和长远利益,统筹规划而后决策,"运筹于帷幄之中,决胜于千里之外。""运筹帷幄"表示对全局性的战略进行构思和策划。通用电气前董事长兼CEO杰克·韦尔奇(Jack Welch)曾说,领导者的"带宽"(Bandwidth)要非常大。红顶商人胡雪岩说:"如果你拥有一县的眼光,你可以做一县的生意;如果你拥有一省的眼光,你可以做一省的生意;如果你拥有天下的眼光,你可以做天下的生意。"

此外,企业家还要善于从正反两方面思考问题。德鲁克说,没有反对意见,就不做决策。通用汽车公司总裁斯隆曾在该公司一次高级层会议中说过这样一段话:"诸位先生,在我看来,我们对这项决策,都有了完全一致的看法了。"出席会议

[①] 丁栋虹. 企业家精神[M]. 北京:清华大学出版社,2010.

的委员们都点头表示同意。但是他接着说:"现在我宣布会议结束,此一问题延到下一次会议时再行讨论。我希望下次会议时,能听到反对的意见,我们也许才能对这项决策真正了解。"斯隆明白:一项正确的决策,必须从正反意见的碰撞中才能获得。

三、企业家行动

(一)学习与不惧怕失败

真正的创新者没有失败的困惑。其他人犯了错误觉得悔恨或尴尬,但创新者看到的是学习的机会。有高度成就的人,很少使用"失败"这个词,他们宁肯用"弄糟""搞乱"等来代替。

有创造力的思考会把错误当作垫脚石,并产生了新的创意。事实上,人类不乏利用错误假设和失败观念产生创意并获得成功的先例。

(二)务实、专注、持之以恒

创新和务实是互为推动的。奠定计算机科学基础的是英国人图灵,但应用最广泛的操作软件是美国人发明的 Windows 系统。发明汽车的是德国人本茨,但把汽车带进普通人生活的是美国人的流水线。

百余年来,美国人以务实为导向推动创新,以创新为动力激发更多的实际需求。务实和创新的结合也把世俗价值融进了美国社会的主流价值观。

有知识产权保障并得到鼓励,发明家就会追求金钱等世俗的一切。170 年前,法国政治家托克维尔在《论美国的民主》第二卷写道,和科学研究充满了贵族气息的欧洲不同,美国的民主制度不会引导人们为了科学而研究科学,但是它会使研究科学的人大量增加。

第二次世界大战后,日本的崛起得益于追求至善、精益求精。吉田茂是日本战后最负盛名的首相,晚年以充满激情的语言写就《激荡的百年史》。他说,日本民族具有一种止于至善的专业精神,心无旁骛,精益求精。此种精神背后是谦逊的学习态度和永远不懈地吸取他人长处之开放胸怀。盛田昭夫说:"日本企业之所以能在短期内取得飞跃性进步,奥妙就在于企业经营者始终认为日本在一切领域中都落后于他人,从而产生一种紧迫感。他们情愿以欧美各国的学生自居,坚持交学费,学习经营手法，吸引新技术。""在日本，人们始终不懈地追求效率和生产率的提高，即使是对螺丝刀这样简单的工具也毫不例外，从设计到加工，无不精心考虑，仔细研究。"

专业品质放诸四海而皆准。如果用专业精神来看，"追根究底"其实才是形成专业品质的真正原因。有人曾经问过台塑集团的许多高级主管："台塑被誉为经营的典范，那台塑的管理精神是什么？"他们回答说，一个流程追根究底，不断改善、调整，最佳规范流程不就在那里？如果企业形成追根究底的组织文化，每一个人都有追根究底的态度，每一件事、每一项工作、每一个流程最后都会做到尽善尽美，一家高效率、高竞争力的公司就形成了。台塑集团用最浅显的话，说出了专家与专业精神的真谛。

比敬业精神更重要的是，面对自己的事业有一种入迷和执着的心态。达到这种心态的企业家，往往会把自己的生命融入自己的事业中去，对自己的事业有朝圣者的心情和顶礼膜拜的态度。

当然，持之以恒并不意味着执迷不悟，相反，成功的企业家都具有适时果断放弃的判断能力。但"公司过去越成功、就越不容易改变使其成功的模式"。一些公司在竞争条件发生变化时犯下的失误背后，都存在行为僵化、刻板守旧的问题。市场占有率从60%下降到20%的摩托罗拉就是一个典型例子，它面对CDMA、TDMA、GSM多种标准，因为害怕押错宝，迟迟不敢采取行动，结果在与诺基亚和爱立信的竞争中逐渐掉队。摩托罗拉的前首席执行官就曾说："我们每一次惨重的失败，都是因为我们曾在某个科技时代太过成功，以致忽略了应该在新的科技时代到来之际迅速更新自己。"

第二节　商以载道：中国商人精神

熊彼特认为，创新不断破坏旧的经济结构，创造新的经济结构，这个创造性破坏过程才是商业的本质。进入21世纪之后，熊彼特的学说成为社会各界对于商业价值的基本看法：即"创新与创造是新工业文明时代企业存在与发展的根本"。按照这一基本看法，商业并不是单一实现企业家个人利润的工具，商业乃是"创新与创造"的载体。人类文明进入新工业文明时代，人们对商业看法的这一转变构成了

"商以载道"的理论基础。

概言之,"商以载道"意味着商业存在的目的并不仅仅是完成商品的交换,现代社会中商业结构所包含的企业、市场、企业家们共同作用,不断创新,为社会而不只是为企业家个人创造更多的财富——现代社会的不断进步就建立在商业循环这一生生不息的过程中。因此,"商以载道"的"道"就是"通过创新实现全社会的富足与进步"。

尽管中国本土理论并没有率先提出"创造是商业的本质",但其行为却足以表明中国商人自古以来都在履行着"商以载道"的精神。本节通过"王亥服牛""丝绸之路""中国商帮"等案例说明中国商人的创造精神。

在世界工商文明史上,中国无疑是早慧的国家之一,中华民族是一个乐于经商且善于经商的民族。约在公元前16世纪到公元前11世纪,中国处于商朝时期。

商朝建立后,商人作为一个特殊的社会群体出现。随着社会生产力的发展,以物易物的交换方式已不能满足社会需要,于是就出现了一批不事生产而专事交换,以牟利为目的的人,人们统称做买卖的人为"商人"。

商人从事的买卖活动成为一种专职的社会活动,造就了商人阶层的产生和商业活动与生产的分离。这就是人类历史上第三次社会大分工,也是一次有决定意义的重要分工。商人不直接从事生产,而是专门从事商业买卖。"商业的目的不是直接消费",而是"谋取货币,谋取交换价值",商人"只是为卖而买,只是为再卖而买",他们不是要占有和使用商品,而是要"取得货币",积累财富。从近地购买贩运到远地销售,商人居间买卖,介于生产者与生产者之间、生产者与消费者之间,交换不是为了满足自己对商品的需要,而是为了谋利。在商朝,专门从事商业活动的主要是贵族。贵族掌握大量的社会财富,因而是商品交换的主要参加者。除了贵族之外,一些平民也从事商业买卖。总之,商朝经商的风气较盛。

此后历代都有工商繁荣的记录。管仲去世100多年之后,南方出现了一位大商人范蠡(公元前536—公元前448年),后世尊之为"商父"。与管仲"先商后官"的经历不同,范是"先官后商"。范蠡还天才地发现了宏观经济的周期性波动,并据此来设计对策。他说:"旱则资舟,水则资车,物之理也。"在旱灾之年要预见到大旱之后可能发生水灾,因此要及早扶持造船业的发展,以免水灾来临时发生舟船供应短缺;反之,在水灾之年要预见到以后可能发生旱灾,因此要及早促进车辆生产。他还提出"积著之理,务完物,无息币"。他的商业见解,即使到今天,也仍然是市场经济所必须遵循的重要原则。在汉代，哲学家王符就说自己所处的时代，从事工商业者十倍于农民，商业流通之盛达到"牛马车舆，填塞道路"的程度。明清以降，"儒贾合流"，知识精英不再耻于言商。晚清的龚自珍记录说："五家之堡必有肆，十家之邨必有贾，三十家之城必有商。"因此，说中国人"轻商"实在是一个莫大的误会。

从经济要素上分析，中国有发展工商经济的优越条件，这里有最早也是维持时间最长的统一市场，与欧洲中世纪之前的封闭分割、自给自足式的地方领主经济全然不同。也正因此，中国早在唐宋时期，就拥有当时世界上最大的城市群，长安、洛阳及临安都是人口过百万的超级大城市；在同时期的欧洲，人口最多的城市不过10万人。中国还发生了最早的农业作物革命，宋代水稻和明代棉花的普及造成了人口的大爆炸。中国是第一个人口过亿的国家，庞大的内需市场为生产和流通创造了得天独厚的环境。中国还在工商制度创新上拥有很多世界纪录，元代出现了世界上的第一张纸币，宋代出现了第一批合股公司和职业经理人阶层，清初则出现了粮食期货贸易。此外，中国还有非常健全的乡村自治体系，有世界上同期最富有、人数最为众多的商帮集团。

在相当长的时间里，中国是工商经济最为发达的国家，是世界经济的发动机。早在 10 世纪的宋代，GDP 总量就占到了全球的 1/3；到明末清初时，中国仍然保持着经济规模第一的地位，拥有最高的粮食产量，棉纺织业的生产规模是英国的 6 倍。①

一、以道求富与中华文化信仰

孔子在把"利"和"义"相权衡时，主张利必须从属于义，但他对财富本身并不是抱消极、鄙弃态度的。他曾说："富与贵，是人之所欲也"，"贫与贱，是人之所恶也"。这里把喜富恶贫看作一切人的共同心理，不分"君子"和"小人"。

既然人总是喜富恶贫，那么，个人求富就是合理的。孔子肯定这一点，并且承认自己也是愿意求富的："富而可求也，虽执鞭之士，吾亦为之"。既然人都喜富恶贫，那么，一个政权实行富民的政策，就是正确和得民心的。孔子正是这样看的。他的学生端木赐问他怎样为政治国，他回答说："足食，足兵，民信之矣。"农业是

---

① 吴晓波. 浩荡两千年：中国企业公元前 7 世纪—1869 年 [M]. 北京：中信出版社，2017.

当时社会生产的主要部门，粮食是社会财富最重要的部分。他重视民食，而且主张"足食"，这表明他是主张富民的。

孔子在游历卫国时，赞叹说："庶矣哉！"意思是称道卫国复国（卫国在公元前660年一度灭亡，后在齐桓公援助下复国）后恢复得好，人口已相当众多了。他的学生冉求问他："既庶矣，又何加焉？"他回答说："富之。"冉求又问："既富矣，又何加焉？"他回答说："教之。"这里，他不但主张富国、富民，还把"富之"看作"教之"的前提，这同管仲"仓廪实而知礼节，衣食足而知荣辱"的理念是共通的。冉求还曾说过：如果让他治理一个国家，"比及三年，可以足民"。孔丘对此也表示赞同。

《论语》载有尧告诫舜、舜又告诫禹的一句话："四海困穷，天禄永终。"把民众穷困看作一个政权覆灭的原因，可见孔子对富国、富民的重视。在财富问题上，他所关心的主要问题是：采取什么方式获取财富才是正当的、正义的。他反复申明的是：不论国家或个人，都只应以正当方式"求富"。孔子说，"富与贵，是人之所欲也"，这只是半句话，因为他接着就说："不以其道得之，不处也。"

值得注意的是，孔子曾说"邦有道，贫且贱焉，耻也；邦无道，富且贵焉，耻也"。常被人注意到的是后半句，即在"邦无道"的情况下，致富是非义的、可耻的。在这种情况下，孔子把"求富"转为"安贫"，极力宣扬"贫而乐"的思想，说自己是：饭蔬食，饮水，曲肱而枕之，乐亦在其中矣；不义而富且贵，于我如浮云。他称赞颜回：一箪食，一瓢饮，在陋巷，人不堪其忧，回也不改其乐。贤哉，回也！颜回所以受到这样的称赞，就是因为他在"邦无道"时不求富贵而安贫乐道。

然而，人们很少注意到前半句，即"邦有道，贫且贱焉，耻也"。孔子认为在"邦有道"的情况下，"贫"或"贱"是一种耻辱，这充分说明了孔子对待财富的积极态度——这是中国商人与西方商人的共同点。其不同点在于中国商人与西方商人在最终价值——即"道"上的不同看法。

二、制作圣人与商业首创

王亥之所以受到商人的长久祭祀，被商人怀念和崇拜，除了他作为商先公的地位以外，更在于他的首创精神，即王国维所说的他与大禹、后稷一样，也是"制作之圣人"。

盖古之有天下者，其先皆有大功德于天下：禹抑洪水，稷降嘉种，爰启夏、周；商之相土、王亥，盖亦其侍。然则王亥祀典之隆，亦以其为制作之圣人，非徒以其为先祖。周、秦间王亥之传说，胥由是起也。（王国维《殷卜辞中所见先公先王考》）

王亥最突出的贡献是"服牛"，即驯服野牛，发明牛车。《山海经·大荒东经》和《楚辞·天问》中都提到王亥"仆牛"；《世本·作篇》《吕氏春秋·勿躬》作"服牛"；《楚辞·天问》作"牧夫牛羊"。仆、服、牧都是一声之转，都是指王亥牧牛羊。王亥驯服野牛，成为中国畜牧业的创始人；发明牛车，又成为中国商业的创始人。

王亥担任商族首领时，在相土发明骑马和马车的基础上，驯服了比马更难驯服的野牛，用牛拉车。现在看来牛似乎很温驯，但几千年前它们还是野牛的时候，是很倔强、凶猛的。驯服了马和牛，让它们拉车、跑运输，今天看来似乎没有什么大不了的，但在上古时期，这是非常伟大的发明。有人说，它的革命性意义或许不亚于英国人瓦特发明蒸汽机。

三、生财有法与高超的商业技能

中国古代统治者实际上相当重视商业与财富积累，商业既能给统治者推销多余产品，收罗珍异货贿，还是取得丰厚经济收入的重要手段，对于贵族与王朝统治起了很大的作用，所以在历代统治者的心目中是占有重要位置的。《周书》说："农不出则乏其食，工不出则乏其事，商不出则三宝绝"，商业与农业、手工业相提并论，都是立国所不可缺少的条件，西周时如此，春秋时也是如此。当时人常以工农商三者是否并盛，评断一国国力的强弱。如晋景公时，晋师将攻楚，随武子以为楚国"商农工贾，不败其业，不可伐"；秦景公时，拟联楚伐晋，子囊以为不可，理由之一也是"其庶人力于农穑、商工皂隶不知迁业"；齐景公时，晏婴进言巩固统治之方是"民不迁，农不移，工贾不变，士不滥"。春秋战国时期积累起大量商业资本的自由商人，在政治活动中扮演了重要角色，其活动主要涉及以下几个方面。

一是煮盐冶铁。商业资本兼有生产资本的性质，其利润包括商业利润与生产利润，获利丰厚。春秋时无论是专卖还是征税，盐铁的经营者大都还是小规模生产，"聚庸"人数不多的平民；到战国时，在盐铁已开放私营、不实行专卖的条件下，役使大量劳动力（依附农民、雇工以至部分奴隶）进行较大规模生产的大盐铁主，已是国中之豪民了。战国时的鲁国人猗顿是个弃学从商的大煮盐主；赵国邯郸的郭纵"以铁冶成业，与王者垺富"；西汉时有名的临邛卓氏和南阳孔氏，其先人也都是战国时的大铁商。

二是经营农副产品的大宗贸易。这是封建地主制下身份较自由的个体小农经济发展、生产和交换增加的新形势下出现的新兴行业。周人白圭即以农产品贸易为其主要的商业活动。也有人自己从事农牧业经营，成为大农牧主兼大商人，秦国的乌氏倮就是以畜牧起家的大商人。

三是交流四方土特产品（如皮革、木材、竹箭等）的贩运贸易，自古以来就是热门行当。《管子·禁藏》中有："其商人通贾，倍道兼行，夜以续日，千里而不远者，利在前也"，正是这类商人的写照。楚国的鄂君是一个具有贵族身份、依仗权势在一定范围内得享免税特权的私营大贩运商。他持有楚怀王发给的通行证（节），一次可出动车50辆或船150艘，而且不缴税，载运货物的车船远及今中南各省之地。

四是贩卖珠宝玉器、金银制品、丝绸织物等贵重奢侈品和高级手工艺品。这个行业获利最大，有珠玉之利"百倍"的说法，远超过一般土特产品的"倍徙"（2～5倍）之价。各国统治者多靠商人来"供其声色之玩""不急之求"，这类商人也受到统治者的格外看重，大搞政治交易的吕不韦就是珠宝商出身。

五是铸钱。商人在缴纳贡税的条件下取得一部分铸钱权。实际上他们已经在使用放贷等货币信用手段在铸钱上牟取厚利，并以所铸的钱向生产者套取更多的物资，把赚来的钱换成黄金。

六是放高利贷。商人往往兼高利贷者，商人资本与高利贷资本相结合（统称商业资本），对富商大贾来说真是左右逢源，操纵自如。

春秋末和战国时的富商大贾，就是这样在许多方面精细盘算、积极钻营，积攒起巨额财富，不断扩大自己的商业资本——春秋战国时期中国大商人的商业技能并不亚于以经商闻名于世的犹太人。春秋战国的自由商人中出现了一些著名的代表人物，他们有一套较好的经营方法。春秋末有子贡和范蠡，战国时有白圭。

子贡（端木赐）是孔门弟子，"卫之贾人也"，是士人经商的典型。孔子说他"不受命而货殖焉"。据《史记·货殖列传》所载，他"结驷连骑，束帛之币以聘享诸侯"。孔子周游列国，经济上就靠他的支持。在周游列国的途中"资货"，捎带着做买卖（在陈蔡绝粮时，子贡就以"所资货"，突围出去，籴得米一石，见《孔子家语·在厄》）。他的老师又称他"臆则屡中"，就是说善于猜中行情。司马迁也说他"好废举，与时转货赀"，就是贱则买进（举），贵则卖出（废），掌握时机，从中获利。《论语·子罕》中的"有美玉于斯，韫椟而藏诸？求善价而沽诸？"如此云云，表明子贡三句话不离商业本行。《荀子·法行》篇记载子贡说："君子之所以贵玉而贱珉者何也？为夫玉之少而珉之多耶？"表明春秋时期的商人早就深入了解市场供求。

范蠡即历史上有名的陶朱公，他以越大夫去官而经商，三致千金。他经商致富，自己说是用了计然之策。计然之策（有人说是范蠡所著之书，有人说计然是范蠡之师，也有人说是文种）中总结了一套商业经营的理论与原则。据《史记·货殖列传》记载，范蠡用于经商实践中的计然之策大致包括以下内容。

一是要求根据天时变化和农业生产规律来指导经营。强调重视储备、积蓄物资，即所谓"知斗则修备，时用则知物"，能掌握这两者，"则万货之情可得而观已"。大至国家之间的争斗，小至商家之间的竞逐，要取胜，都必须注意"储备"。知时而备，预知不同时间所需用之物，事先做好准备。这个"时"，主要指年岁的丰歉和水旱等自然条件的变化。他认为依据天时变化，农业生产的变化规律是可以掌握的。所谓的"旱则资舟，水则资车"，可称为经营上的"待乏"原则。贸易物资迎合将来迫切需要者，最为有利可图。

二是要根据市场供求关系来判断商品价格的涨落，即所谓"论其有余不足，则知贵贱"。价格的涨落有一个极限："贵上极则反贱，贱下极则反贵""一贵一贱，极而复反"。前者是因价格涨，商品贵了，供给就增加；供多了，供大于求，价格就下跌，贵又复为贱；供给减少，价格又会重趋上涨。应当顺应这种规律，即所谓的"顺其恒"。在商品贵到一定程度时，毫不吝惜地及时抛出，这叫作"贵出如粪土"；在商品极贱时，则又当它珠玉那样大胆及时收进，这叫作"贱取如珠玉"。不能因价贵就守货惜售，也不能因价贱而观望不进。在这里，不但要求从当期市场供求和价格涨落来决定做何种生意，而且要看到下一步，懂得事物在一定条件下会向相反方向转化的道理。

三是在具体商品的经营上要注意商品的质量。贮藏货物要完好，这叫作"务完物"，容易腐败的食物则不要久留（"易腐败而食之货勿留"）。质量意识于此表现得十分明确。

四要特别注意加速商品和资金的周转。"财币欲其行如流水"，不能把货币滞压在手中，这叫作"无息币"。也不能囤积居奇，贪求过分的高价，以至延缓了商品的周转，要从加快周转中来增加利润，这叫作"无敢居贵"。在运用计然之策来经商时,这一点具有突出的意义。

范蠡运用计然之策,以掌握天时变动的"时断"与选择贸易对象的"智断"相结合,其经商是很成功的。他的"积著之理"确已接触到一些规律性的问题,可以说已直观地在经济上接触到价值规律调节商品生产的问题了,对价格"极而复反"的发现是很了不起的,达到了古代商人的最高认识水平。

在工商食官时,业务简单,缺乏竞争,隶属官府缺乏主动,商贾只会替商品估估价而已;在自由商人兴起后,独立经营、自负盈亏,市场竞争激烈,要赚钱就必须讲究经营方法。于是子贡、范蠡在实践中推出了一个胜于一个的经商理论,这是时代的需要。他们的许多至理名言不但被后世货殖家奉为圭臬,就是在今天来看,仍是很可贵的思想遗产。

自秦至清漫长的历史时期,中国商业的发展受到抑制。鸦片战争西方列强通过武力与商业打开中国的大门后,不少有识之士重又提出发展商业、振兴国本的主张。光绪五年(1879年),薛福成指出:"昔商君之论富强也,以耕战为务。而西人之谋富强也,以工商为先。耕战植其基,工商扩其用也。然论西人致富之术,非工不足以开商之源,则工又为其基,而商为其用。"[①]在出使期间他又说:"泰西风俗,以工商立国,大较恃工为体,恃商为用,则工实尚居商之先。"同时,薛福成又把商人说成是"握四民之纲"的人,一改传统上商人处四民之末的观点。他说:"夫商为中国四民之殿,而西人则恃商为创国造家、开物成务之命脉,迭著神奇之效者。何也?盖有商则士可行其所学而学益精,农可通其所植而植益盛,工可售其所作而作益勤。是握四民之纲者,商也。"他还指出这个道理"为从前九州之内所未知,六经之内所未讲",却使资本主义国家获得了富强,"不能执崇本抑末之旧说以难之"。

薛福成既把"振兴商务"看作是"生财大端",又指出"中国欲振兴商务,必先讲求工艺",他一直把工和商联系起来考虑。从工商业发展涉及中国传统"义利观"问题,薛福成首先指出"圣人正不讳言利""后世儒者不明此义",一听到言利就"不问其为公为私,概斥之为言利小人",这样就造成了"利国利民之术,废而不讲久矣"的严重后果。他指出成立公司,"意在使人人各遂其私求,人人之私利既获,而通国之公利寓焉"。这是说商人的私人利益总和就是国家利益。

[①] 吴慧. 中国商业政策史 [M]. 北京: 社会科学文献出版社, 2014.

同这一观点相一致，薛福成又把"藏富于民"的老话发展成"藏富于商"，主张实行"体恤而扶植"商人的政策，如"渐裁厘金"，奖励创造发明，鼓励商人成立公司等。他很重视公司的作用，认为公司能发挥"众智""众能""众财"的威力，西洋诸国就靠它"横绝四海，莫之能御"。他强调指出："公司不举，则工商之业无一能振。工商之业不振，则中国终不可以富，不可以强。"

薛福成主张发展民办企业。早在光绪五年，他就提出必要时由轮船招商局中的"任事之商"分埠招商设局，"无论盈亏得失，公家不过而问焉"；"商人有能租置轮船一二号，或十余号，或数十号者，均听其报名于官，自成一局"。在出国期间，他指出洋布、洋纱在中国畅销，上海、武昌已设厂织布纺纱，"宜推之各省及各郡县，官为设法提倡，广招殷商设立公司，优免税厘，俾资鼓励"。

四、丝绸之路与多元包容

汉通西域，虽然起初是出于军事目的，但西域开通以后，它的影响远远超出了军事范畴。从西汉的敦煌，出玉门关，进入新疆，再从新疆连接中亚、西亚的一条横贯东西的通道畅通无阻。这条通道，就是后世闻名的"丝绸之路"。传统的丝绸之路，起自中国古代都城长安，经中亚阿富汗、伊朗、伊拉克、叙利亚等国远达地中海，以罗马为终点，全长6440千米。这条路被认为是连接亚欧大陆古代东西方文明的交汇之路，而丝绸则是最具代表性的货物。数千年来，游牧民族或部落、商人、教徒、外交家、士兵和学术考察者沿着丝绸之路四处活动。

丝绸之路开启后，通过丝绸的贸易活动，中国中原内地和西域、中亚及欧洲的商业往来迅速增加，中国丝绸、茶叶、瓷器、漆器等主要商品通过河西走廊上的张掖运往西域，远销大夏、西域古国、安息、今伊朗高原和两河流域、大秦直至地中海沿岸地区。西方主要有胡麻、胡桃、胡萝卜、胡瓜、葡萄、石榴和琥珀等商品销往中国。班超曾派甘英出使大秦，这是他首次将丝绸之路从西亚一带延伸到欧洲。166年，大秦使臣来到了洛阳，这是欧洲国家同中国的首次直接交往。从此以后，丝绸之路空前繁荣起来，它把当时世界上最发达的几个主要文化地区，即东亚、南亚、中亚、西亚、北非和欧洲联系起来。东西方不仅在物产上实现了互通有无，而且多种文化也在丝绸之路沿线地区交融汇合并传播。例如，佛教东传、中国古代四大发明西传，使得各个地区的文化通过相互交流而蓬勃发展起来。萨珊王朝的城市建筑具有东、西方文化兼容的特点，西域文化对汉唐的影响从中原地区开始逐渐接受龟兹音乐和舞蹈就可见一斑。遍及亚、非、欧三大洲的文明大汇合,带来的影响积极且良好,不管是西方还是东方、原先是发达地区还是落后地区,经济文化在原来的基础上均有较大的发展,有些达到了很高水平。例如,伊朗与中国通过丝绸之路进行贸易往来,除了进口丝绸产品外还进口生丝,然后采用萨珊传统的纺织工艺进行再加工。从考古资料上看,萨珊王朝的丝织品图案十分精美,深刻地影响了拜占庭和中亚。

汉唐帝国通过丝绸之路塑造着大国的多元性、包容性和开放性形象,大规模引进并有选择地采撷世界各国优秀元素,融合到历史悠久的传统文化系统中,这种源于丝绸之路的跨国文化互动与交融,造就了以汉唐长安为中心的国际大都市的气魄,对中华文化的形成与发展产生了重大影响。唐长安城是当时世界上最大的国际性都市,与古罗马城一起被认为是东西方古代文明的代表。据《唐六典》卷四记载,唐长安城曾与70多个国家和地区有着密切的联系,大批外国人来到长安,他们以长安为枢纽,将异域的商品与文化辗转传播到中国各地与朝鲜、日本等国,又将中国的丝绸、茶叶等货物和先进的科学技术、文化沿着丝绸之路传到欧亚多国,对促进东西方经济、文化的融合发展产生了巨大的推动作用。

在历代政府的维护下,丝绸之路贸易不断发展。东汉时期"商胡贩客,日款于塞下"。即使在最为动荡的魏晋十六国时期,丝绸之路上依然是"兴胡之旅,岁月相继",中亚、西亚商人来华贸易络绎不绝。到唐代,丝绸之路贸易发展到鼎盛阶段,日本学者桑原骘藏在其《东洋史要》中说:"东西陆路之互市,至唐极盛。先是隋炀帝时,武威、张掖、河西诸郡为东西交易之中枢,西方贾人来集其地者,溢四十四国。唐兴,中央亚细亚天山南路之路开,西方诸国来东方通商者益众。"

丝绸之路贸易带动了沿线经济的发展,如河西陇右一带隋唐之际尚属经济落后之地,"州县萧条,户口鲜少",而伴随着唐代社会经济的恢复,中外贸易繁盛,到开元、天宝年间,陇右地区已是"人烟扑地桑柘稠"了,其在全国经济中的地位显著上升,以致"天下称富庶者无如陇右"。

五、中国商帮与产业报国

商帮是明清两代以地域为纽带的商业联盟。在中国历史上,商业活动很早就出现了,而且一直有发达的商业。明代之前,我国商人的经商活动多是单个的、分散的,各自为战,没有出现具有典型地域性特征的商人群体,即有商而无帮。

在中国明清两代，公认的十大商帮是山西晋商、徽州徽商、陕西秦商、福建闽商、广东粤商、江右赣商、洞庭苏商、宁波、龙游浙商、山东鲁商等。这些商帮对中国经济和商业发展都产生了重要的影响，也形成了自己独特的传统。他们在经商过程中形成的商帮文化是中国传统文化不可分割的一部分，他们商业成败的经验与教训在今天仍然有现实的借鉴意义。

本节以宁波商帮为例，说明中国商人精神。

（一）勇于开拓，善于创新

宁波商人善于开拓市场，占领市场，足迹遍及海内外。继上海成为宁波商帮主要活动地域后，20世纪40年代，香港又成为宁波商人活动的大本营。此后，一批宁波商人又进一步向日本、东南亚、南北美洲和大洋洲等地拓展，把自己的企业发展成为全球性企业。宁波商帮善于经营银楼、药材、成衣、海味等特色传统项目，还不失时机地开发新的经营项目。他们敢于师夷之长，从中学习轮船航运业、银行证券业、五金颜料业、房地产业、保险业和进出口业务等新兴行业。他们思想机敏，经营灵活，顺应时代潮流，适应市场需求，及时更新经营项目。

（二）艰苦创业，克勤克俭

宁波商人历来有吃苦耐劳、知难而进、艰苦创业、克勤克俭的品质。绝大多数宁波商人都是从最底层的劳动者开始做起，"出门谋生但求一枝之栖，为僮为仆在所不计"。"五金大王"叶澄衷，11岁入油坊为学徒，3年后到上海学成衣匠，不成，又入杂货店做活。上海开埠不久，随兄在黄浦江上摇舢板。什么苦都吃，什么累活都干，学得业务烂熟，"门槛全精"，但为人诚实可信。他还勤学"西语"，深得"西人"信赖。许多"宁波帮"人士都走过一条坎坷而艰辛的创业之路。难能可贵的是，他们在事业有成之后依然朴素节俭，宁可一掷千金捐办公益事业，也不在自己身上奢侈挥霍。包玉刚先生生前曾为宁波大学师生题词："持恒健身，勤俭建业"。这既是对后学的勉励，也是他一生的操守，更是"宁波帮"精神的写照。

（三）敦重乡谊，结帮经商

宁波开埠早，商贸活动历史久远，培育了宁波人"经商赚钱，成家立业"的传统观念。亲帮亲，邻帮邻，投亲靠友到上海，甚至远涉重洋去"学生意"，父母也不会因恋子而加以阻拦。宁波商人重乡谊，出外经商互相帮衬，回家互托携带钱物，店主、厂主多喜雇用同乡人，在商业交往和人生道路上更是同气连枝。宁波商帮所建的会馆、公所，不仅叙同乡之谊，联同业之情，恤老济贫，还作为同业集议场所，研讨商情，联络商务，团结同乡，维护共同利益，以求"有利则均占，有害则共御"。这是宁波商帮实力迅速发展和凝聚力日益增强的标志，也是宁波商人"吃苦、团结、精明、互帮"传统美德的体现。

（四）爱国爱乡，产业报国

宁波商人是热忱的爱国者。在历史上，宁波帮中有支持孙中山民主革命的，有在民族危难中舍生取义的，至于热心慷慨、解囊相助公益事业的更是不乏其人。早在1905年，旅日爱国侨胞吴锦堂先生就回国办学和兴修水利，出资30余万银元在家乡慈溪创办锦堂学校，兴建杜湖、白洋湖两个水库。他的办学义举美誉海内，与著名华侨陈嘉庚齐名。20世纪以来的包玉刚、邵逸夫、包从兴、赵安中等办学捐资有26亿多港元。他们还捐巨资兴办国家和家乡的社会事业。包玉刚创建了宁波开埠以来的第一所综合性大学。邵逸夫设立了邵氏基金会，用于支持各项社会公益事业……体现了"宁波帮"对祖国的一片赤诚。

进一步来看，产业报国是中国商人的主要道德追求之一，这是显著区分于西方企业家的典型特征。

第三节　中国企业家精神的本土重构：诚、真、和、慧

管理的本质是探求真正的人性，将人的欲望导向价值创造，管理的最终目的是创造组织价值。在将人的欲望导向价值创造的过程中，中国传统管理尤其重视"伦理"与"教化"的手段，这是中国商业伦理最典型的特质，即"管理"与"伦理"合一，简言之，"伦""理"合一。

我们认为，中国传统管理将人性导向组织价值的根本途径是"诚"，其核心是"诚于创造"，体现为管理教化。中国传统管理创造组织价值的根本方法是"真"，即不加人为限定地探求"商业"与"人性"的自然状况、真实状况，简言之，"尊道贵德""商法自然"。

管理还是协调个体价值、人的欲望以及创造组织价值的体系，强调最大限度地利用现有管理体系，促进现有管理价值体系演化与转型。中国传统管理和商业伦理最大限度地利用现有管理体系优势的原则是强调人与人之间、人与组织之间的"和"，当然也包括中国管理与西方管理之间的"和"，简言之，"和立商基"。最后，从中国传统管理的最高智慧来看，追求的是人生、服务、商业的圆融无碍。

一、"诚"：诚于创造

（一）诚为本体

王夫之把传统的"诚""气"等作为实有的概念，建构其哲学体系，并把"诚"作为最高的层级。

他说，一个"诚"字，是极顶字，更无一字可以代释，更无一语可以反形……尽天地只是个诚，尽圣贤学问只是个思诚。（《孟子》，《读四书大全说》卷九）

"诚"是其他范畴不可代替、代释的，也没有其他话语可以描述的极顶字，尽宇宙天地的天道，尽圣贤学问的人道，只是一个诚或思诚。"诚"是什么？王夫之认为"诚"就是"实有"。在王夫之看来，"诚"即实在性、实存性，是表示天地万物、天道人道是实有的。他在《尚书引义》中说："夫诚者，实有者也。前有所始，后有所终也。（《说命上》，《尚书引义》卷三）所谓实有，就是没有妄想妄行，没有空想空行，就是诚。"无妄则诚矣。诚则物之终始赅而存焉"。诚通贯物的终始，实有是物的固有的属性。"诚也者实也，实有之固有之也。无有弗然，而非他有耀也。若夫水之固润固下，火之固炎固上也。无所待而然，无不然者以相杂，尽其所可致，而莫之能御也（《洪范（三）》，《尚书引义》卷四）。王夫之以水和火等客观事物为例，说明水具有"润下"的本性，火有"炎上"的本性，它不是有所待而然的，而是事物本身所具有的本性，是实有的，这便是"诚"。在这里，"诚"（"实有"）就是事物的实存和事物的固有本质属性。因此，王氏把"诚"与"不诚"作为区别"实有"与"实无"、实全与实欠的标准。"诚不诚之分者，一实有之，一实无之；一实全之，一实欠之。了然此有无、全欠之在天下，固不容有欺而当戒矣。"（《孟子·离娄上篇》，《读四书大全说》卷九）实有与实无、实全与实欠之分，便不容有欺妄。

"诚"作为王夫之实有哲学体系的形而上学范畴，王夫之又将它规定为"气"。

气之运行，万物由生，这也就是"诚"。他说：诚者，则天之道也。二气之运行，健诚乎健，而顺诚乎顺；五行之变化，生诚乎生，而成诚乎成。终古而如一，诚以为日新也；万有而不穷，诚以为富有也。(《四书训义》卷三)

天道阳气刚健，阴气柔顺，阴阳二气氤氲变化，刚健和柔顺的属性便彰显出来。积久成大而成宇宙，阴阳五行变化而化生万物，这就是"诚"。体认诚而不舍，便是诚之者的人道。"人者，生也。生者，有也。有者，诚也。"(《思问录·内篇》)人是有生命的存在，生命存在就是实有，实有就是诚。人以其诚的道而体贴天道之诚，诚是天人之道的共性。

(二) 不诚无商、不诚无创造

《易·文言》中说："修辞立其诚，所以居业也。"将诚看作是人安身立命的根据。作为《四书》之一的《大学》提出了著名的"三纲领""八条目"。"三纲领"是"明明德"、"新民"和"止于至善"，是儒家的社会政治理想；"八条目"指"格物""致知""诚意""正心""修身""齐家""治国"和"平天下"，是实现这种政治理想的方法和途径。"诚意"是其中的一个重要环节，是正心的前提和基础，也直接关乎修身、齐家、治国和平天下的实现。可见，诚不仅仅是个人道德修养的问题，而且是一个关系到治国平天下的大问题。对于诚意，《大学》认为就是不自欺，"所谓诚其意者，毋自欺也，如恶恶臭，如好好色，此之谓自谦，故君子必慎其独也"。《大学》所说的诚并非故意做出来的外在的行为，而是内在的德性，因此《大学》非常强调君子要慎独，即使独处时也应表里如一。由《易传》到《大学》，诚已经作为人的一种内在德性而逐渐被重视起来。

《中庸》的核心范畴即是诚，《中庸》赋予诚以哲学与伦理双重内涵，并将诚提升到了天道的高度，将诚看作是贯通天人、连接物我的中间环节，由此确立了儒家道德形而上学的基础。《中庸》对诚范畴的论述主要包括以下几方面。

其一，诚是贯通天人的中介。《中庸》将诚规定为天的根本性质，"诚者，天之道也"。天道之诚为圣人天生所本具，"诚者不勉而中，不思而得，从容中道，圣人也"，故圣人之性与天道之诚相通。对于一般人而言，也应效法天道之诚，"诚之者，人之道也。"但人道之诚是通过固守善的行为而长期积累的结果，"诚之者，择善而固执之者也"。正是因为诚而使天道与人道得以相通，诚从而成为贯通天人之间的中介。

其二，诚是贯通物我的中介和天地化育的基础。《中庸》认为，诚不仅是天道与人道，而且也是物成为物的本质规定，"诚者，物之终始，不诚无物。"诚与物之间并非生成与被生成的关系，而是一种本体与具体事物之间的关系，事物若不真实地表现出自身，则即是一种虚假的呈现，此即为"不诚无物"。因此，唯有诚，才能使物我之间的沟通成为可能，故诚又成为贯通物我的中介。正是基于诚的品性，天地人物得以相通，人与天、地得以并列为三，"唯天下至诚，为能尽其性；能尽其性，则能尽人之性；能尽人之性，则能尽物之性；能尽物之性，则可以赞天地之化育；可以赞天地之化育，则可以与天地参矣。"

其三，诚是实现"三达德"和治理天下国家"九经"的基础。《中庸》认为君臣、父子、兄弟、夫妇、朋友为天下之"五达道"，行此五达道需要具备智、仁、勇三种道德，称之为"三达德"。《中庸》还认为治理天下国家有九个需要注意的方面，称之为"九经"，即修身、尊贤、亲亲、敬大臣、体群臣、子庶民、来百工、柔远人、怀诸侯，而"三达德"和"九经""所以行之者一也"。朱熹对此解释说："一者，诚也。"（朱熹《中庸章句》）因此诚是具备智仁勇三达德的基础，进而也是五伦关系得以维系的基础，并且还是治理天下国家"九经"的基础。可见诚对于天下国家和社会具有至关重要的意义，"唯天下至诚，为能经纶天下之大经，立天下之大本，知天地之化育。"

因为商业创造的过程需要钻研天、地、物的原理，因此"商业创造"是贯通天人、物我的中介；创造的过程又是"生生"的过程，因而也是赞天地化育的实践。同时，在商业创造的过程中的人类组织合作又实现了组织的使命，因而，创造就是"诚之者，人之道""不诚无商，不诚无创造"。

（三）诚就是忠恕、求诸己、推己及人，诚是商业管理的基石

什么是孔子的一以贯之之道？曾子说："夫子之道，忠恕而已矣。"《论语·里仁》曰"忠"就是"中"，讲的是人的内心。"人之生也直，罔之生也幸而免。"（《论语·雍也》）人的生存源自正直。不正直的人也可以生存，那是他侥幸地免于祸害。孔子讲内在的"直"德，就是内不自欺、外不欺人，反对巧言令色、虚伪佞媚。"忠"又是尽己之心，"己欲立而立人，己欲达而达人"，这是内心真诚直德的发挥。"恕"讲的则是待人接物。"恕"是推己之心，"己所不欲，勿施于人"。综合起来就叫忠恕之道。实际上，"忠"中有"恕"，"恕"中有"忠"，"尽己"与"推己"很

难分割开来。这不仅是人与人之间关系的仁道原则，推而广之，也是国家与国家、民族与民族、文化与文化、宗教与宗教相互关系的准则，乃至是人类与自然之普遍和谐之道。"仁"的内涵包括物我之间、人人之间的情感相通。

《中庸》曰："忠恕违道不远。"这里，道指人道，即仁。忠恕未足以尽"仁"，是为仁之方，所以说违道不远。因为"忠、恕"讲的都是人的内心、真心，因此也是"诚"的体现。从行为上看，"求诸己"是"忠"的表现，而"推己及人"则是"恕"的表现。

（四）商业伦理就是通过"教化"达到"诚"，即"明诚""立诚"

《中庸》说，自诚明，谓之性；自明诚，谓之教。诚则明矣，明则诚矣。朱熹注曰：先明乎善，而后能实其善者，贤人之学，由教而入者也，人道也。诚则无不明矣，明则可以至于诚矣。意思是，先明白善，而后才能充实这个善，是贤人的求学，这是由"教"而达到的，是人道。诚，就可以无所不明；明，就可以达到诚。

从《大学》中的修齐治平来看，王阳明认为，"修身"之要在于"诚意"，而"教化"之要在于"立诚"。在《大学古本旁释》里王阳明说："修身惟在于诚意，故特揭诚意以示人修身之要。诚意只是慎独，工夫只在格物上用，犹《中庸》之戒惧也。"为何修身在于"诚"？因为意念之发，其善与，惟吾心之良知自知之；其不善与，惟吾心之良知自知之，是皆无所与于他人者。"大学工夫只是诚意，诚意工夫只是格物，修齐治平只诚意尽矣。"（《传习录》上，《全书》一）在王阳明看来，唯有诚意能把伦理的优先性明确显示出来。

王阳明诚意为本思想的另一表现形式即在教法上提出"立诚"，简言之，"修身"之要就是"诚"，而"教化"之要在于"立诚"。王阳明指出："圣，诚而已矣。君子之学以诚身格物，致知者立诚之功也。譬之植焉，诚，其根也；格致，其培壅灌溉之者也。后之言格致者或异乎是矣，不以植根而徒培壅焉、灌溉焉，敝精劳力而不知其终何所成矣"（《书天字卷》，《全书》八）。王阳明认为，朱子强调在外物上穷理，然后借助主敬把物理转向主体，这样得来的东西终究是外在的，缺乏内在的根基。只有从内在的善出发，把格物变为培养、发展、实现内在的善的功夫，才是真正的成圣之学。

王阳明所说的立诚，也是要人实其是非之心，依其是非之心所发的意去实用其力。这一思想后来发展为"知行合一"。"依其是非之心"即"不自欺"，"不自欺"

要求我们像发自本心地厌恶臭味、喜爱美色一样,在伦理实践上完全依照本心去做,不要违背或欺骗自己的心,这就是"良知"。

《传习录》说:"心之发动不能无不善,故须就此著力,便是诚意。如一念发在好善上便实实落落去好善,一念发在恶恶上,便实实落落去恶恶。"(《全书》三)照这里所说,如果"诚"指"著实""实落",则王阳明所说的诚意并不是泛指意念而言,而是指依照好善恶恶的意去实实落落地做。因此,这个诚就是行。

王阳明晚年说,知之真切笃实便是行,这真切笃实也就是诚,从而"知之真切笃实便是行"也可以认为是诚意说的另一种形式。反过来看,行之明觉精察处便是知。结合来看,"诚"就是"知行合一","知行合一"也就是"立诚",也就是"教"。

二、"真":法天贵真、商法自然

在道家看来,儒家只重视"人道",而不重视"天道"。因此,不能只讲"人之德",还要讲"天之德",或曰"常德"。

(一)天道、人道与天人皆知

"天之道"一词首先出现在王本《老子》第九章:"功成身退,天之道。"第四十八章:"不出户,知天下。不窥牖,见天道。"第七十三章:"天之道,不争而善胜。"第七十七章:"天之道,其犹张弓与?""天之道,损有余而补不足。"第七十九章:"天道无亲,常与善人。"第八十一章:"天之道,利而不害。""天道"或"天之道",从根源性上说,与"天"本身的性质亦相关。首先,天是"域中有四大"的"一大";其次,"天"本身就有靠近"道"的性质。如第五章云:"天地不仁,以万物为刍狗。""天地间其有橐籥乎?虚而不屈,动而愈出。"第七章云:"天长地久。天地所以能长且久者,以其不自生,故能长生。"第十六章云:"知常容。容乃公,公乃王,王乃天,天乃道,道乃久,没身不殆。"可见,天的运行规则就接近道的运行规则。

在外篇之中,庄子学派对"天"这一概念作了明确的界定。如《天地》篇说:"无为为之之谓天,无言言之之谓德。"突出强调最高的治理天下方法就是"无为"。故开篇就说:"君原于德而成于天,故曰,玄古之君天下,无为也,天德而已矣。"《秋水》篇说:"何谓天?何谓人?牛马四足,是谓天;落马首,穿牛鼻,是谓人。

故曰，无以人灭天，无以故灭命。"这两段文献中的"天"字即是"自然"义，与"人为"义相反。而《秋水》篇明确地提出，不要用人为破坏自然。《达生》篇说："圣人藏于天，故莫之能伤也。"而且正面主张"不开人之天，而开天之天，开天者德生，开人者贼生。不厌其天，不忽于人，民几乎以其真"。杂篇《庚桑楚》说："人有修者，乃今有恒，有恒者，人舍之，天助之。人之所舍，谓之天民；天之所助，谓之天子。"

由此，在《天地》篇中，庄子学派构造出了一个价值序列，"故通于天者，道也；顺于地者，德也；行于万物者，义也；上治人者，事也；能有所艺者，技也。技兼于义，义兼于德，德兼于道，道兼于天。故曰：古之畜天下者，无欲而天下足，无为而万物化，渊静而百姓定。记曰：通于一而万事毕，无心得而鬼神服。"在这一价值序列里，"天"似乎是最根本的价值源头，究其实，乃在于天的"无为"特性，让万物按照自己的本性成为他们自己，这正是"天"的本性。故在此意义上说，天实际上就是道的代名词，而只是因为它有形，便于言说。在《天地》篇中又借老子之口说："有治在人，忘乎物，忘乎天，其名为忘己。忘己之人，是谓入于天。"

因此，不能只讲"人之德"，还要讲"天之德"，或"常德"。第二十八章云："知其雄，守其雌，为天下谿。为天下谿，常德不离，复归于婴儿。"此章中三次说到"常德"，而最后言"大制不割"，主要是讲天道自然、任物之性而不要人为地逞强使能。

《中庸》非常重视"德"或"人德"，"苟不至德，至道不凝"。在《老子》中变为"孔德之容，惟道是从"。儒家认为应该"以德配天""皇天无亲、惟德是辅"，而《老子》认为"天道无亲，常与善人"，而最好的"善"即"上善若水"，因为"水善利万物而不争，处众人之所恶，故几于道"。

"知天之所为，知人之所行，即有以经于世矣；知天而不知人，即无以与俗交；知人而不知天，即无以与道游。"（《微明》）正如《上礼》篇所云，圣王是"仰取象于天，俯取度于地，中取法于人，调阴阳之气，和四时之节，察陵陆水泽肥墽高下之宜，以立事生财，除饥寒之患，辟疾疢之灾，中受人事，以制礼乐，行仁义之道，以治人伦。列金木水火土之性，以立父子之亲而成家；听五音清浊六律相生之数，以立君臣之义而成国；察四时孟仲季之序，以立长幼之节而成官；列地而州之，分国而治之，立大学以教之，此政治之纲纪也"。在众多的治理措施之中，有主次本末之分，治理之本遵循自然、社会之规律而不依赖君王的私智，其末在于采取赏罚刑法等措施。

(二) 道法自然、法天贵真

"道法自然"是道家的核心命题,是道家"遵道贵德"的根本精神在方法论层面的具体体现。这种方法论既体现在社会政治与管理方面,也体现在领导艺术或人生修养方面。从社会政治与管理角度看,这可以理解为"化理论为方法";从领导艺术或个人修养的层面看,则是一种"凝道成德"的方法与过程。

"道法自然"一语首先出现在王本《老子》第二十五章:"域中有四大,而王居其一焉。人法地,地法天,天法道,道法自然。"就老子的思想体系而言,"自然"并不是现代汉语中的"大自然"的意思,其基本的意思是"自身的样子"和"自然而然",没有人为的痕迹。

《老子》一书中的"自然"共出现过五次,分别是"希言自然""百姓皆谓我自然""辅万物之自然而不敢为""夫莫之命而常自然""道法自然"。

联系《老子》一书中所讲的道与万物的关系,如"生而不有,为而不恃,长而不宰",则"道法自然"一语的意思应当是道效法自身的样子。更进一步的解释则是,让万物按照自身的样子成为他们自身。

"真"字首见于《老子》。《老子》二十一章:"其中有精,其精甚真。"又四十一章:"质真若渝。"又五十四章:"修之于身,其德乃真。"

庄子以真伪对举,而且提出"真知"的名称。《庄子·齐物论》:"道恶乎隐而有真伪?言恶乎隐而有是非?"又云:"如求得其情与不得,无益损乎其真。"以真与伪对举,"真"当是如实之意,"其真"当指实在情状。《庄子·大宗师》:"夫知有所待而后当,其所待者特未定也,庸讵知吾所谓天之非人乎?所谓人之非天乎?且有真人而后有真知。"真知当即如实之知。

《庄子·渔父》云:"真者精诚之至也,不精不诚,不能动人。故强哭者虽悲不哀,强怒者虽严不威,强亲者虽笑不和。真悲无声而哀,真怒未发而威,真亲未笑而和。真在内者,神动于外,是所以贵真也。""真"即表里一致、内外如一之意。

将"自然"与"真"的概念联系起来看,可以认为"真"的核心就是"自然",而庄子则提出了"反真""贵真"的观念。例如庄子说:"何谓天?何谓人?"北海若曰:"牛马四足,是谓天;落马首,穿牛鼻,是谓人。故曰:无以人灭天,无以故灭命,无以得殉名,谨守而勿失,是谓反其真。"可见,在老庄哲学里,"真"具有非常重要的意义和地位，"真"的思想内涵主要体现在如下几个维度："贵真"是"道"的本然属性；"真知"是把握和领悟"道"的智慧结晶；"质真""朴真"彰显了道家高明的人性关怀；而"归真"则散发着高明的生存智慧[①]。"归真"这里也可以理解为散发着高明的商业智慧。

按照现代哲学的理解，老子要告诉人们，人类的最高法则是尊重万物自然而然的内在法则与秩序。"道之为物"是恍惚不定而又真实无妄的，我们只能尽量观察、了解万物皆有内在的秩序与法则。一旦我们接触、了解并与之打交道之后，则物的内在法则与秩序就是我们必须遵循的，否则我们就会遭到物的抵抗甚至惩罚。老子相信，整个宇宙与人类社会都有一种自发的、潜在的规则，是一个和谐的整体，而人的认识是十分有限的，不要轻易地运用我们个人自以为是的观点去扰乱这一内在、根本的法则。

如果上述的理解基本正确的话，那么可以说，人生在世，无论是宏观的社会管理，还是对于组织或团体的领导及自身的修养，都不要轻易地运用个人的所谓巧智去追逐名、利、富贵等世俗的目标，而应当发现客观、自然、社会的内在自发规则并顺应这些法则，从而在实现个人目标的同时，也不违背客观的规律。由此管理既可以实现可行的目标，也不会劳心费神。当然，需要强调的是"不要轻易地运用"，而不是"不运用"。换言之，不是"不变"，而是"应时而变""趣时通变"。

三、"和"：和立商基——"人和""天和"与"财和"

（一）致中和

《中庸》说，喜怒哀乐之未发，谓之中；发而皆中节，谓之和。中也者，天下之大本也；和也者，天下之达道也。致中和，天地位焉，万物育焉。

朱熹注曰：喜怒哀乐，情也。其未发，则性也，无所偏倚，故谓之中。发皆中节，情之正也，无所乖戾，故谓之和。大本者，天命之性，天下之理皆由此出，道之体也。达道者，循性之谓，天下古今之所共由，道之用也。此言性情之德，以明道不可离之意。

北宋理学家周敦颐把"中和"视为圣人的最高道德境界。他认为"惟中也者，

[①] 马得林. 从"法天贵真"到"归真反璞"——道家"真"思想的形而上考察[J]. 孔子研究，2015（6）：124.

和也，中节也，天下之达道也，圣人之事也"。在他看来，刚善、刚恶、柔善、柔恶皆为一偏，或过或不及，需要以"中"来调节，"故圣人立教，俾人自为其恶，自至其中而止矣"。这是从道德境界来立论的。司马光把"中和"界定为"适宜为中，交泰为和"，并在与范景仁辩论中撰《中和论》，认为"乐以中和为本""政以中和为美""刑以中和为贵"①。只有君子才能够"守中和之心，养中和之气，既得其乐，又得其寿"，从而达到中和之美的理想境界。"正直中和之谓德，深远高大之谓道"，中和境界是君子所追求的道德理想。

南宋事功学派代表人物叶适说："未发之先非无物也，而待其所谓中焉，是其本也，枝叶悉备；既发之后非有物也，而待其所谓和焉，是其道也，幽显感格。"这里所谓"中和"，既不是"未发之先非无物"，也不是"既发之后非有物"，而是一种有条不紊的和谐状态，即矛盾双方各得其所、各安其分而和谐相处。如果"使中和为我用，则天地自位，万物自育，而吾顺之者也。"即可达到主体与客观的完美统一。"故中和者，所以养其诚也。中和足以养诚，诚足以为中庸，中庸足以济物之两而明道之一，此孔子之所谓至也"②。

叶适还从国家"治乱兴亡"的高度，阐述了和与同的内涵及其社会效果。他认为"同"有两种："武王言同，谓心与德，若幽王所取，正反是心离德离，但以势利为同耳。"周武王并不否定"同"，他讲的"同"是指"同心同德"；而幽王讲的"同"，不是同心同德，而是势利之同。叶适赞同武王之"同"，而否定幽王之"同"。从天下古今之常理看，"凡异民力作，百工成事，万物并生，未有不求其和者，虽欲同之，不敢同也。非惟不敢，势亦不能同也。"从这里可以看出，叶适所谓的"和"，是指不齐之事物与对立物之间相融合，即矛盾的具体同一性。这种矛盾的具体同一性，并不是人为所致，而是由客观之"势"造成的。"和"是客观事物发展的客观规律，人是不能违背它的。在和同之辨上，叶适主张"弃同取和"，反对"弃和取同"。

（二）天和

如果说儒家的"和"侧重强调"人和"的话，那么道家则重视"天和"。《老子》第四十二章云："万物负阴而抱阳，冲气以为和。""冲气"即是阴与阳的和谐

---

① 司马光. 中和论 [M]. 长春：吉林出版集团有限责任公司，2005.
② 叶适. 叶适集 [M]. 北京：中华书局，2010.

之气，宇宙万物即是阴阳二气相合的产物。"万物负阴而抱阳"，万物都是阴阳相合的统一体。《庄子·田子方》发挥老子的思想，指出："至阴肃肃，至阳赫赫；肃肃出乎天，赫赫发乎地，两者交通成和而物生矣。"《庄子·天运》篇亦指出："四时迭起，万物循生；一盛一衰，文武伦经；一清一浊，阴阳调和，流光其声。"在道家看来，宇宙万物皆是天地阴阳"交通成和"的产物。在宇宙间，只有对立物"交通成和"才能构成"人乐""天乐"的大千世界。这种自然界的和谐状态，即是"天和"。在道家看来，只有"均调天下"，才能"与人和者也"；只有"明白于天地之德者"，人才能"与天地和者也"。"与人和者，谓之人乐；与天和者，谓之天乐"，只有做到人与天地和者，才能达到"静而圣，动而王，无为也而尊，朴素而天下莫能与之争美"的境界。因此，在道家看来，"天和"是"人和"的条件之一，如果没有"天和"，"人和"也难以达到。

管子也讲"和合"原则，认为人是天地相合的产物，指出"凡人之生也，天出其精，地出其形，合此以为人。和则生，不和不生。""请命于天地，知气和则生物从"。《管子·幼官》篇亦指出："畜之以道，养之以德。畜之以道，则民和；养之以德，则民合。"意谓通过蓄养道德，即可使之"民和"；蓄养道德是因，人民和合是果，二者是一种必然的因果关系。

"人和""天和""天人合一"的思想，用现代语言来表述，就是权利、责任和义务需要根据"天时、地利"来统筹安排，不顾环境、时机和条件，一味主观追求某种秩序，也不会形成"人和"的局面。

（三）和气生财："生财有法"与"散财有道"之"和"

前述中国商人之"生财有法"，实际上，中国传统中对于商人的期望不仅是"生财有法"，还有"散财有道"，重视"生财"与"散财"之"和"，是社会对商人的更高要求。

司马迁在《史记》中这样描述范蠡：范蠡离开楚国后，带着家人，泛舟五湖，飘然远引，逃到有山有海、有林有田的齐国海畔。范蠡在当地购买土地，饲养贩卖五畜，等有了一定的积蓄之后，就利用天时、地利之便雇人开盐田，从事渔业捕捞，兼营杂粮等生意。后来范蠡开始经营当地核桃、木耳、山珍野味、肉类皮毛、粮食药材等土特产，他对收购来的山货分门别类进行放置，每种货物还分有等次。根据各地商贾的需求，他先将各类上等货用牲口运往各个要货的地点进行出售，收款后再购买食盐、葛麻布衣等各类日用杂货运回到镇上。范蠡善于捕捉市场信息，他经常跟雇工及当地的百姓、镇上的商贾谈论养畜经验、市场行情。他对人温和友善、慷慨大方，遇到天灾人祸时总是乐善好施，常开粥厂赈济灾民。灾民听说有这么一个大善人，千里之外都赶来投奔他。后来，范蠡散尽家财，周济那些贫困的同乡老友，为此他还表白说："其实，在我看来，经商只不过是生活中的一种乐趣，钱财是身外之物，贪得无厌往往会适得其反，懂得用钱才能得到钱，这也是生财之道！"功名、财富，范蠡一个都不少，就连种田、经商也样样能成功。他出身贫寒，为越国称霸中原立下汗马功劳，却不留恋权位，在功成名就之时飘然身退：他弃官从商，以治国之策治家，终于成为巨富而名闻天下；他不贪恋钱财，在巨富之时，十九年三致千金。司马迁深为范蠡这种超然物外的境界所折服，故称其为"富好行其德"。

中国的大商人中，不仅有春秋时期的范蠡，还有近代的张謇、卢作孚等人，都是"散财有道"的大商人。

张謇（1853—1926年），江苏通州（今南通）人，晚清状元，中国近代著名实业家、教育家、慈善家、社会活动家。他终生抱定"实业救国、教育救国"的信念，是我国早期现代化事业的开拓者。中国近代第一个拥有城市规划的城市，第一所师范学校，第一所盲哑学校，第一个纺织学校、水利学校、水产学校、航海学校、戏剧学校，第一个公共博物馆，第一个气象站，第一个测量所，这些第一都跟张謇有关。

1895年，《马关条约》的签订让刚刚高中状元的张謇无比的愤慨和忧虑。他在日记中写道："几罄中国之膏血，国体之得失无论矣！""富民强国之本实在于工。"在落后挨打的现实面前，张謇认为只有发展民族工业才能抵制帝国主义的侵略。他回到家乡创办大生纱厂，开始"实业救国"的实践。开工一年后，大生纱厂就获利2.6万两白银。此后，张謇以大生纱厂为核心，创办了油厂、面粉公司、肥皂厂、纸厂、电话公司等20多家企业，构建了一个轻重工业并举、工农业兼顾、功能互补的地方工业体系，一度成为当时全国最大的民族企业集团。

在努力发展实业的同时，张謇逐步形成"实业与教育迭相为用"的思想体系，并将自己在大生纱厂中的全部工资与部分红利捐作教育、慈善及地方公益经费。1903年4月，张謇创办了我国近代第一所独立设置的私立师范学校——通州师范学校，即扬州大学的前身。到1924年，他在南通地区共创办小学370余所、中等学校 6 所、高等学校 3 所，初步形成了以基础教育和农、工、商、科技为中心，包括学前、初等、中等和高等教育在内的较为完整的近代教育体系。

卢作孚（1893—1952 年），重庆市合川人，著名爱国实业家、教育家、社会活动家。他毕生致力于探索救国强国之路，在革命救国、教育救国、实业救国三大领域，都曾做出巨大贡献。

第二次鸦片战争以后，"外国商船可在长江各口岸往来"，外国公司开始逐步垄断长江航运，令国人深感屈辱。1925 年，卢作孚集资创办民生公司，以期"服务社会，便利人群，开发产业，富强国家"。为了打破外国公司的垄断，卢作孚采用"化零为整"的方式，先后合并和收买了大批中外轮船。经过不懈的努力，他将曾经不可一世的外国轮船公司逐出了长江上游。中华人民共和国成立前，民生公司已拥有员工 9000 余人，江海船舶 148 艘，成为当时中国最大、最有影响的一家民营航运企业，卢作孚也被海内外誉为"中国船王"。

抗战爆发后，卢作孚立即向全公司发出号召："民生公司应当首先动员起来参加战争！"在他的指挥下，民生公司全体员工英勇投入紧张、艰险的抗战运输中去。1938 年 10 月，武汉失守，宜昌积压了大批难民和从沦陷区运来的几乎包括了全中国的航空、兵器及轻重工业的机器设备，急待撤往大后方。当时还有 40 天就是枯水期，而可供运输的仅民生公司 20 余艘轮船和几艘其他公司的轮船，至少需要一年时间才能完成运送。面对日本飞机的不断轰炸和节节逼近的日军，卢作孚下令采用"三段航行法"，即除了最重要的军用物资及不宜装卸的大型机器设备直运重庆外，其他物资一律分段运输，使航程缩短了一半或大半。各轮船多装快运、分秒必争，硬是在长江枯水期到来之前，将全部难民和机器设备安全撤离宜昌。

四、"慧"：人生、服务、商业的圆融无碍

吕力在《佛学管理学》中试图将大乘佛学的有关思想应用到工商管理中，并提出了以"管理修行法""管理心法""管理缘法"为核心的佛学管理体系，试图将积极入世的佛学思想转化为中国企业家的工商实践智慧。

（一）有行无愿、其行必孤

佛经中常提的一句箴言就是"人生是苦"。佛教说苦，不是消极厌世，而是为了解脱痛苦，化苦为乐。所以佛法修行的实质，就是怎样正确对待痛苦，消除产生

痛苦的根源。这一目的，释迦牟尼经过艰苦修行，终于在菩提树下证悟实现。这种大智慧境界被称为"无上菩提"，它超越所有狭隘、有限的对象，将个体生命与无限宇宙互相融通，斩除了烦恼、痛苦的根源。所以大乘佛教贯彻的是"利他济世"的思想，从利他济世中转苦为乐。

在利他济世的过程中，佛教特别指出"发心发愿"的重要性。《金刚经》劝令众生学习菩萨的精神，入世普度众生。普度众生既是利益他人，也是利益自己。越是利益他人，就越否定"自我""小我"，但同时却是对"无我""超我"的逐步肯定。只有不断地积累这种善行，才会越来越接近圆满。"自我""小我"是私欲横生的不安心状态，经常会莫名其妙地催生烦恼；而"无我""超我"却是"以不变应万变"的一种稳定的心态，能够做到"不以物喜，不以己悲"。

佛教所倡导的"发心发愿"与企业使命、愿景是相通的。企业使命（Mission）是德鲁克在20世纪70年代提出的。德鲁克认为，问"我们的业务是什么"就等于问"我们的任务是什么"，以此作为使一个企业区别于其他类似企业对经营目标的叙述。使命是企业在较长一段时间内最基本的发展方向，反映了企业高层管理者对企业性质和活动特征的认识。使命陈述（Mission Statement）是对企业存在理由的宣言，它回答了"我们的企业是什么"这一关键问题，明确的使命陈述对于有效地梳理战略目标和制定战略具有重要意义。

企业使命陈述了一个组织的核心意图，即它存在的理由。使命也反映了员工加入公司工作的动机。私营企业的使命通常会受股东关切点的强烈影响，但即便如此，使命也应当给出除股东财富之外的其他存在理由。现今时代，资本的影响力非常大，他们通常只看是否达成预期数字，但使命陈述不应完全局限于此，它应该描述组织是如何真正服务于公众利益的，以及组织为什么要这样做。这是任何组织所应承担的真正责任。

无论是在工作中还是在生活中，我们都希望能为社会做贡献。工作不只是眼前的收入，更是为了去追求一份伟大的事业，做一些有意义的事情。组织使命正是要反映人们的这一普遍愿望。惠普公司的创始人之一帕卡德（Packard）对此深信不疑，他将这作为其管理哲学的基石。他说："所谓公司，就是一群人聚集在一起组成的一个机构，以共同完成一些大家单独无法完成的事，这群人贡献于社会，做一些有价值的事。"而组织最大的价值是给我们提供了做一些有意义的事情的良好机遇，让我们能够通过工作获得真正的意义感和满足感。

（二）契理契机与管理之理、管理之机

佛陀施教的原则，可以用四个字来概括，叫作"契理契机"。理就是佛陀的教法，机就是众生的当下。意谓在施教的时候，一方面要契合佛陀的教法，另一方面又要契合众生的根性。只有当众生的根性与佛陀的教法两相应契的时候，施教才会达到预期的目的。

净慧法师专门谈到佛教在现代化的过程中如何做到上契佛理、下契众生根性的问题[①]，那就是"佛法常新"。佛法本来是两千五百年以前佛陀提出来的教法，为什么说它是常新的呢？因为佛法要解决的是众生的困惑，而它所面对的众生的"机缘"总是新的、总是当下的，这就佛法从根本上来讲永远是新的。换言之，教化方式总是随着当时的物质文明和精神文明的变化而不断地调整。

对于企业管理而言，在佛学看来，管理的终极之"理"就是自觉觉他、觉行圆满、利生济世，这一"理"一直存在，没有古代现代之分。但企业这种形式确实是"现代"的，要将管理之"理"应用于现代企业，就应该"契机"。落实到管理的具体手段，就是要契合不同企业、不同员工的具体情况，施以教化。

（三）企业家精神是企业家明心见性最直接的体现

《坛经》的中心思想是注重净性，强调自悟，提倡顿悟。经云："我于忍（弘忍）和尚处，一闻言下大悟，顿见真如本性……今学道者顿悟菩提，各自观心，令自本性顿悟。"（敦煌本《坛经》）又说："如是一切法，尽在自性。自性常清净。日月常明，只为云盖覆，上明下暗，不能了见日月星辰。忽遇惠风吹散，卷尽云雾，万象参罗，一时皆现。世人性净，犹如清天。"这是说，成佛并非另有佛身，自性就是佛，就是把心外的佛变成心内的佛，把佛变为举目常见的平常人，或者说把平常人提高到与佛相等的地位。这也就是所谓"明心见性""见性成佛"或"顿悟成佛"的含义。

德鲁克提出，"我们需要的是一个企业家社会"。在这个社会中，创新和企业家精神是一种平常的、稳定的和持续的活动，同时也是维持我们的社会、经济和组织的生命活力的主要活动。这要求所有机构的管理者把创新与企业家精神当作企业和

---

① 净慧法师. 禅宗入门[M]. 上海：华东师范大学出版社，2017.

自己工作中的一种正常、不间断的日常行为和实践——而在佛法看来，明确自身的使命并践行之，就是"明心见性"。

（四）人生、服务、商业的圆融无碍

中国佛教的华严宗提出法界缘起论。所谓"法界"，"法"指事物，"界"指分界、类别。融摄一切万物称为"法界"。"界"也指原因、体性。"法界"指事物的本相——真如、实相。四法界是：事法界、理法界、事理无碍法界、事事无碍法界。基于法界缘起论，华严宗认为表面现象是假，本体是真，同时本体和现象又相即相入，现象和现象也圆融无碍，即"六相圆融、十玄无碍"。华严宗以为这是最圆满的说法。

转移到商业与管理世界中，圆融无碍的精神就是要将管理者的人生，被管理者的人生、企业对消费者的服务，企业组织圆满融合起来，这就是中国传统文化所理解的简单的商业智慧。

本章要点

在财富问题上，孔子所关心的主要问题是：采取什么方式获取财富才是正当的、正义的，即"以道求富"。中国商人亦具有首创精神，春秋战国时期不乏积累起大量商业资本的自由商人，他们生财有法，有着高超的商业技能，在政治活动中也扮演了重要角色。

在中国明清两代，公认的有包括山西晋商、徽州徽商在内的十大商帮。这些商帮对中国经济和商业发展都产生了重要的影响，也形成了自己独特的传统。他们在经商过程中形成的商帮文化是中国传统文化不可分割的一部分，他们商业成败的经验与教训在今天仍然有现实的借鉴意义。

因为商业创造的过程需要钻研天、地、物的原理，因此"商业创造"是贯通天人、物我的中介；创造的过程又是"生生"的过程，因而也是赞天地化育的实践。同时，在商业创造的过程中，人类的组织、合作又实现了组织的使命，因而，创造就是"诚之者，人之道"，"不诚无商，不诚无创造"。

中国传统中，对于商人的期望不仅是"生财有法"，还有"散财有道"。重视"生财"与"散财"之"和"，是社会对商人的更高要求。

本章思考题

1. 西方理论中的企业家精神包含哪些要点?
2. 怎样解释中国商人"以道求富"的精神?
3. 从商业史来看,中国商人生财有法和高超的商业技能表现在哪些方面?
4. 丝绸之路与当代中国企业家精神有什么关联?
5. 中国商帮对当代中国企业家精神有哪些启示?
6. "不诚无商"的说法有什么含义?

第七章

"伦""理"合一：管理向善与中国商业伦理之未来

第一节 管理向善：西方管理责任学派的工具善与中国管理教化的根本善

一、中国传统是"管理（治理）从属于道德"吗

一般认为，儒家将管理（治理）问题的核心看作是道德问题，认为随着民众道德水平的上升，国家治理问题即可以迎刃而解。因此，儒家视治理问题为道德问题，将德治作为国家治理的基石，即"治理道德化"。治理道德化的主旨即是要以道德来统摄、引导和转化治理，使得治理主体符合道德的要求，治理行为符合道德的规范，从而指向一个最优的、自发的治理秩序，所谓"以德为政"便是使政治治理成为一种内发的政治，于是人与人之间，并非重在从外在的相互关系上去加以限制，而重在因人自性之所固有而加以诱导熏陶，使其能自省自觉，尽人的义务。

"管理（治理）从属于道德"的实质是按照道德原则来调节治理关系，将治理或国家管理问题认定为从属于道德问题，道德具有凌驾于治理之上的优先权。其实，这仅是儒家思想的一面。从《论语》来看，道德亦具有明确的现实指向性，其重要目的之一是形成良好的社会秩序。按照西方伦理学的学术语言，即道德具有"功利"的价值，道德的功利价值就是和谐的社会秩序。子曰："克己复礼为仁。"（《论语·颜渊》）"克己"的目的就是为了恢复制度性的"礼"，并最终指向"仁"的最高境界。从修齐治平的角度来看，修身不为满足于抽象的道德世界，而是要落实到具体的"家"的管理，从"齐家"进而扩展到"治国""平天下"，积极关注、参与到现实政治或国家治理中，然后实现最高的价值追求。

在"内圣"与"外王"之间，孟子强调"内圣"，荀子强调"外王"，孔子则较为中庸。因此，总的来说，儒家并非毫无保留地恪守"管理从属于道德"的观点：一方面，道德确实是现实治理的基石，譬如"为政以德，譬如北辰，居其所而众星拱之"，治理的过程主要在德性，尤在治理者一己之品德。通过"推己及人"的路径，用自身的德性感化周围的人，并循着"家族—乡里—国家"实现"修己以安人""修己以安百姓"（《论语·宪问》），达到"道之以德，齐之以礼，有耻且格"的自发秩序。另一方面，道德也并非孤悬于治理之外，道德的存在应当服务于现实治理，或者说，"修己"的目的是"安人""安百姓"。孔子说"克己复礼为仁"，所以，仅仅在道德层面的"克己"还不能称之为实现了最高的道德要求，只有通过"克己"达到"复礼""天下平"的效果，才可称为"仁"，才实现了道德的目的。儒家主张从"外王"中显示"内圣"的作用。"外王"体现的是政治范畴，"内圣"体现的是道德范畴，它们相互渗透、相互影响、相互服务。

"内圣"与"外王"在儒家学说架构中同等重要，缺一不可。从儒家学说的传承中也可以看到，如果儒家仅有"内圣"，不能服务于现实政治，其学说不可能作为传统管理思想的主脉影响中国两千余年；如果仅有"外王"的观念，则儒家则会失去其全部学说的根基，失去其独立存在的价值与意义。

二、"工具理性与价值理性"

韦伯认为，工具理性即"通过对外界事物的情况和其他人的举止的期待，并利用这种期待作为'条件'或者作为'手段'，以期实现自己合乎理性所争取和考虑的作为成果的目的"[①]。也就是说，人们为达到精心选择的目的，会考虑各种可能的手段及其附带的后果，以选择最有效的行动手段。因此，持工具理性的人，不是看重所选行为本身的价值，而是看重所选行为能否作为达到目的之有效手段。更确切地说，所选的手段是否最有效率、成本最小而收益最大。相对照，价值理性即"通过有意识地对一个特定的行为——伦理的、美学的、宗教的或可作任何其他阐释的——无条件的固有价值的纯粹信仰，不管是否取得成就"。也就是说，人们只赋予选定的行为以"绝对价值"，而不管它们是为了伦理的、美学的、宗教的，或者出于责任感、荣誉和忠诚等方面之目的。具体来讲，价值理性更看重行为本身的价

---

① 马克斯·韦伯. 社会学的基本概念 [M]. 胡景北，译. 上海：上海人民出版社，2020.

值，不甚计较后果。

韦伯的价值理性和工具理性范畴可能受到康德道德哲学的影响。康德的实践理性是指有理性的行动者按照经过理性思考而选择的原则自愿行动。那些选定的原则就是"我应该"遵守的客观原则，就其对意志具有强制性来说，成为对理性行动者的"命令"。康德把这种"命令"分为"假言命令"与"定言命令"两种形式。"假言命令"是指"把一个可能行为的实践必然性看作是达到人之所愿望的、至少是可能愿望的另一目的的手段"。"定言命令"即康德的"绝对命令"，"把行为本身看作是自为的客观必然性，和另外的目的无关"。也就是说，"定言命令"将行为当作达到所期望目的的手段，命令所责成的行为因它是达到目的"技巧"或"工具"而善良；而"定言命令"则认为行为在道德上本身是善良的，它不仅仅是作为达到其他目的的工具而善良。韦伯像康德一样，强调行动者的理性选择，其价值理性和工具理性同康德的"假言命令"和"定言命令"一样，都以"目的——手段"的关联来解释人的行为，只不过韦伯重在社会学而康德则重在道德哲学。

三、西方管理责任学派的"工具善"与"中国管理礼治、教化"的"根本善"

（一）西方管理责任学派

泰勒明确区分了真正的科学管理和盲目的效率追求：真正的科学管理要求雇主和雇员之间进行一场"心理革命"，来自劳资双方长期以来的相互尊重，而不是来自生搬硬套地采用所谓的效率装置或措施。在沃特敦兵工厂罢工后为此举行的国会听证会上，泰勒试图澄清什么是科学管理，并首次将科学管理与责任联系起来。

科学管理不是任何效率策略，不是确保效率的任何措施，也不是任何效率策略的组合。它不是一套新的成本核算制度，不是新的报酬支付方案，不是计件工资制、分红制度，不是奖金制度，它绝不是任何报酬支付方案，它不是用于实时监控、记录工人的行为、不是工时研究、不是动作研究，也不是对工人动作的分析，它不是一大堆表格的复制和制作，然后放在一组工人面前，说："这就是你的制度，拿去用吧"。它不是工长分工制或者职能工长制，不是提及科学管理时人们通常联想到的任何策略。

从本质上说，科学管理，对于在具体公司或者行业工作的工人来说，将会是一场彻底的心理革命，他们对工作的责任、对同事的责任、对雇主的责任，都是一场彻底的心理革命。同样，对于管理层——工长、主管、企业主和董事会也将是一场彻底的心理革命，他们对管理层同事的责任、对工人的责任、对日常出现的问题的责任，也是一场彻底的心理革命。如果没有双方彻底的心理革命，科学管理就无从谈起。这就是科学管理的本质——伟大的心理革命。

从泰勒本人对科学管理的辩护词可以看出，科学管理是妥善应对"对工作的责任、对同事的责任、对雇主的责任、对管理层同事的责任、对工人的责任、对日常出现的问题的责任"，从而说明科学管理不仅不否定责任，反而恰恰是促成对若干责任的兑现。

法约尔提出了管理的十四条原则[①]，其中第十条原则明确提出"管理秩序"，第二条原则明确提出"管理责任"。

有关管理秩序的原则指出：秩序意味着每个人都有一个位置，每个人都在恰当的位置上。法约尔指出："完善的秩序还要求位置适合于人，人也适合于他的位置。如英国的格言所说的'合适的人在合适的位置上'。使每个人都在能够发挥出自己最大能力的岗位上任职，这就是'最理想的'社会秩序。"

有关管理责任的原则指出：权力和责任是互为因果的，有权力就必定有责任。他说，"人们在想到权力时不会不想到责任，也就是说不会不想到执行权力时的奖惩——奖励与惩罚。责任是权力的孪生物，是权力的当然结果和必要补充，凡有权力行使的地方，就有责任。"法约尔还举出了许多权力和责任相当的例子，并指出在整个管理中，这条原则都是不可缺少的。

德鲁克指出[②]，为了使组织机构能够正常运转并做出贡献，管理必须完成三项同等重要而又极不相同的任务，其中每一条任务都与责任有关。

（1）组织机构的特定目的和使命（不论该机构是工商企业，还是医院或大学）。该任务指出企业（或机构）的第一责任者是企业管理阶层，他们的责任是"必须深入思考本机构的使命并为之制定目标"。

德鲁克说，我们所学到的第一件事是：作为社会机构中，特别是工商企业中领导、指挥和决策的器官，管理是一种一般职能，在每个国家中，实质上在每个社会中都面临着同样的基本任务。管理阶层必须为它所管理的机构指引方向，必须深入

---

① 亨利·法约尔. 工业管理与一般管理 [M]. 迟力耕，译. 北京：机械工业出版社，2021.
② 彼得·德鲁克. 管理的实践 [M]. 齐若兰，译. 北京：机械工业出版社，2021.

思考本机构的使命并为之制定目标，必须为实现本机构所必须做出的贡献而配置资源。实际上，管理就是赛伊（J.B.Say）所说的"企业家"，要负责为本机构的愿景和资源配置提供指引，并使其有利于取得最大成果和做出最大贡献。

具体到工商企业，德鲁克认为，工商企业的管理责任必须始终把经济绩效放在首位，而且在每一项决策和行动中都是这样。只有通过自己在经济方面所取得的成果，管理才能证明自身有存在的必要性，才能证明自身的权力。如果一家企业在提供经济结果方面失败了，那么它就失败了；如果一家企业未能以消费者愿意支付的价格向消费者提供他们需要的商品和服务，它就失败了；如果一家企业没有提高或至少维持自身所持有的经济资源的物质生产能力，它就失败了。这就意味着企业有责任获得利润，而不论一个社会的经济或政治结构或思想意识形态是怎样的。

（2）必须引导员工努力提高生产率并取得成就。该任务指出企业员工的责任，即努力提高生产率，且该责任来自企业领导的"引导"，在中国文化语境中即"教""化"。

德鲁克指出，管理的第二项任务是使工作产生生产力，并使员工取得成就。工商企业（或其他任何组织机构）只有一项真正的资源：人。管理工作，就是要使人力资源更富有生产力。通过完成工作，管理借以完成了自己的任务。因此，使工作更富有生产力，使人员各司其责是管理的重要职能。但与此同时，在当今社会里，组织机构也日益成为个人取得生计并取得社会地位、与人交往、实现个人成就和满足的手段。所以，使员工有所成就越来越重要，并成为衡量组织机构绩效水平的重要指标：在员工承担责任的同时有所成就，是企业领导进行人员管理的一体两面。

（3）管理组织机构的社会影响和社会责任。该任务指出企业（或机构）在其主要目标（如获取经济绩效）之外更普遍的社会责任。

德鲁克指出，管理者第一位的职责就是：推动他所服务的机构完成其使命和目标，即实现该机构存在的价值——而不论它是商品，还是服务、学习或其他。但是，这样的职责还远远不够。每一机构都是为社会而存在的，并且存在于社区之中。因此，任何机构都必然会产生各种影响，并进而对自己所产生的影响承担责任。在发达国家的机构型社会里，各个领导群体——即各个机构的管理者也必须承担社会责任，必须深入思考他们所处社会的价值观念、信念和承诺，必须在完成其所在机构的特殊而有限的使命之外，承担起领导责任。相应地，这种责任又引发了一种新的重大挑战，并在管理方面和政治理论与实践方面提出了一系列最困难的问题。而且，这已经成为一种事实。

德鲁克最后总结道：虽然管理是一种工作，但它却与其他工作存在差异。与内科医师、工匠或律师的工作不同，管理工作总是在组织中进行的——是在人际关系网络中进行的。因此，管理者本身总是在扮演着模范角色，他的所作所为至关重要。为人师表的教师往往也具有同样的两面性：一方面是他的技能与绩效，另一方面是他的性格——榜样作用和正直品质。德鲁克本人意识到这一观点与中国传统儒家管理思想高度接近，因此，德鲁克明确指出，涩泽荣一在日本近代早期所提出的"职业管理者"这一儒家理想已经成为现实。同时，涩泽荣一还主张，管理者的本质既非财富也非地位，而是责任。同样，他的这一基本思想也已经成为现实。

（二）中国管理礼治

"礼"是中国传统管理的主要形式。

"管"指的是一种乐器，乐队排练时，要用管吹出来的声音使整个乐队的节奏和谐，所以从字源的角度，"管"的原始含义在中国传统中是指形成一种合理的秩序。"理"字本指自然的条理，如玉石之理。管和理都包含着一种自然秩序或人对秩序的一种规范、要求。这说明，虽然"管理"译自西方的 Management，但是其意义很早就存在。成中英[①]指出，在中国传统中，"管理"一词凸显出中国人对秩序的认识，甚至也可以说包含着对理想的、所要求的秩序是什么的一种认识。

在中国传统中，秩序首先表现为"礼"，或者说"礼"就代表社会所要求的秩序。春秋时期尊礼、宗周王、严祭祀、重聘享、论宗姓氏族、宴会赋诗、赴告策书等观念和活动，都是宗法封建制的基本礼制。"礼"（或"非礼"）在《左传》和《国语》中是出现频率最高的词汇，是春秋时代最为重要的伦理秩序。

"礼"绝非仅仅是形式方面的仪容举止得体。《左传·昭公二十五年》载：

子大叔见赵简子，简子问揖让周旋之礼焉，对曰："是仪也，非礼也。"简子曰："敢问何谓礼？"对曰："吉也闻诸先大夫子产曰，夫礼，天之经也，地之义也，民之行也。"

子大叔认为"揖让周旋"不是"礼"，只是"仪"而已。仪的范围狭小，而礼的范围则无所不包，从衣、食、住、行等日常生活，到婚媾姻亚、人伦纲常，再到

[①] 成中英，吕力. 成中英教授论管理哲学的概念、体系、结构与中国管理哲学 [J]. 管理学报，2012（8）：1099-1110.

政事刑罚、内政外交，"礼"将之囊括殆尽。这充分表明，礼在当时就是国家的一切典章制度，也包含有法律观念和建制。因此，"礼"是中国传统管理的主要形式。

春秋时期的人反复强调礼的重要性，《左传·昭公二十五年》载子产之言曰："夫礼，天之经也，地之义也，民之行也。"礼乃天经地义，生民必由之路。《国语·晋语四》载宁庄子之言曰："夫礼，国之纪也。"礼为国家之纲纪。《左传·昭公二十六年》载晏婴之言曰："礼之可以为国也久矣，与天地并，君令臣共，父慈子孝，兄爱弟敬，夫和妻柔，姑慈妇听，礼也。"礼可以治理国家，是维护人伦关系的基本规范。晏婴这里具体谈到礼的一些内涵，涉及五种人伦关系及其道德准则。可见，礼不仅仅是一套典章制度，而且具有道德内涵，包含着对理想的、所要求的秩序是什么的一种认识。

《国语·周语下》云："夫敬，文之恭也；忠，文之实也；信，文之孚也；仁，文之爱也；义，文之制也；智，文之舆也；勇，文之帅也；教，文之施也；孝，文之本也；惠，文之慈也；让，文之材也。"此所谓"文"其实就是"礼"（"周礼"也常称"周文"）。这里以"文"（礼）来界定敬、忠、信、仁、义、智、勇、教、孝、惠、让十一种美德，它们都是礼这一整体中的一部分。因此，在春秋时代，"礼"为全德，囊括一切道德观念。

战国时代的荀子则进一步从"人生而不能无群"说明"礼"的必要性。按照荀子的理解，人类不仅拥有构筑社会群体的能力（"能群"），而且注定必须过群居性的社会生活，即"人生不能无群"，人类个体唯有组建和谐而有序的社会群体，构筑"人载其事而各得其宜"的分工系统，才能满足多样性的物质需要，从而实现美好的幸福生活。可是，"人何以能群？"对此，荀子所给予的解决方案就是制定客观的礼义规范，确立社会成员之间的分界与边际（名分、职分）。他说："人何以能群？曰：分。""分"是人类构筑和谐有序社会群体的必要前提，而"分"之所以能够确立，源于"礼义"的存在。荀子曾明确揭示了"分"与"群"的内在联系：唯有"明分"才能"使群"。可见，荀子所理解的社会管理观，不仅强调"群"，同时也注重"分"。没有"群"的存在，人类个体便难以存续下去，而没有"分"的存在，人类个体之间也就纷争不止："离居不相待则穷，群居而无分则争。"

（三）"教"作为中国传统管理的主要内容与中国管理教化

荀子等完成了管理以"礼"为中心的论证，这一论证与春秋尊礼以及后续的孔孟正统观念并无根本分歧，甚至可以说是上述观念的有益补充，然而在"礼的实施"问题上，荀子则与孔孟正统有很大的区别。法家继承并发展荀子的学说，提出了"以法为教""以吏为师"为主体的礼制设计，现实中采用的则是严刑峻法。而儒家则坚持"任德教而不任刑"（《汉书·董仲舒传》）的原则，通过设立太学、地方官学、五经博士和乡老等，面向社会广施教化。传统教化的完整意义是在西汉时期开始实现的，教化的思想也被彻底贯彻到政治实践之中。汉代继承和践履了先秦时期礼乐教化的基本内涵，在理论上又使之上升到一个新的高度，并在政治实践中确立了儒家主流的教化地位，显现出王道教化的历史特征。这一特征延续两千余年，"礼治"与"教化"遂成为中国传统管理思想与实践的主要形式与内容。

李景林在2006年出版的《教化的哲学》绪言部分提出，儒学的根本特质在于教化，作为儒学核心的"教化"具有"普遍化、转变、保持"三个特点。个体通过异化或社会化而普遍化自身，实现内在精神生活的"转变"或"转化"，转变的结果是使人的精神尤其是感性的内容并未丧失而得以"保存"。儒家整个教化思想之纲，可以用《孟子·尽心下》一段话概括："可欲之谓善，有诸己之谓信，充实之谓美，充实而有光辉之谓大，大而化之之谓圣，圣而不可知之之谓神。""可欲之谓善"讲教化的前提和基础，后面五句讲教化的过程。

《说文》对"教"字的解释是："教，上所施下所效也。"段注："上施故从攵，下效故从孝。故曰：教学相长也。""教"在《说文》中为一部首字，另一同部字为古文"斅攵"，其义为"觉悟也。"段注："详古之制字，作斅攵，从教，主于觉人。秦以来去攵，作学，主于自觉。"段玉裁认为，在秦以前，"教"和"学"为同一字，尚未分化。可见，其时教本就包含学之观念，教与学融合无间。自秦以来"教"字和"学"字的分化，意味着"教"和"学"观念的区别。"教"即是上所施，就是以"先知先觉"教"后知后觉"；"学"乃下所效，为"后知后觉"效仿"先知先觉"。正如朱熹所言："学之为言效也。"

《易经·贲卦》有言："观乎天文以察时变，观乎人文以化成天下。""化成"即是"教化"之意。溯源而论，系统化的礼教思想来自孔子。面对"礼崩乐坏"的现实，孔子试图恢复宗法管理秩序的权威性，积极倡导礼乐教化。他说："道之以德，齐之以礼，有耻且格"（《论语·为政》），明确反对"不教而诛"，并提出"先富而后教"的著名论断。同时孔子还要求统治者做到"正其身"，所谓"君子之德风，小人之德草，草上之风必偃"，通过君子或管理者自身之"德"，可以影响、感化民众或被管理者，感而遂通，从而使社会人人"有耻且格"，达到"大同、小康"的管理效果。这种上行下效的"感化"方式显然是中国管理的典型特征。

《说文》将"化"解释为："化，教行也。"段注："教行于上，则化成于下。"贾谊曰："此五学者既成于上，则百姓黎民化辑于下矣。"老子曰："我无为而民自化。"可见，"化"指上之所教在受教者身上取得的效果，侧重于教化者所受之影响。"教化"联合成词，其含义就是指先知者将自身教化理念施诸受教化者，从而使其内在的精神世界、生命理性发生转变。"教""化"联合使用出现甚早，《礼记·经解》中说："故礼之教化也微，其止邪，也于未形，人日徙善远罪而不自知也。"《汉书·武帝本纪》亦言："广教化，美风俗也。"

可见，教化是使用"上行下效""感化""感而遂通"等方式，使社会按照统治者的意图，形成符合其治理目的的社会风尚和道德行为规范。从管理的角度来看，教化的最终目的是解决社会"礼崩乐坏"的问题。教化的对象指向全体社会成员，在内容及形式上都远远超出一般学校教育的范围，是调节乃至解决社会成员之间诸种关系、维系社会存在的一种重要手段。因此，教化与管理密切相关。这种思想与《大学》之"明明德"和"新民"思想互为映衬，而《大学》所关注的"修齐治平"恰恰是社会治理哲学。

综上，教化的第一层意思，指的是为了成为具有健全人格的社会人，特别是道德人格的养成，需要借助教化"上施下效，长善救失，使有改变"的功能，教化人心，以培养道德人格；教化的第二层意思，指的是通过为政者的身教力行，以法治为保证，使得人们知修身、敢担当、讲仁爱、重和谐，人人都能"教行迁善"；教化的第三层意思，是指通过"道之以德，齐之以礼，有耻且格"的手段，最终达到优化社会治理，形成一种自主自发的和谐组织秩序，而管理者自然可以"为政以德，譬如北辰，居其所而众星拱之"。

将"教化"的思想迁移到组织管理领域，管理教化就是管理者通过自身的言传身教，向被管理者施加道德影响，传授价值观念和道德知识，使他们内心形成正确的价值观念和道德意识，影响被管理者的思想和行为，凝聚共同的组织使命与愿景，激励组织成员努力工作，达成管理效果，提升管理效率。如果将"礼"理解为组织得以运行的一套制度秩序，是传统管理的主要形式，那么"教"则是中国传统管理的主要内容，即通过教化的方式使人们理解"礼"，从内心遵从"礼"，从而形成一种和谐的秩序，实现社会长治久安的管理效果。

法家也有"教"的思想。法家认为人的本性是自私自利的，人的理想人格的形成不能依赖于仁义道德，而是来自法律和政治的强制性约束，所谓"刑生力，力生强，强生威，威生德，德生于刑"（《商君书·说民》）。因此，法家并不认为人们不能具有"德行"，而是认为德行并非来自人的本性，而是来自法与刑的威慑力。换言之，民众是"可教"的，也应该对其"施教"，但施教的手段不是"推己及人"，不是"近者悦，远者来"的感而遂通的"化"的方式，而是来自民众对"严刑峻法"的畏惧。从法家提出"以法为教"的主张可以看出，法家并不排斥"教化"的思想，但是将法家的教化与儒家的教化相比较能够发现，儒家更重视教化中的"化"，而法家则重视教化中的"教"。

（四）西方管理责任学派的工具善与"中国管理教化"的根本善

在西方管理学的主流看来，管理问题与道德问题是分开的。西方现代管理学对管理的定义有多种，但"效果"和"效率"是其中最为关键、不可缺少的基本内容。当前全球使用最广泛的管理学教科书作者罗宾斯[①]认为，管理是指通过与其他人共同努力，既有效率又有效果地把工作做好的过程。孔茨[②]认为，管理是设计并保持一种良好的环境，使人们在群体状态下高效率地完成既定目标的过程。

所有的组织都要使用环境中的四种资源：人力资源、财务资源、物质资源和信息资源。人力资源包括劳动力和员工才能；财务资源包括组织保持运营所需要的资本；物质资源包括原材料、办公场所和制造设施与设备等；信息资源是制定有效决策所必需的有用数据。管理者的责任是将上述各种不同的资源加以组合和协调，以实现组织的目标。管理者们如何将各种资源进行组合协调呢？管理过程学派认为，他们通过执行四种基本的管理职能或活动来完成这一工作：计划、组织、领导和控制。因此，现代西方管理学将管理定义为对组织资源（人力、财力、物质和信息）进行组合和协调，设计并保持一种良好的环境，使用计划、组织、领导和控制等手段，通过群体的共同努力，以有效果和有效率的方式实现组织的目标或所期望的结果。

[①] 斯蒂芬·罗宾斯，玛丽·库尔特. 管理学 [M]. 刘刚，程熙镕，梁晗，译. 北京：中国人民大学出版社，2017.

[②] 哈罗德·孔茨，海因茨·韦里克，马克·V. 坎尼斯. 管理学：全球化、创新与创业视角 [M]. 马春光，译. 北京：经济科学出版社，2015.

在当代西方管理学看来，可以将效率和效果认为是组织绩效的两个方面。其中效率是衡量为了达到一定目标而利用资源的情况和产出能力的尺度。当管理者使资源投入（如人力、原材料、零件等）的数量和生产一定数量的产品或服务所需要的时间最小化时，组织是有效率的。简单地说，效率是指"正确地做事"。效果是衡量管理者所选择组织目标的适宜程度以及组织目标实现程度的尺度。当管理者目标选择正确并得以实现时，组织是有效果的。简单地说，效果是指"做正确的事"。

如前所述，中国传统管理倾向于认为管理问题与道德问题密不可分，道德问题解决了，管理问题也就得到解决；西方主流管理理论则首先确立管理效果与效率为管理的根本目的，其次才表明道德为管理效果或效率服务。中国传统管理更看重员工普遍的人格道德水平，而西方管理大多看重人格中那些有助于组织实现目标、提升效率的部分。由于中国传统管理看重员工的普遍道德水平，将管理视为一个提升员工、管理者乃至组织道德水平的过程，认为随着所有组织成员道德水平的提升，组织自然会有强大的凝聚力，自然能够达成组织的效果、实现组织的效率，因此将管理问题视为道德问题的一种，这就是"管理道德化"。在这种思路指导下，就要对组织成员进行普遍的道德教育，这就是"中国式管理教化"。相应的，中国的管理责任学派也可称为"管理责任、教化学派"。西方管理更看重组织的效果、效率，因此将道德视为达成效果、效率的工具，道德为管理所用，这就是"道德管理化"。

将以上逻辑移植到组织管理领域同样成立。西方管理学所看重的是道德的工具价值，并不在意员工整体道德素质的提升；而中国传统管理着眼于员工整体道德素质的提升，认为只有整体道德素质的提升才能形成良好的组织氛围，有助于构筑组织共同的愿景、最大限度凝聚组织成员的力量、最大范围内产生协同效应，为此而实施的教化即通过"内圣"的责任而形成"外王"的组织秩序，这就是中国式管理教化。

从韦伯对"价值理性"和"工具理性"的区分来看，西方管理学显然把"管理行为"作为一种工具理性行为。从"价值理性"与"工具理性"的区分来看，儒家道德理想显然更偏向于价值理性，它是一种"绝对命令"。如前文所述，孔子亦承认道德的功利价值，因此总的来看，儒家道德在偏重价值理性的同时，也取价值理性与工具理性的折中。如果仅仅实现工具理性，则可以称为工具善；如果同时实现价值理性与工具理性，则可称之为根本善。西方管理学奠基人泰勒、法约尔的思想均包含大量道德内容，被誉为当代西方管理学大师的德鲁克以大量著述论证管理中

"道德与责任"的重要性，属于西方管理责任学派。但是西方管理学中的"责任"更突出工具价值，属于"工具善"，而中国管理责任、教化则是一种"根本善"。

儒家坚信可以通过对人性内在善的存养与扩充，真正释放和完善人性，达到完美的管理（或政治）秩序。儒家反对仅仅依靠外在的刑罚、规约，而是把管理（或政治）建立在对人性善的肯定和发扬之上，这样就很好地解决了道德和管理之间的内在矛盾与现实张力。如此一来，管理者和被管理者（或统治者和被统治者）之间的关系成为以德相与的关系，而并非依靠刑罚和权力相加相迫的关系。通过"管理（治理）"与"道德"的互洽关系，儒家的"政道"由此获得牢固的理论依据与现实可能性。

撮要言之，儒家始终将"道德"看作是实现和谐治理（或和谐管理）的先决条件，只有先实现"内圣"才能推进"外王"，而"外王"的实现又反过来体现出道德的优先性。儒家将作为"软力量"的道德与"硬力量"的政治（或管理）紧密结合起来，共同作用于组织关系的调整和组织秩序的维护。儒家将"礼"置于"仁""义"之后，就是更看重管理的价值理性。反观现代西方管理学，则是纯粹选择管理的工具价值，即以达到组织目标和实现组织效率为唯一、最终标准。

第二节　中国传统中的"生"与"治生"

"生"见于甲骨金文。《说文解字》曰："生，进也。象草木生出土上。"段玉裁注。"下象土，上象出。"徐灏注笺。"《广韵》曰：生，出也。生与出同义，故皆训为进。"生有"生长""生育""发生"等义，具有动态性、变异性、连接性、生命性、继承性、活动性，天道阴阳论的生生论是指擎息不绝、进进不已。《尚书》载："往哉生生，今予将试以汝迁，永建乃家。"自汤至盘庚，凡五次迁都，民不欲徙。盘庚告民，迁都可生生不绝，安家乐业。《周易·系辞》曰："生生之谓易。"孔颖达《正义》中曰："生生，不绝之辞。"

一、道家的"道"与"生"

道家将"道"作为本源，不仅在时间的维度上具有时间的绝对先在性，而且在具体功能上具有生成的能力。《老子》第二十五章"可以为天下母"一语已经暗含了"道"的生成、生育能力。在王本《老子》中，直接讨论"道"的生成论问题的，莫过于如下几章：第四十二章云"道生一，一生二，二生三，三生万物"，直接阐述了道与一、二、三、万物之间生成与被生成的关系。第五十一章云"道生之，德畜之。物形之，势成之。是以万物莫不遵道而贵德。道之尊，德之贵，夫莫之命而常自然"。第五十二章云"天下有始，以为天下母。既得其母，以知其子。既知其子，复守其母，没身不殆"。第六十二章云"道者，万物之奥。善人之宝，不善人之所保"。

考察王本《老子》，"生"字大约出现25次，最先出现在第二章："故有无相生，难易相成，长短相较，高下相倾，音声相和，前后相随。"根据上下文，此处"生"有产生、相伴而使之出现的意思。与此"生"字意义相近的有第四十章："天下万物生于有，有生于无。"又在此章后半部说，圣人对待万物的态度是："万物作焉而不辞，生而不有，为而不恃，功成而弗居。"此处"生"字是让万物自己生长、成长的意思。与此章意思相同的表述还有第十章："生之，畜之。生而不有，为而不恃，长而不宰，是谓玄德。"第三十四章："大道泛兮，其可左右，万物恃之而生而不辞。"第五十一章"道生之，德畜之。"第七章的"生"字的意义又有不同。老子认为，"天长地久"的原因是"以其不自生，故能长生。"此章中两个"生"字的意思稍有区别，第一个"生"字是指为了自己的利益而生；第二个"生"字是活着、生存的意思。第五十九章讲的"是谓深根固柢，长生久视之道"一语中的"生"字，意思是"活着""保持生命"的意思。第七十六章云："人之生也柔弱，其死也坚强。万物草木之生也柔脆，其死也枯槁。故坚强者死之徒，柔弱者生之徒。"此章中的"生"字意指活着的状态。

要而言之，王本《老子》中"生"字基本上有两种类型的用法：一是作为名词，指生命、寿命，描述生命的状态。在这种情况下，"生"指的就是按照"自然"的法则生长，如"长生久视"。二是作为动词，有生育、生成之意，而作为使动用法的"生"字，则是指使之生，让其生、让其活着，引申意思则是养生、尊生、贵生。

王弼注《老子》第二十九章时说："万物以自然为性，故可因而不可为也，可通而不可执也。"注《老子》第十二章时说："夫耳目口心，皆顺其性也，不以顺性命，反以伤自然，故曰聋、盲、爽、狂也。"王弼把"道法自然"解释为："道不违自然，乃得其性。"这里的"性"可理解为万物存在的状态，即"生"，而"自然"

是指万物"自然而生的状态"。依此，作为道家最高准则的"道法自然"指的是整个宇宙和人类的最高法则是尊重万物自然而然的内在法则与秩序，这种内在的法则与秩序即"生生"。"道，恒亡为也，侯王能守之，而万物将自化"，"自化"即"自生"，"达自然之性，畅万物之情"，即"自然"。

作为道家哲学根本原则的"道法自然"中，"自然"或"自然而生"的状态非常类似于西方思想家伯林所说的"消极自由"。消极自由概念从霍布斯开始，中间经过洛克、边沁，最后到密尔，都蕴含着这样一个信念："在没有其他人或群体干涉我的行动程度之内，我是自由的。[①]"这就是说，当他人使你无法达到某一个目的的情况下，你可以说你缺乏自由，或者说受到了强制。在老子看来，自然的"生"的状态就是一种自由，这种自由的状态不应受到人为的干涉——当然，在人类世界之外，万物的运作本身即是自然的，"生而不有，为而不恃，长而不宰"。只有当人类出现后，才会基于人类的利益对包括自然以及人类社会本身在内的客观世界进行干预，而这种强行干预就会破坏"自然"的状态。

就管理领域而言，管理者不要轻易地运用个人的所谓巧智去追逐"非自然的名、利、富贵"等"违背自然而生"的目标，而应当发现客观自然、社会的内在自发规则，并顺应这些法则，从而在实现管理目的的同时，不违背自然的法则，于是管理者也就不会劳心费神了。

二、儒家的"生"与"治生"

程颢提出"天只是以生为道"的命题，他说："'生生之谓易'，是天之所以为道也。天只是以生为道。继此生理者，即是善也。""万物皆有春意，便是'继之者善也'。"（《河南程氏遗书》）"春意"即生长之意。"继之者善也"，语出《易传》。《系辞上传》云："一阴一阳之谓道，继之者善也。"后儒对此各有不同的解释。程颢将善与生联系起来，他又说："天地之大德曰生。""天地氤氲，万物化醇。""生之谓性。"程颢以为，天地生成万物，万物生生不已，万物都表现了生意，如能体现发扬万物的生意便是仁。所谓生意指有生之物（包括植物及动物），无生之物（水火土石之类）无所谓生意。程氏所谓"生"不仅指生成之生，而兼指生命、生长之生。可以说，程氏特别强调了生命的重要意义，歌颂了生命的价值。他似乎认为，天地

[①] 伯林. 自由论[M]. 胡传胜，译. 南京：译林出版社，2011.

之间充满了生命，所谓仁的道德原则就是赞扬生命的发展。

"治生"一词出于《史记·货殖列传》"天下言治生祖白圭"，原指白圭式的"乐观时变""人弃我取，人取我与"的商业经营理念而言。尽管管子早在春秋时期就提出了"仓廪实而知礼节，衣食足而知荣辱"的思想，但是，中国古代的儒学传统所强调与思考的主要是"无恒产而有恒心"，不仕则"贫而无谄"，仕则"富而无骄"的信念，并不过分追求士人经济之自足进而支撑其人格之独立。

学者以治生为急，为元代儒生许衡所首倡，他提出"为学者，治生最为先务"[1]。元代废除科举，任用文吏，儒士们"无祠禄可食"，故"许鲁斋先生有治生为急之训"。明代恢复了科举制，儒士们重又获得了各类以往的"祠禄"特权。因此，明清时期"治生"思想的出现，带有更复杂深刻的经济、文化背景。一方面，明清时期社会经济的发展特别是商品经济的发展，给传统社会的思想意识领域带来了很大的冲击；另一方面，这一时期，儒士群体自觉的需要及独立意识的觉醒也是一个不可忽视的原因。

明中后期，心学的兴起及其所强调的以己心为衡量是非标准的价值观，导致了儒士对外在的道德规范、圣贤偶像、儒家经典乃至政治权威的怀疑和批判，产生了追求个体道德自觉意识的思想。而要想做到这一点，就必须要求有自己独立自主的经济基础，这便为儒士们改变言义不言利的教条、重视"治生"提供了契机。

对此，学者们最喜例引的便是王阳明与其弟子的对话。王阳明讲学时，其弟子屡次问到许衡"治生"的问题。"许鲁斋言学者以治生为首务，先生以为误人，何也？岂士之贫，可坐守不经营耶？"对此，王阳明回答："但言学者治生上，尽有工夫则可。若以治生为首务，使学者汲汲营利，断不可也。且天下首务，孰有急于讲学耶？虽治生亦是讲学中事，但不可以之为首务，徒启营利之心。果能于此处调停得心体无累，虽终日做买卖，不害其为圣为贤。何妨于学？学何贰于治生？"[2]

在这里，王阳明虽仍不赞成"以治生为首务"，但也认为，如果调停得当，虽然整天做生意，也可以不妨碍为圣为贤。这段对话值得关注：作为明代儒学领域的领袖型人物，王阳明在学者治生方面观念的改变，已不仅仅是他个人之事，实际上代表了明后期儒学伦理观念上的一种变化。而王自己身为当时的大儒，其思想影响更是非同凡响。例如，这一尊商立教之说颇得徽州人认同。后来，王阳明的学生王

---

[1] 苏天爵. 元名臣事略 [M]. 北京：中华书局，1996.
[2] 王阳明. 王阳明全集 [M]. 上海：上海古籍出版社，1992.

艮、钱德洪等均在徽州讲学，对王学的发扬光大起了非常重要的推广和普及作用，一时间徽州民间纷纷崇尚《传习录》。

许衡的"治生"思想得到后来诸多儒士的认可。明末清初的陈确在其《学者以治生为本论》中便提出"治生尤切于读书"的观点。

学问之道，无他奇异，有国者守其国，有家者守其家，士守其身，如是而已。所谓身，非一身也。凡父母、兄弟、妻子之事，皆身以内事。仰事俯育，决不可责之他人，则勤俭治生洵是学人本事。而或者疑其言之有弊，不知学者治生，绝非世俗营营苟苟之谓……确尝以读书、治生为对，谓二者真学人之本事，而治生尤切于读书……不能读书、不能治生者，必不可谓之学；而但能读书、但能治生者，亦必不可谓之学。唯真志于学者，则必能读书，必能治生。天下岂有白丁圣贤、败子圣贤哉！岂有学为圣贤之人而父母妻子之弗能养，而待养于人者哉！鲁斋此言，专为学者而发，故知其言之无弊，而体其言者或不能无弊耳[①]。

在陈确看来，经济自立，仰事父母，俯育妻儿，已成为学者必不可少之生存条件。若连父母、妻子都不能养活，则属"白丁圣贤""败子圣贤"一类，徒有虚名，无用而可怜。这里，陈确的理念实际上已与儒家传统的"万般皆下品，唯有读书高"的传统思想大不相同，反映了这一时期传统儒家伦理的新变化。

第三节 "寓真、善于日生、日新"的中国商业伦理

一、《周易》的"生生"与"商主通变"

将"生"提高为一个重要理论范畴的是《易传》。《系辞上传》云："生生之谓易。"韩康伯注云："阴阳转易，以成化生。"孔颖达疏："生生，不绝之辞。阴阳变转，后生次于前生，是万物恒生，谓之易也。生而又生，生生不已，是谓变易。"这里的所谓生是出生之义。《系辞下传》云："天地之大德曰生。"孔疏："以其常生万物，故云大德也。"天地恒常生出万物，万物生生不已，是乃天地的基本性德。《系辞下传》又云："天地絪缊，万物化醇；男女构精，万物化生。"孔疏：

---

① 陈确. 陈确集[M]. 北京：中华书局，1979.

"絪缊,相附著之义……唯二气絪缊,共相和会,万物感之,变化而精醇也。……构,合也,言男女阴阳相感……故合其精则万物化生也。"化生即变化生成。《易传》将"生"看作天地之间万物万象的一个最基本的内容。这一观点是非常深湛的。

《周易》说,生生之谓易,其含义就是变化日新。所谓变化日新,包含双重意义:一是说变化永无休止,每时每刻都在进行中;二是说伴随着变化的是新事物的不断出现和旧事物的不断消失。《系辞》说:"日新之谓盛德,生生之谓易。"每日产生新的事物是大自然的最高尚品德。不断有所更新,这才是所谓的变易。《系辞》还认为,事物的存在和发展,只有不断变易,方有出路,所谓"穷则变,变则通,通则久";而且爻象和事物的变化总是经历从渐变到突变的过程,所谓"化而裁之谓之变"。变又有变革之义。所以革卦《象传》说:"天地革而四时成,汤武革命顺乎天而应乎人。"视变革为事物发展的规律之一,事物的变易永无穷尽之时。《序卦传》说:"物不可穷也,故受之以未济终焉。"意思是说,事物的变化是没有穷尽终了的,所以按《易经》六十四卦的卦序排列,最后一卦是未济,表示没终了之意。

变化日新的观点为汉代之后的许多易学学者所发挥,比如汉代易学大师京房以阴阳变易为《周易》的基本法则,认为阴阳二气相互更迭交替永无休止之时,这种交替展示出了新生事物的不断出现,所以称之为"易"。这种观点发展到明末清初,学者王夫之提出太虚本动和变化日新的学说,认为宇宙永远处于运动和变化的过程中,而且不断推陈出新。只有日日推陈出新,才能使世界上的事物越来越丰富。

二、"生"即"元亨利贞"

元,见于甲骨文和金文。《说文解字》:"元,始也。从一,从兀。"高鸿缙在《中国字例》中认为:"元、兀一字,意为人之首也。"《尔雅·释诂下》载:"元,首也。"李鼎祚《周易集解》、孔颖达《周易正义》于《乾》卦卦辞均引《子夏传》:"元,始也。"万物得生存而为元始。然对于《周易·坤卦》六五爻辞中的"黄裳元吉"孔颖达作疏:"元,大也,以其德能如此,故得大吉也。"元,凡始凡大,凡长凡善,均为"元"之含义。朱熹所撰《周易本义》释《乾》卦卦辞:"元,大也。"《周易象上传》:"大哉乾元,万物资始,乃统天。"朱熹注曰:"元,大也,始也。

乾元，天德之大始，故万物之生皆资之以为始也。又为四德之首，而贯乎天德之始终，故曰统天。"万物的产生都借资赖以为端始。元亨利贞四德，元为首，故能统领天。万物有始有成。《坤卦·彖传》："至哉坤元，万物资生，乃顺承天。"孔颖达疏："万物资地而生，初禀其气谓之始，成形谓之生。"《乾》《坤》两卦的《彖传》，为万物的资始资生，即万物开始成形。

"亨"，《广韵·庚韵》："亨，通也。"《广雅·释诂》："亨，通也。"孔颖达的《周易正义》和李鼎祚的《周易集解》都引《子夏传》曰："亨，通也。"《坤·彖传》："含弘光大，品物咸亨。"孔颖达疏："包含以厚，光著盛大，故品类之物，皆得亨通。"以上均训亨为通。

"利"，有见于甲骨金文。《说文解字》曰："利，铦也。从刀；和然后利，从和省。"《易》曰："利者，义之和也。"《周易·系辞上》："二人同心，其利断金。"孔颖达疏："二人若同齐其心，其钱利能断截于金。"《子夏传》："利，和也。"（利是和，但和不仅是利）《广雅·释诂三》："利，和也。"王念孙《疏证》："《说文》引《乾·文言》：利者，义之和也。"荀爽注云："阴阳相和，各得其宜，然后利。""利"又有"顺利""吉利"的意思。《广韵·至韵》："利，吉也。"如人们常说的大吉大利。《周易·乾卦》九五爻辞："飞龙在天，利见大人。"《文言》虞（翻）注云："日出照物，物皆相见，故飞龙在天，利见大人也。"见大人大吉大利，因而"利"又引申为"善""优良""美好"之义。《玉篇·刀部》："利，善也。"《汉书》载："十一月，徙齐楚大族昭氏、屈氏、景氏、怀氏、田氏五姓关中，于利田宅。"颜师古注："利谓便好也。"

"贞"，有见于甲骨金文。《说文解字》曰："贞，卜问也。"郭沫若的《卜辞通纂考释》中载："古乃假鼎为贞，后益之以卜而成鼎（贞）字，以鼎为声。"即"卜问""占卜"之义。《周礼》载："季冬，陈玉，以贞来岁之媺恶。"郑玄注："问事之正曰贞，问岁之美恶谓问于龟。"《大卜》："凡国大贞。卜立君，卜大封。"郑玄注引郑司农云："贞，问也，国有大疑，问于蓍龟。贞为正。"《广雅·释诂一》："贞，正也。"《尚书·太甲下》："一人元良，万邦以贞。"孔安国传："贞，正也。言常念虑道德，则得道德；念为善政，则成善政；一人天子，天子有大善，则天下得其正。"《释名·释言语》曰："贞，定也，精定不动惑也。"孔颖达疏："正义曰：贞，正也。言吉之与凶，皆由所动不能守一而生吉凶，唯守一贞正，而能克胜此吉凶，谓但能贞正，则免此吉凶之累也。"

元亨利贞，就单字的字义有不同的诠释，但在《周易》范围内，基本上可按《子夏传》解："元，始也；亨，通也；利，和也；贞，正也。言乾禀纯阳之性，故能首出庶物，各得元始、开通、和谐、贞固，不失其宜，是以君子法乾而行四德，故曰元亨利贞矣。"朱熹在《周易本义》中解元亨利贞则稍异："元，大也。亨，通也。利，宜也。贞，正而固也。"虽异而可圆通。

朱熹在反思《周易·文言传》的"元者，善之长也。亨者，嘉之会也。利者，义之和也。贞者，事之干也"时，别出心裁地将之诠释为："元者，生物之始，天地之德莫先于此，故于时为春，于人则为仁，而众善之长也。亨者，生物之通，物至于此莫不嘉美，故于时为夏，于人则为礼，而众美之会也。利者，生物之遂，物各得宜，不相妨害，故于时为秋，于人则为义，而得其分之和也。贞者，生物之成，实理具备，随在各足，故于时为冬，于人则为知，而为众事之干。"春天，为生物的开始，人类应以仁爱之心爱护万物的生长，是为天地之德性和体仁正己以化物，为众善之长；夏天，标志着天气之始、四时之始、王者受命之始，正月政教之始，便进入夏天，以乾通坤，阴阳交和，万物通泰，运天地万物而合乎礼，万物茁壮成长，无不嘉美而运会；秋天，表征生物成熟，物物各正性命，各得其宜，不相妨害，和谐相处，而合乎义，适宜，正义；冬天，生物成功，物物一太极，人人一太极，人物实理具备，各自充足，于人为智慧，分辨是非善恶，是各种事物的主体，犹树身的主干，为众多枝叶所依附①。

元亨利贞由朱熹铺陈出一种气氛和意蕴。万物化生的逻辑序列为：生物之始—生物之通—生物之遂—生物之成；自然性变化为：春—夏—秋—冬；社会性道德为：仁—礼—义—智。这些序列构成了整体互相圆融、无碍、联通的画卷。

由"元亨利贞"进一步可发展为"企业八卦""企业六十四卦"。我们曾提炼出乾式企业、坤式企业、震式企业、巽式企业、坎式企业、离式企业、艮式企业、兑式企业的基本框架，此即企业八卦。而根据消费者的行为风格也可形成消费者八卦：乾式消费者、坤式消费者、震式消费者、巽式消费者、坎式消费者、离式消费者、艮式消费者、兑式消费者。如果将消费者作为企业的相对面，将企业八卦与消费者八卦两两相叠，便形成营销领域的管理六十四卦。

---

① 张立文. 中国哲学元理 [M]. 北京：中国人民大学出版社，2021.

三、翕辟成变与商业创造

熊十力形而上学之主要思想渊源是《易经》和《易传》之能动变化、生生不息的学说。他同时也继承了先秦道家、魏晋玄学、宋明理学之大化流行、即体即用、天人合一的思想，并且以佛学之境界论、自我意识和刹那生灭、瞬息变化的观念强化了《周易》哲学的动态性和能动性。他所亲身经历的清末民主主义革命，使他切身体验到革故鼎新和变化日新的氛围。他服膺王船山哲学，将其概括为"尊生以箴寂灭，明有以反空无，主动以起颓废，率性以一情欲"。又以类似的语言概括自己的哲学："吾平生之学，穷探大乘，而通之于《易》。尊生而不可溺寂，彰有而不可耽空，健动而不可颓废，率性而无事绝欲。此《新唯识论》所以有作，而实根柢《大易》以出也。（上来所述，尊生、彰有、健动、率性，此四义者，于中西哲学思想，无不包通，非独矫佛氏之偏失而已。王船山《易外传》颇得此旨，然其言散见，学者或不知综其纲要。）魏晋人祖尚虚无，承柱下之流风，变而益厉，遂以导入佛法。宋儒受佛氏禅宗影响，守静之意深，而健动之力，似疏于培养；寡欲之功密，而致用之道，终有所未宏。"[①]

熊十力哲学本体论与宋明理学（包括理学和心学）的最大区别，就在于强调了"健动之力"和"致用之道"，坚持"由用知体""即用显体"，以欲明性，以有反无，由此彰显本体（本心、仁体）是实实在在存在着的，是人类文化与宇宙之生生不息的终极根源。

熊十力哲学内蕴的勃勃生机确非他的前辈、同道和门生所能企及。他的"体用不二"论、"翕辟成变"论之"深于知化"和"长于语变"，为世所公认[②]。

所谓"体用不二"论，简单地说，首先是肯定本体的唯一性；其次是肯定本体的能动性和变易性；再次是肯定本体与功能的一致性。熊氏借助于佛教的缘起论，认为所有的物理现象、心理现象，都是没有自性、没有实体的，人们不过是将这些假象执着为真实存在。熊氏进一步指出，真实存在的只有一个本体，它既是宇宙的心，又是一一物各具的心；既是宇宙万象的本原，又是人们反求自识的绝对真理。与佛教不同，熊氏又认为，本体与现象不是隔碍的，本体显现为大用，本体不在现象之外或现象之上，就在生生化化的物事之中。本体最重要的特性是"无不为""变

[①] 熊十力. 熊十力全集 [M]. 上海：上海古籍出版社，2002.
[②] 郭齐勇. 现当代新儒家思想研究 [M]. 北京：人民出版社，2017.

易""生灭"。"本体"范畴同时就是"功能"范畴，不能在功能之外另求本体。体用之间、理气之间，没有谁先谁后的问题（无论是逻辑上的还是时间上的）。《新唯识论》不否认物理世界、现象界、经验界或所谓日常生活之宇宙，但所有这些，都是本体大化流行的显现。没有物理、现象世界，亦无从彰显本体。

熊十力说"体用不二"之论是"自家体认出来的"，并自诩这一理论克服了西洋、印度哲学视本体超脱于现象界之上或隐于现象界之背后的迷谬，纠正了多重本体或体用割裂的毛病。他自谓："潜思十余年，而后悟即体即用，即流行即主宰，即现象即真实，即变即不变，即动即不动，即生灭即不生灭，是故即体而言用在体，即用而言体在用。""夫体之为名，待用而彰，无用即体不立，无体即用不成。体者，一真绝待之称；用者，万变无穷之目。"这就是说，良知是吾人与天地万物所同具的本体，天地万物是良知的发用流行。抹杀了天地万物，也就是抹杀了能够显现出天地万物之"本心"的功能，那么，这唯一的本体也就只能束之高阁，形同死物。

熊十力对于"实体"范畴作了如下规定：本体应是绝对的、全的、圆满无缺、无始无终、超越时空的，是万理之原、万德之端、万化之始；其显现为无穷无尽之大用，应说是变易的，然大用流行，毕竟不改易其本体固有的生生、健动种种德性，应说是不变易的，如此等等。总之，熊氏借鉴天台宗"圆融三谛"和华严宗"一即一切、一切即一"的思辨模式，甚至袭用其"水波"之喻，说明本体不是宇宙万有的总计、总和或总相，而是宇宙万有的法性，每一物（现象）都以一元（本体）之全体为其所自有，而不仅仅占有全体之一分，犹如每一个水波都是整个大海的显现。本体是结构与功能的统一，无待与有待的统一，不易与变易的统一，主体与客体的统一，主宰与流行的统一，本质与现象的统一，整体与过程的统一，绝对与相对的统一。熊氏哲学本体论的最高范畴充满着人性，具有人格特征，是理论理性、实践理性和情感的统一。这个绝对本体充满着活力，具有最大的功能。由此观之，价值真正之终极根源只在每个人的本心。只要除去私欲、小我的束缚或掩蔽，圆满自足的生命本性或宇宙的心（亦是一一物各具的心，亦是个体的心或个体的理性）就具有极大的创造性，足以创造世界和改变世界。

所谓"翕辟成变"论，乃是其"体用不二"论的逻辑发展。熊十力之"本体"或"实体"内部隐含着矛盾与张力（如心与物，生命、精神与物质、能力），两极对待，蕴伏运动之机，反而相成，才有了宇宙的发展变化。"翕"与"辟"都是实体的功能，"翕"是摄聚成物的能力，由于它的积极收凝而建立物质世界，"辟"是与"翕"同时而起的另一种势用，刚健自胜，不肯物化，却能运用并主宰"翕"。实体正是依赖着一翕一辟的相反相成而流行不息的。翕势凝敛而成物，因此翕即是物；辟势恒开发而不失其本体之健，因此辟即是心。翕（物）、辟（心）是同一功能的两个方面，浑一而不可分割。这两种势能、两种活力相互作用，流行不已。但这两方面不是平列的，辟包含着翕，翕从属于辟，辟势遍涵一切物而无所不包，遍在一切物而无所不入。"翕和辟本非异体，只是势用之有分殊而已。辟必待翕而后得所运用，翕必待辟而后见为流行、识有主宰。"

熊十力认为，吾与宇宙同一大生命，自家生命即是宇宙本体。因此，所谓"辟"即是生命，即是心灵，即是宇宙精神，生化不息，能量无限，恒创恒新，自本自根。"翕辟成变"论反对在变动的宇宙万象之外去寻求"能变者"，反对离开人去寻求天的变化，始则以精神性的生命本体作为万化之源、万有之基，继则指出这一绝对待的精神本体就是"心力"，就是人的能动性和创造力。"翕辟成变"论所强调的"变"，是改造物质世界和改造社会。他认为，具有创造世界功能的，不是什么不死的灵魂或超然的上帝，而是活泼泼的主观精神。吾人一切以自力创造，有能力，有权威，是自己和世界的主人。因此，熊氏认为，维护"人道之尊"，必须破除出世、破除造物主、破除委心任运思想，自强不息，积极入世。"天行健，明宇宙大生命常创进而无穷也，新而不竭也。君子以自强不息，明天德在人，而人以自力显发之，以成人之能也。"否则，"人将耽虚溺寂，以为享受自足，而忽视现实生活，不能强进智力以裁成天地，辅相万物，备物致用，以与民群共趋于富有日新之盛德大业。""识得孔氏意识，便悟得人生有无上的崇高的价值，无限的丰富意义，尤其是对于世界，不会有空幻的感想而自有改造的勇气。"熊十力以这种自觉的人本精神，强调以"人道"统摄"天道"，珍视人的价值，高扬活生生的生命力量，提倡刚健进取的人生态度。

熊十力"体用不二""翕辟成变"论，在一定意义上是一种实践本体论，是本体与实践的辩证统一论。陆王心学的心本论是一种道德扩充论，其"本心""良知"是一切道德行为的根据，而人与天地万物浑然之一体，是其延长或扩充的起点与终点。熊十力心本论，则在一定程度上具有了社会实践的意义，其本体是自然和目的性的"至善"，是依靠其实践来实现的。由于近代思想的影响和他本人的民主革命的实践，他没有把实践仅仅局限在修身养性的范围之内。在一定的意义上，本体的功用主要表现为文化创造与商业创造活动。有本体即有商业创造，无文化与商业创造亦无本体。

第四节　中国商业伦理的未来："伦理合一"与"创造即责任"

一、富有之谓大业，日新之谓盛德

"商"字的起源比较古老。在出土的甲骨文资料中，"商"字的上半部为刻齿形，下半部为底座形，整个字形如漏斗，用来表示时间。因此，"商"字被用在表示时间的星宿"商星"（又称辰星）的命名中。在进行地理分野时，商星星宿大致对应下的区域被称为"商"。《左传·昭公元年》写道："迁阏伯于商丘，主辰。商人是因，故辰为商星。"阏伯就是契。《诗经·商颂·玄鸟》中说"天命玄鸟，降而生商"，讲的是一个古老的传说——帝喾的次妃简狄是有娀氏之女，外出洗澡时看到一枚鸟蛋，简狄吞下后，生下了契。帝喾将儿子契封于商丘。契在这片土地上繁衍生息，成为商人的始祖[①]。

商部落在夏代就以善于交换出名，其畜牧业比较发达，牲畜是其对外的主要交换品。且商族人居住在清漳、浊漳两河流域，所处的地理条件十分优越，商族人便利用此优势进行水陆两方面的物品交换活动。商部落首领契的六世孙王亥，常亲自带着牲畜等物同其他部落开展贸易。商部落发展到了成汤十一世祖相土时期，成为渤海西岸的强大诸侯国。相土训练牛马作为交通工具。随着交通工具的不断改进，商部落的活动范围逐渐扩大。《诗经·商颂·长发》中说"相土烈烈，海外有截"，可见其活动范围已扩展到海上。

商王朝建立后，实力更加强大。商朝开展了南方和北方之间的交换活动，殷墟遗址中出土的麻龟板证明了这一点，因为麻龟板产于南海。在出土的商朝器物中，"父乙盘""兽面纹鼎"上刻着商朝人乘船在海上贩运货物的图像。甲骨卜辞中还有对海上活动进行占卜的内容。《殷契遗珠》第556片上写"贞：追凡；贞：凡追"，意思是追赶帆船。这些都说明商朝人已经具备了远洋航海的条件和能力，并已漂洋

[①] 百度文库：历史渊源的商文化。

过海进行海上贸易活动了。

商朝人不但有着发达的交通工具和高超的航海技术，还有着求富的思想。《礼记·祭义》便记载有"殷人贵富"。商朝人讲五福，"富"居第二位；讲六极（也作六恶），"贫"居第四位。商朝人在求富思想的驱使下，不断追求着财富，极大地促进了商朝社会经济的发展。

富有之谓大业，日新之谓盛德，生生之谓《易》，成象之谓乾，效法之谓坤，极数知来之谓占，通变之谓事，阴阳不测之谓神。(《系辞》)

殷商通过"商"，其所成就的大业恢宏富有，包罗万象，表现为空间的广袤；其所成就的盛德日新月异，永不停息，表现为时间的绵延，从而构成了一幅生生不已的国家发展图景。《易》书就是对这幅宇宙全景的如实反映，因而生生不已也就成为《易》书的思想精髓和实质内涵。显然，用这样的语言形容商和商朝的繁盛并不过。

二、创造即良知与力行致知

周敦颐训"仁"为"生"，他说："天以阳生万物，以阴成万物。生，仁也；成，义也。故圣人在上，以仁育万物，以义正万民"（《通书》）。周敦颐释"仁"为生，突破了古训以仁为亲。天的生物之道，便是仁，或以天地生物之心而称仁。以往儒家言仁，主要是指谓人性、伦理道德范畴，如"不忍人之心""恻隐之心""亲""爱"等。周敦颐在其逻辑结构中融宇宙化生论和伦理道德为一，故特训仁为"生"。这样，便把仁从伦理道德升华为自然界四时运行、万物生长的根据，仁是化生万物的根本。

仁为五常之首，是人心之爱，又是"天地生物之心"。圣人以仁者、爱人之心，使人迁善，并参天地、赞化育，以仁育万物。这便是为圣的内容之一。义与仁相同，亦是周敦颐为圣的内容之一。何谓义？义是"立人之道"。他说："立人之道，曰仁与义。"如果说"仁"是较高层次的伦理道德境界的话，那么，"义"则居第二位。"仁、义、礼、智，四者动静，言貌视听，无违之谓纯"。在仁、义、礼、智中，仁、义是关键。礼是仁之著，智是义之藏。因此，人无仁义，则人道不立。人们只有具备了仁与义的伦理道德规范，其他道德规范也可统摄了。

王阳明用"良知""致良知"来统摄"仁"与"义"，他也用"自然之流行""生生不息"来描述良知。

问:"程子云'仁者以天地万物为一体',何墨氏兼爱反不得谓之仁?"先生曰:"此亦甚难言,须是诸君自体认出来始得。仁是造化生生不息之理,虽弥漫周遍,无处不是,然其流行发生,亦只有个渐,所以生生不息。如冬至一阳生,必自一阳生,而后渐渐至于六阳,若无一阳之生,岂有六阳?阴亦然。惟有渐,所以便有个发端处;惟其有个发端处,所以生;惟其生,所以不息。譬之木,其始抽芽,便是木之生意发端处;抽芽然后发干,发干然后生枝生叶,然后是生生不息。若无芽,何以有干有枝叶?能抽芽,必是下面有个根在。有根方生,无根便死。无根何从抽芽?父子兄弟之爱,便是人心生意发端处,如木之抽芽。自此而仁民,而爱物,便是发干生枝生叶。墨氏兼爱无差等,将自家父子兄弟与途人一般看,便自没了发端处;不抽芽便知得他无根,便不是生生不息,安得谓之仁?孝弟为仁之本,却是仁理从里面发生出来。"(《传习录》上)

戴震说:"仁者,生生之德也。民之质矣,日用饮食,无非人道所以生生者。一人遂其生,推之而与天下共遂其生,仁也。"(《孟子字义疏证》卷下)又说:"人之生也,莫病于无以遂其生。欲遂其生,亦遂人之生,仁也。欲遂其生,至于戕人之生而不顾者,不仁也。不仁实始于欲遂其生之心,使其无此欲,必无不仁矣。然使其无此欲,则于天下之人生道穷促,亦将漠然视之。己不必遂其生,而遂人之生,无是情也。……圣人治天下,体民之情,遂民之欲,而王道备。"戴氏以"欲遂其生,亦遂人之生"释仁,可以说是简明切实。

以上可见,"生生""创造"实为自孔孟以来儒学之正统,"生生即良知"或"创造即良知",继之则"为往圣继绝学",何以继之?唯力行致知。

从儒学的奠基者孔子到宋明理学家朱熹、王阳明的论述中都有"力行"之说。《礼记·中庸》有言,子曰:"好学近乎知,力行近乎仁,知耻近乎勇!知斯三者,则知所以修身;知所以修身,则知所以治人;知所以治人,则知所以治天下国家矣。"可见孔子与《中庸》作者(一般认为是子思)所主张的"力行",是实践道德之"仁",进而由修身的道德实践推广到治理天下国家的政治实践。《孟子·滕文公上》有"子力行之,亦以新子之国"之语,也把"力行"当作一种政治实践。《论语·公冶长》有"子路有闻未之能行,唯恐有闻"一语,朱熹引谢良佐的话解释说:"唯力行,然后可以知道。"王阳明说"知之真切笃实处即是行,行之明觉精察处即是知""真知即所以为行,不行不足以谓之知""致知之必在于行,而不行不可以为致知也明矣"。这些话里已经包含了"力行"思想。不仅如此,王阳明还明确使用了"力行"概念。如他在《教条示龙场诸生》一文中规劝自己的学生要做到"立志、勤学、改过、责善"四件事,而所谓"勤学",就是"笃志、力行、勤学、好问"。可见在王阳明的"知行"关系理论中,"致知"与"力行"是缺一不可的。

三、创造即真知

在宋儒的知行讨论中,"真知"也是一个较为常见的重要观念。真知指真切之知。就道德知识而言,真知表示人已获得了高度的道德自觉。因而,真知者必然会把他所了解的道德知识付诸实际行为,从而不会发生知与行相互脱节的问题。反过来说,知而不行,不能把自己所了解的当然之则付诸实践,恰恰表明行动者还没有达到"真知"。因此,在宋儒看,"真知"这一观念虽然并不直接包括行为,但包含了"必能行"这一性质。正是在真知的意义上,程朱都反复申明"无有知而不能行者"(《二程遗书》十五),"真知未有不能行者"(《朱子文集》七十二)。宋儒的这个思想正是阳明知行观的出发点。他说"未有知而不行者,知而不行只是未知",就是把程朱关于"真知必能行,不行不足谓之知"的思想作为知行合一学说的一个起点。

第一,"真知"包含了"必行"在其中,如果不严格地说,则真知包含了"行"在其中。如果我们再在真知的意义上使用"知",于是我们就有了知本身包含了行的结论,这就是王阳明提出的知行合一说。按照知行合一说,知包含了必能行,这就是真知行,或是知行本体。真知即所以为行,不行不足以谓知。其中"不行不足以谓知"体现在"创造"上尤为贴切。

第二,行是知之成,知是行之始。这是从动态的过程来了解知行相互联系、相互包含的意义。从行为是思想的实现,或实践是观念的完成这一点来说,行也可以看作整个知识过程的终结,即知识过程的最后阶段,因而从这点说,它也就是知。或者说"创造即真知"。

第三,知之真笃即是行,行之明察即是知。王阳明说,若行而不能明觉精察,便是冥行,便是学而不思则罔,所以必须说个知。知而不能真切笃实,便是妄想,便是思而不学则殆,所以必须说个行(《答友人问》《阳明全书》)。王阳明在这里为"行"作了一个注解,他认为"凡谓之行者,只是著实去做这件事",就是说,行是指实实在在地做一件事,也就是"实践"。另一方面,人做一件事,离不开学怎样做,问怎样做,思怎样做,因而行的过程是一个包含着学问思辨的过程,亦即同时是一个知的过程。人的种种外部实践中必然包含的思考、分析、辨察等意识活动就是知。这就是"知之真切笃实便是行,行之明觉精察处便是知",表明知行是同一功夫过程的不同方面,正如手心手背一样,是不能割裂的。

第四,知是行之主意,行是知之功夫。"知是行的主意"主张知识是行为的观念指导,是程朱派的知行观可以接受的命题,与知行合一宗旨的联系也不明显。整个命题的重点是在"行是知的功夫",就是说,"知"以"行"为自己的实现手段。这样一来,并没有什么独立的、先于行或与行割裂的知,要达到知,就必须通过行。同时行也不是一匹瞎马狂奔,它有知作为指导。所以,王阳明提出这个命题并不是要强调先有主意,再做功夫,而是强调知行间不可分离的关系。行不能无主意,故行不离知;知不能无手段,故知不离行。

四、创造即责任①

在张载的著作《正蒙》的最后一篇《乾称》的开始有一段文字,题为《订顽》,又称《西铭》。《西铭》说:

> 乾称父,坤称母,予兹藐焉,乃混然中处。故天地之塞,吾其体;天地之帅,吾其性。民,吾同胞;物,吾与也。大君者,吾父母宗子;其大臣,宗子之家相也。尊高年,所以长其长;慈孤弱,所以幼其幼。圣,其合德;贤,其秀也。凡天下之疲癃、残疾、惸独、鳏寡,皆吾兄弟之颠连而无告者也。于时保之,子之翼也。乐且不忧,纯乎孝者也……富贵福泽,将厚吾之生也;贫贱忧戚,庸玉汝于成也。存,吾顺事;没,吾宁也。

《西铭》要解决的是如何从个人的角度来看宇宙、如何运用这种宇宙观来看待个人与社会生活。《西铭》认为,人是由气构成的,这种构成人的气也是构成宇宙万物的气。因而,从个人的角度来看,天地就是父母,民众即是同胞,万物都是朋友,君主可以看作是这个"大家庭"的嫡长子,等等。张载的这些说法,其用意并不在于要用一种血缘宗法编织起宇宙的关系网,而是表明,从这样一个观点出发,人就可以对自己的道德义务有一种更高的了解,而对一切个人的利害穷达有一种超越的态度。从"吾体""吾性""吾同胞""吾与"的立场来看,尊敬高年长者、抚育孤幼弱小都是自己对这个"宇宙大家庭"的神圣义务。换言之,本着这样一种对宇

---

① 吕力最早在《创造作为一种责任:新工业文明时代的儒商与儒学》(《科技创业月刊》,2017年3月)中提到"创造即责任"的观点。

宙的了解，宇宙的一切无不与自己有直接的联系，一切道德活动都是个体应当承担的直接义务。

《西铭》中表达的这样一种境界，以现代语言来说就是责任，是人对于社会、同胞、国家的责任，这种责任并非仅仅是确立一种礼乐秩序，而是要"生生""己欲立而立人"，不仅要有三代"天下为公"之德治，还要有"汉唐"物质丰富之"民生"。因此，新工商文明时代儒商的"责任"就是"创造"，创造的结果当然是"价值"，这里的价值指的是"社会价值"。社会价值包括"消费者价值"，但不只是传统商业思想中的消费者价值，还包括对社区的价值、对自然环境的价值、对整个社会的价值、对人类发展的价值；对消费者的价值也不只是消费者的短期感受价值，还包括对消费者的长期价值。

在传统商业中，厂商创造的消费者价值均会产生利润回报，然而，儒商所追求的"社会价值"部分甚至大部分是没有回报的或者是有风险的回报。我们将儒商创造的社会价值中超过回报的那一部分称为"社会溢出价值"。社会溢出价值可分为三类：第一类是经济学中所称"正外部性"，这种正外部性无法在市场上交换，但为社会带来了价值；第二类是"风险社会溢出价值"，即企业开发出的产品有助于带动全行业的发展或有利于社会，但在较长的一段时间之后才可能有回报（即风险回报）；第三类是"主观社会溢出价值"，即有意地从事没有个人回报的价值创造工作。当然，与之相反，也存在"负社会溢出价值"。"负社会溢出价值"也可以分为三类：第一类是负外部性，如不健康的游戏行业会导致社会风气变差等，这是负社会溢出价值的一般情形；第二类是"风险性负社会溢出价值"，即在短期内对社会没有影响，而长期可能对社会有负面影响；第三类是"主观负社会溢出价值"，"负社会溢出价值"一般比较少见的原因是"主观上的负社会价值"一般会为法律所禁止。在相关领域法律立法不完善的情况下，"主观负社会溢出价值"就可能存在。

本章要点

"管理（治理）从属于道德"的实质，是按照道德原则来调节治理关系，将治理或国家管理问题认定为从属于道德问题，道德问题具有凌驾于治理问题之上的优先权。但这仅是儒家思想的一面，从《论语》来看，道德亦具有明确的现实指向性，其重要目的之一是形成良好的社会秩序。"内圣"与"外王"在儒家学说架构中同等重要，缺一不可。

汉代继承和践履了先秦时期礼乐教化的基本内涵，在理论上又使之上升到一个新的高度，并在政治实践中确立了儒家主流的教化地位，显现出王道教化的历史特征。这一特征延续两千余年，"礼治"与"教化"遂成为中国传统管理思想与实践的主要形式与内容。

将"教化"的思想迁移到组织管理领域，管理教化就是管理者通过自身的言传身教，向被管理者施加道德影响，传授价值观念和道德知识，使他们内心形成正确的价值观念和道德意识，影响被管理者的思想和行为，凝聚共同的组织使命与愿景，激励组织成员努力工作，达到管理效果，提升管理效率。如果将"礼"理解为组织得以运行的一套制度秩序，是传统管理的主要形式，那么"教"则是中国传统管理的主要内容，即通过教化的方式使人们理解"礼"、从内心遵从"礼"，从而达到一种和谐的秩序，实现社会长治久安的管理效果。

中国传统管理倾向于认为，管理问题与道德问题密不可分，道德问题解决了，管理问题也就得到了解决；而西方主流管理理论则首先认定管理效果与效率为管理的根本目的，其次才表明道德可以为管理效果或效率服务。中国传统管理更看重员工普遍的人格道德水平，将管理视为一个提升员工、管理者乃至组织道德水平的过程，认为随着所有组织成员道德水平的提升，组织自然会有强大的凝聚力，能够达成组织的效果、实现组织的效率。在这种思路指导下，就要对组织成员进行普遍的道德教育，这就是"中国式管理教化"。相应的，中国的管理责任学派也可称为"管理责任与教化学派"。

将管理问题视为道德问题的一种，这就是"管理道德化"。西方管理更看重组织的效果、效率，因此将道德视为达成效果、效率的工具，道德为管理所用，这就是"道德管理化"。

中国商业伦理与管理"合一"主要体现于以下观念：富有之谓大业，日新之谓盛德；创造即良知与力行致知；创造即真知；创造即责任。

本章思考题

1. 中国传统管理认为"管理（治理）从属于道德"吗？谈谈你的看法。
2. 什么是价值理性，什么是工具理性？什么是工具善，什么是根本善？
3. 为什么说中国传统管理以根本善为追求目标？

4. 如何理解"礼治"和"教化"是中国传统管理的主要形式和内容?
5. 试论述西方管理责任学派的主要思想。
6. 怎样理解"寓真、善于日生、日新"的中国商业伦理?
7. 什么是中国传统文化的"治生"?
8. 怎样理解"良知即创造"?
9. 怎样理解"责任即创造"?